हो गयी रे... मैं सयानी

गीत संग्रह

कैलाश चन्द्र यादव

Anybook

Published By
Anybook
Cell : 9971698930
E-mail : contactanybook@gmail.com
Website : www.anybookpublications.com

First published by Anybook in 2023

Printed and bound in India
Cover Design & Typesetting by Anybook

ISBN : 978-93-91571-60-3

कैलाश चन्द्र यादव लेखक का परिचय

जन्म तिथि: नवम्बर 16 सन् 1960 ई०

शिक्षा : - एम. ए. (अर्थशास्त्र) एम. काम.

सम्प्रति: - भारत संचार निगम लिमिटेड से कार्यालय अधीक्षक के पद से सेवानिवृत

पता : - मौ० कटरामालियान, म० नं० 400 काका स्वीट्स के पास, काशीपुर-244713

जिला- ऊधमसिंहनगर (उत्तराखण्ड)

मो० नं० : 94589-37977 एवम् 90273-33919

प्रकाशित पुस्तकों का विवरण -

क्रम	**वर्ष**	**गीतों की सं०**	**प्रकाशित पुस्तक का नाम**
01.	2023	272	हो गयी रे मैं सयानी(गीत संग्रह)
02.	2023	285	आँखें तेरी जानम पैमाने दो(गीत संग्रह)
03.	2022	280	तेरे अल्फ़ाज़ को नग़मों में(गीत संग्रह)
04.	2022	###	गीत लेखन कैसे करें?
05.	2022	285	एक रंगीली लड़की ने (गीत संग्रह)
06.	2022	284	दिल को मेरे छू गयी (गीत संग्रह)
07.	2021	284	कब से तेरी राह में बैठी (गीत संग्रह)
08.	2020	284	ऐसा तुझमें क्या है (गीत संग्रह)
09.	2020	379	साजन मेरे साजन (गीत संग्रह)
10.	2020	016	आपातकाल में सृजन फुलबाड़ी
11.	2018	000	इस उपवन में (कहानी संग्रह)
12.	2018	181	सपनों में तुम (गीत संग्रह)
13.	2018	281	ऐसे मौसम में (गीत संग्रह)
14.	2017	240	सनम तेरे प्यार में (गीत संग्रह)
15.	2017	182	साजन-साजन (गीत संग्रह)
16.	2002	355	याद आओगे तुम (गीत संग्रह)
17.	2001	056	तुम पिया नहीं आये (वि०रचना संग्रह)
18.	2002	048	कौन कली मुस्काई (बाल गीत)
19.	2001	059	मातृभूमि तुझे प्रणाम (राष्ट्रभक्ति गीत)
20.	1993	000	चिट्ठी आई है (मनोविश्लेषण)

My Song recorded by Chandra Mohan Hangekar, Filmeria Saz Sargam Studio Pune Maharastra

1- Bheegi Bheegi Barsaate

(Based on Kannada Song Jala Jala Jalapaatham...)

2- Ankhen Teri Jaanam Paimane Do

(Based on Marathi Song Preet Tuzi Maazi...)

3- O Dilruba Tujhko Itna chahun

(Based on Telugu Song Ye Kannulu choodani Chitrame...)

4- Ho Gai Ho Gai Main Sayaani

5- दिलवाले मुहब्बत जाने न तू

My other song on Youtube

1- Wada Nahin Karte Sanam

2- Mujhe churi to la de

3- Lagti tum Ho Chand chakori Jaanam

4- Dil Todd ke na Jaiyo

5- Piya Tera naam

6- Wada Nahin Karte Sanam (F)

7- Tumse Pyar Karte hain yaar purane

8- Are kya kahna Teri Kali Kali Ankhon Ka

9- Phuljhari lagti ho jaanam

Kailash Chandra Yadav Geetkar Kashipur

1- तू सनम बेवफ़ा है

2- बात दो रूपये की है मामला है

3- हादसा एक बन गयी ज़िंदगी

4- खुशियों के दीप जलाने आयी दीवाली

5- तुम जो आओ तो पतझड़ सा मौसम

6 - जाने जां दूर से आवाज

(Rang Aur noor ki Barat ka new version)

पुस्तक परिचय

हो गयी रे मैं सयानी गीत संग्रह एक नवीन तरह का प्रयास है। विदेशी और भारतीय प्रान्तीय संगीत को समझने की मैंने कोशिश की है। संगीत किसी भी देश-विदेश का हो उसे अपनी भाषा में कैसे आंका जाये ? कैसे उस पर लेखनी चलायी जाये?

हमारा देश विविध संस्कृतियों वाला देश है। हर प्रान्त की अलग-अलग भाषा है। उसी तरह वहाँ की संगीत शैली भी विविध प्रकार की हैं। इस गीत संग्रह के सृजन का सूत्राधार मैं अपने मित्र संगीतकार चन्द्रमोहन पुणे को कहना चाहूँगा। उन्होंने प्रथम बार मुझसे एक मराठी साँग को हिन्दी में लिखने का आग्रह किया। पहले मेरी समझ में नहीं आया। परन्तु उस गीत के भाव उन्होंने मुझे बताये और उस पर मैंने कार्य किया।

वह गीत चन्द्रमोहन जी को पसन्द आया और उन्होंने इस पर कार्य किया और देखते ही देखते बहुत सुन्दर गीत बन गया। जिसे आगे चलकर फिल्म में जगह मिली।

उनकी यह प्रेरणा मेरे जीवन का एक नया प्रयोग बन गयी। मैंने फिर इस दिशा में और कदम बढ़ाये। हमारे प्रान्तीय वे गीत जिन्हें हम भाषा बोध न होने के कारण नहीं सुनते थे, उन्हें जब हिन्दी में लिखा तो मुझे बहुत अच्छा लगा, साथ ही गीत लेखन की एक नयी शैली का भी मुझे अनुभव हुआ। बहुत से प्रान्तीय गीतों को जब मैंने ध्यान से सुना मुझे लगा इस पर आधारित हिन्दी गीत हैं अथवा बहुत से हिन्दी गीतों को प्रान्तीय गीतों में मैंने पाया। मुझे लगा आजकल इस तरह के गीतों का प्रचलन बढ़ रहा है।

इस गीत संग्रह में मैंने विदेशी और भारतीय भाषाओं के कुल 11 तरह की शैलियों के गीत लिखे हैं। जिनमें अरेबियन, बगंलादेश, आदिवासी, अरुणांचली, असमिया, कन्नड़, मलयालम, मराठी, नागपुरी, उड़िया एवम् तेलगू हैं। मेरा यह प्रयास पाठकों को पसन्द आ रहा है इस बात का एहसास मुझे है। चूंकि मेरे ये गीत एक-एक कर प्रतिदिन 280+ ग्रुपों में फेस बुक पटल पर रहते हैं। उनकी प्रतिक्रियायें लगातार मुझे मिलती रहती हैं।

आपका प्यार व स्नेह इसी तरह मिलता रहा तो मेरी लेखनी भी सतत चलती रहेगी।

कैलाश चन्द्र यादव 'गीतकार'

काशीपुर (ऊधमसिंहनगर) उत्तराखण्ड

सरस्वती वन्दना

नमन माँ शारदे तुमको !
हूँ भटका राह दे मुझको !

वीणा की झंकार दे माँ~ऐसी मैं सुनता ही रहूँ
कलम को इस धार दे माँ~ऐसी मैं लिखता ही रहूँ
धन इतना मेरी माँ तू दे~सेवा मैं करता ही रहूँ
नमन माँ शारदे तुमको !
हूँ भटका राह दे मुझको !

वाणी से अपशब्द न निकले~हों जुवां पर मीठे बोल
मंजिल पर कदम न फिसले~बंद सब दरवाजे खोल
सद्भाव मानव में जनमें~हो आपस में मेल-जोल
नमन माँ शारदे तुमको !
हूँ भटका राह दे मुझको !

सोचता हर बार ये माँ मैं~माँगूँ भी तो क्या माँगूँ
सर्वस्व ही दिया तूने मुझको~चाहूँ भी तो क्या चाहूँ
दौड़ चुका इतना मेरी मैया~कितना और मैं अब भागूँ
नमन माँ शारदे तुमको !
हूँ भटका राह दे मुझको !

लाखों की इस भीड़ में माँ~मुझको पहचानना तू
जैसा हूँ माँ दास तेरा~अवगुन मेरे गिनना न तू
आशीर्वाद मुझे दे देना~हाथ उठाकर रोकना न तू
नमन माँ शारदे तुमको !
हूँ भटका राह दे मुझको !
हो गयी रे मैं सयानी

अनुक्रम

अब इन्तज़ार नहीं होता
Based on Odia Song yaarige beku Ee loka

अब इन्तज़ार नहीं होता, क्यों एक बार नहीं सोचा
रंग में अपने रंग लेता, जान जिगर उसको देता
पास बिठाकर कुछ कहता, अब इन्तज़ार...
अब इन्तज़ार नहीं होता, क्यों एक बार नहीं सोचा
रंग में अपने रंग लेता, जान जिगर उसको देता
पास बिठाकर कुछ कहता, अब इन्तज़ार...

सुबह-सुबह जब जागा~सामने देखा
शाम ढली रात हुई~ख़्वाब में देखा
लुट गयी हर खुशी~रह गया टूट के
ऐसे एक मोड़ पे~वह चली छोड़ के
अब ऐतबार नहीं होता~दे जाये कौन यहाँ धोखा
रंग में अपने रंग लेता, जान जिगर उसको देता
पास बिठाकर कुछ कहता, अब इन्तज़ार...

चन्द लफ़्जों का अफ़साना~न वो समझी
लाख झमेले दुनिया के~रही वहीं उलझी
किसी वीराने में~गुम गयी दास्तां
चली वो आँधियाँ~उजड़ा आशियाँ
यही है काम हसीनों का~अब ये क़रार नहीं होता
रंग में अपने रंग लेता, जान जिगर उसको देता
पास बिठाकर कुछ कहता, अब इन्तज़ार...

अफ़साना प्यार का सुन सजना
Based on Telugu NTR Manjula Evergreen song

F- अफ़साना प्यार का... सुन सजना~सुन सजना
नज़राना प्यार का... दे सजना~दे सजना
बेक़रार करता है दिल मेरा तू
नहीं बरसता वो बादल है तू~तुझे पाने को दिल मेरा तड़पे
M- अफ़साना प्यार का... सुन सजनी~सुन सजनी
नज़राना प्यार का... दे सजनी~दे सजनी
बेक़रार करती है दिल मेरा तू
नहीं बरसती वो बदरी है तू~तुझे पाने को दिल मेरा तड़पे
F- अफ़साना प्यार का... सुन सजना~सुन सजना
M- नज़राना प्यार का... दे सजनी~दे सजनी

F- कैसे भी उल्फ़त का नाम लूँ मैं तुझसे
करता शरारत तू जानती मैं मुद्दत से
सदियों से हूँ दीवानी~हो जाये न नादानी
बता... बता... बता... बता... बता
M- पलकों में अपनी मैं बन्द तुझे कर लूँगा
सारी उम्र अपनी नाम तेरे मैं लिख दूँगा
दिल का मैं हूँ दिलवाला~मन का मैं हूँ मतवाला
बता... अब... बता... बता... बता
F- अफ़साना प्यार का... सुन सजना~सुन सजना
M- नज़राना प्यार का... दे सजनी~दे सजनी

F- चूम ले आ तू मेरे चाँद से मुखड़े को
कैसे ये बात कहूँ घटा सी ज़ुल्फ़ों को
जज़्बात-ए-दिल कह दे न~कह जो तुझे है कहना
अभी... अभी... अभी... अभी... अभी
M- दिलकश तू नाज़नीं साँचे क्या ख़ूब ढली
गुल जैसी तू खिली कल तक थी बंद कली
शमा का मैं परवाना~मुश्किल तुझे समझाना
कभी... कभी... कभी... कभी... कभी
F- अफ़साना प्यार का... सुन सजना~सुन सजना
M- नज़राना प्यार का... दे सजनी~दे सजनी

अंग-अंग तेरा नशीला-नशीला
Based on Odia Song Tora Tana Tana Akhi....

(M) अंग-अंग तेरा नशीला-नशीला
नैन कजरारे जैसे हो मधुशाला
(F) सुन रे! सुन रे! सुन राजा
छैल छबीला रंग रंगीला, मस्त छोरा तू है दिलवाला
दिल चुरा के मुस्कुराये, करे दीवाना तू है मतवाला
(M) अंग-अंग तेरा नशीला-नशीला, नैन कजरारे...

(M) ये प्यार की दौलत, रंगीन नज़ारे
आ जानेजिगर तेरे, नाम में मैं लिख दूँ
बाहों में मेरी आ जा, झूमकर ऐसे
आ नूरेनज़र इसका, अन्जाम मैं लिख दूं
(F) क्या तेरा, है इरादा, पहले कर वादा, मेरे राजा
ऋतु मस्तानी, मौसम भीगा-भीगा रे
मीठी बातें, सिर्फ तेरी, अन्दर से है दिल काला
(M) आशिक मैं तेरा रंगीला-रंगीला
तेरे लिये आया मैं बनकर सजीला
(M) अंग-अंग तेरा नशीला-नशीला, नैन कजरारे...

(M) तुझे दिलोजिगर से~मैंने प्यार किया है
अरमान तेरे दिल के~मैं पूरे करूँगा
ये जां भी अगर जाये~तेरा साथ न छोड़ूँ
ये बात मैं सारी~दुनिया से कहूँगा
(F) धक-धक धड़कता दिल, मैं शरमाऊँ, रे घबराऊँ
बात ऐसी किसी से मैं कह न पाऊँ
ऐ-मेरे साजन, मुझे बचा ले, जान फंसी मुश्किल में
(M) ले थाम लिया मैंने हाथ है तेरा
तू चीज है जानम नगीना-नगीना
अंग-अंग तेरा नशीला-नशीला
नैन कजरारे जैसे हो मधुशाला
(F) सुन रे! सुन रे! सुन राजा

अन्जानी एक लड़की ने
Based on Kannada Song Cheluve Ondu Kelthini....

M- अन्जानी एक लड़की ने बेक़रार कर दिया
आँखों ही आँखों में कुछ ऐसा कर दिया
दिन-रात उसको मैं चाहूँ~चैन मुझे न आये
नींद मुझे न आये~रब से उसको मैं मागूँ

F- अन्जाने एक लड़के ने बेक़रार कर दिया
आँखों ही आँखों में कुछ ऐसा कर दिया
दिन-रात उसको मैं चाहूँ~चैन मुझे न आये
नींद मुझे न आये~रब से उसको मैं माँगूँ

M- गाल गोरे फूलों से~नैना दो कजरारे
F- हाय-हाय... ओए-ओए...ऐसा क्या रे
M- बातें मीठी मिस्री सी~लब रसीले मतवाले
F- ओ-हो... हाँ-हाँ... ऐसा क्या रे
M- प्रीत जागी तन-मन में~होश आये न
F- दिल वो माँगे मुझसे मेरा~कैसे कह दूँ हाँ
M- अन्जानी एक लड़की ने बेक़रार कर दिया
F- आँखों ही आँखों में कुछ ऐसा कर दिया

F- भीगे-भीगे लबों का चुम्मा उसको दे बैठी
M- वाह-वाह... अईयो... सुन्दरी
F- जान ये न पायी मैं~रोग ये कैसा लगा बैठी
M- क्या खूब.... मेरी... फुलझड़ी
F- ठण्डी-ठण्डी आहें मैं भरती रातोदिन
दिल न लगे जाने क्यों अब उसके बिन
M- अन्जानी एक लड़की ने बेक़रार कर दिया
आँखों ही आँखों में कुछ ऐसा कर दिया
F- दिन-रात उसको मैं चाहूँ~चैन मुझे न आये
नींद मुझे न आये~रब से उसको मैं माँगूँ

अन्जाने में आँख लड़ गई
Based on Odia Song Tamboorayya Thanthu.....

(Female)

अन्जाने में आँख लड़ गई,आँख लड़ गयी बात बढ़ गई-2
देखते ही देखते कुछ यूँ हुआ, दिल दीवाना प्यार में गुम हुआ
यादगार एक मुलाक़ात बन गई
अन्जाने में आँख लड़ गई, आँख लड़ गई~

गोरे-गोरे हाथों की~खनकी चाड़ियाँ
मिट गई पल में~मीलों सी दूरियाँ-2
सांसें मिली सांसों से~लब टकराये
जाने क्या होने लगा~समझ न आये
सारे बन्ध खुल गये~हो गयी मदमस्त मैं

(Male)

अरमानों की कली खिल गई, कली खिल गई~फूल बन गई
सोचते ही सोचते मैं रह गया, बेवज़ह दिल में कुछ-कुछ हुआ
यादगार एक मुलाक़ात बन गई
F-- अन्जाने में आँख लड़ गई, आँख लड़ गई~

(Male)

गोरा मुखड़ा बिखरे गेसू, नैना कजरारे-कजरारे जादू भरे
चमके बिन्दिया, माथे पे, कितने दिलवाले-दिलवाले आहें भरें
जानेजां जानेमन दिलरूबा~ए-मेरी महबूबा
तू ही रब तू ख़ुदा, हर सदा~तू सबसे जुदा
मिल के... जुदा न.... होंगे अब कभी
यादों में है मेरी तू~सांसों में है मेरी तू
मंजिल मुझे यारों मिल गई
यारों मिल गयी~तू जो मिल गई
अरमानों की कली खिल गई, कली खिल गई, फूल बन गई
F- देखते ही देखते कुछ यूँ हुआ, दिल दीवाना प्यार में...
M+F- यादगार एक मुलाक़ात बन गई

आहें न भर यार ठण्डी-ठण्डी
Based on Odia Song Sa Ra Ra Sili Sili.....

(F) आहें न भर यार ठण्डी-ठण्डी
आ-जा करीब जल्दी-जल्दी
लगी है ये दिल की बुरी~बुझाये से ये न बुझी
उड़-उड़ जाऊँ मैं मनचली-मनचली
(M) आहें न भर यार ठण्डी-ठण्डी
बाली उम्र नादां तेरी
शरारत की है ये घड़ी~जरूरत तेरी आ पड़ी
निग़ाहें न फेर किधर को चली
(F) आहें न भर यार ठण्डी-ठण्डी, आ-जा करीब...

(F) धड़कनों में बस गया तू
तो जुदा तुझसे कैसे रहूँ
ऐसे क्यों मुझे सताये, समझे न जज़बात तू
(M) मैं दीवाना तेरा जानम,बिन तेरे जी न लगे
रंग तेरे रंग गया मैं, आ गले से लग जा मेरे
(F) इरादा क्या तेरा सनम, ऐसा क्या तुझमें सनम
मिलना न मुझसे, तन्हा भली तन्हा भली
(M) आहें न भर यार, ठण्डी-ठण्डी, बाली उम्र ...

(M) प्रेम रोग ऐसा है ये लग ही जाता जवानी में
अच्छा लगता कोई चेहरा मोड़ आता कहानी में
F) आँखें मिलती चैन आता ज़िंदगानी लगे नई
तन्हा-तन्हा मुझपे आ के मेहरबानी करे कोई
(M) हो जायें एक हम आ मिल खा लें कसम
चुरा दिल लिया है ए दिलनशीं
(F) आहें न भर यार ठण्डी-ठण्डी
आ-जा करीब जल्दी-जल्दी
(M) आहें न भर यार ठण्डी-ठण्डी, बाली उम्र...

आ परदे से बाहर आ जा
Based on Odia Song Balika Badhu

आ परदे से बाहर आजा~करता मैं सदियों से तेरी आरज़ू
पलकों में बंद तू मेरी~मेरे नाम लिख दे कोई पैग़ाम तू
भूल क्या हुई मुझसे~रूठी-रूठी है कब से
कब तक करूँ जुस्तजू
आई लव यू~आई लव यू आई लव यू~आई लव यू

निभाने ही नहीं थे तो, झूठे-झूठे वादे तूने किये काहे जानेमन
बिठा मुझे पलकों पे, दिल तूने तोड़ा, ये क्या किया जानेमन
घर से बाहर, निकलती नहीं तू, कैसे करूँ बन्दगी
संगदिल हुई तू पिघलती नहीं, कैसे रखूँ दोस्ती
बात तू नहीं मानती, राज़ ये नहीं जानती
हर सू दिखे तू ही तू
आई लव यू~आई लव यू आई लव यू~आई लव यू

ख़्वाबों में आती है, छिप-छिप जाती है, कैसे मैं कर लूँ यकीं
नींदें तू उड़ाती है, चैन चुराती है, कैसी तू लड़की हंसी
गोरे-गोरे गालों का, कजरारी आँखों का, जानेजां मैं दीवाना
तेरी ही अदाओं का, तिरछी निग़ाहों का, लिखता अफ़साना
कब तू जवां हो गई, जीना एक सजा हो गई
कैसे करूँ गुफ़्तगू
आई लव यू~आई लव यू आई लव यू~आई लव यू

आशिक तेरा बना रे! मोनालिसा
Based on Odia Song Prema Thila Gapare Bhala Thila...

M- आशिक तेरा बना रे !... मोनालिसा
अब जाऊँ कहाँ रे !... मोनालिसा
(जिस दिन तू मुझे दिखायी न दे)-2
(चैन आये न... मुझे चैन आये न)-2
F- कदमों पे तेरे चली रे !... मोनालिसा
अब जाये कहाँ रे !... मोनालिसा
(जिस दिन तू मुझे दिखायी न दे)-2
(चैन आये न... मुझे चैन आये न)-2
M- आशिक तेरा बना रे !... मोनालिसा
F- अब जाये कहाँ रे !... मोनालिसा

M- आँखें काली-काली~मुख गोरा-गोरा
चन्दन सा महका बदन
F- रंग-रंगीला~छैल-छबीला
नस-नस में तेरे उमंग
M- जाल में तेरे फंसा रे !... मोनालिसा
अब जाऊँ कहाँ रे !... मोनालिसा
(जिस दिन तू मुझे दिखायी न दे)-2
(चैन आये न...मुझे चैन आये न)-2
F- कदमों पे तेरे चली रे !... मोनालिसा
अब जाये कहाँ रे !... मोनालिसा

F- दिल की ये दौलत~अब तेरे लिये है~चाहे तू ले-ले कसम
M- सुन ए-दीवानी~तड़पूँ कब तक~कर दे मुझ पे करम
F- देती है दिल तुझे रे !... मोनालिसा
अब जाये कहाँ रे !... मोनालिसा
M- आशिक तेरा बना रे !... मोनालिसा
अब जाऊँ कहाँ रे !... मोनालिसा
F-- कदमों पे तेरे चली रे !... मोनालिसा
अब जाये कहाँ रे !... मोनालिसा......

आँखें हैं मेरी नशीली
Based on Odia Tame Kichi Bhabhi Thiba...

आँखें मेरी हैं नशीली~बातें मेरी हैं रसीली
आँखें मेरी हैं नशीली~बातें मेरी हैं रसीली
गोरे-गोरे गाल मेरे घुँघराले बाल मेरे मैं हूँ छैल छबीली
लड़की मैं हूँ रंगीली~लड़की मैं हूँ रंगीली
आँखें मेरी हैं नशीली~बातें मेरी हैं रसीली
आँखें मेरी हैं नशीली~बातें मेरी हैं रसीली

जियरा तेरा न माने~क्यों मेरे पीछे-पीछे
सावन का मस्त महीना~जाने तू क्या है सोचे
क्यों ऐसे सीटी बजाये~चुपके से दिल मैं चुराऊँ
नाजुक सी मैं हूँ कली~चलते से मुझको रोके
मैं हूँ हसीनों की मल्लिका~बिन्दास मैं हूँ चमेली
मैं हूँ हसीनों की मल्लिका~बिन्दास मैं हूँ चमेली
गोरे-गोरे गाल मेरे घुँघराले बाल मेरे मैं हूँ छैल छबीली
लड़की मैं हूँ रंगीली~लड़की मैं हूँ रंगीली
आँखें मेरी हैं नशीली~बातें मेरी हैं रसीली

यौवन का मैंने जादू~जिस पर भी चलाया
बेहाश वो हुआ~न होश में वो आया
चाँदी सा गोरा बदन~देखा नहीं तूने
चंचल मेरी अदायें~तेरी समझ में क्या आया
न मैं तेरी हूँ करीबी~न कोई मेरी सहेली
न मैं तेरी हूँ करीबी~न कोई मेरी सहेली
गोरे-गोरे गाल मेरे घुँघराले बाल मेरे मैं हूँ छैल छबीली
लड़की मैं हूँ रंगीली~लड़की मैं हूँ रंगीली
आँखें मेरी हैं नशीली~बातें मेरी हैं रसीली

आँखें मेरी हैं नशीली~बातें मेरी हैं रसीली
गोरे-गोरे गाल मेरे घुँघराले बाल मेरे मैं हूँ छैल छबीली
लड़की मैं हूँ रंगीली~लड़की मैं हूँ रंगीली
लड़की मैं हूँ रंगीली~लड़की मैं हूँ रंगीली

आँखें तू चार करती है
Based on Odia Song Pahada sepakhe Nai Tie...

आँखें तू चार करती है~नज़रों से वार करती है
नयी-नयी चाल चलती है~चोरी से हर बार मिलती है
उल्फ़त तू नहीं जानती है~जीना दुश्वार करती है
बीत न जाये तेरी जवानी~तेरी जवानी कुछ ही दिनों में
लगी दिल की बुरी है प्रिये~दीवाना तेरा मैं हूँ प्रिये
आँखें तू चार करती है~नज़रों से वार करती है

ग़ज़ब ढाये तेरी अँगड़ाई~बल्ला तेरे हुस्न की दुहाई
चुरा लिया तूने मेरा दिल~बढ़ा दी है मेरी मुश्किल
ठँडी-ठँडी आहें भरती है~सारी-सारी रात जगती है
बाली उम्र हुई सयानी~हुई सयानी छूटे खिलौने
लगी दिल की बुरी है प्रिये~दीवाना तेरा मैं हूँ प्रिये
आँखें तू चार करती है~नज़रों से वार करती है

आने लगी तू सपनों में~बाँध लूँ तुझे रस्मों में
बाँट लेंगे मिल खुशी-ग़म~खायें आ आज ये कसम
देख-देख शाम ढलती है~देख-देख दुनिया जलती है
तूने किया कैसा असर~कैसा असर कुछ ही पलों में
लगी दिल की बुरी है प्रिये~दीवाना तेरा मैं हूँ प्रिये
आँखें तू चार करती है~नज़रों से वार करती है

आँखों मे बसी तू जानम
Based on Odia Song Bahire Lekhichhi to naa

आँखों में बसी तू... जानम~सांसों में बसी तू... जानम
आँखों में बसी तू... जानम~सांसों में बसी तू... जानम
दिलरूबा तू मेरी बंदगी~~
जानम... जानम... जानम~जानम... जानम... जानम

बहारों की मंजिल मुझे~मिल तो गयी
धीरे-धीरे ही बात~बन तो गयी
भँवरों की गुन-गुन~जरा जो हुई
कलियाँ बागों की~खिल तो गयी
औरों से जुदा तू... जानम~दिल की लगी तू... जानम
औरों से जुदा तू... जानम~दिल की लगी तू... जानम
दिलरूबा तू मेरी बंदगी~~
जानम... जानम... जानम~जानम... जानम... जानम

तुझ पर मैं अपना सब~लुटाने चला
हस्ती को मैं अपनी~मिटाने चला
मिले मुझे तोहफ़े में~जीत या हार
दाँव ये कैसा मैं~लगाने चला
मिले सुख मुझे... क्या ग़म~मिले दुःख मुझे... क्या ग़म
मिले सुख मुझे... क्या ग़म~मिले दुःख मुझे... क्या ग़म
दिलरूबा तू मेरी बंदगी~~
जानम... जानम... जानम~जानम... जानम... जानम

आँखों में बसी तू... जानम~सांसों में बसी तू... जानम
दिल रूबा तू मेरी बंदगी~~
जानम... जानम... जानम~जानम... जानम... जानम

आँखों में कजरा बालों में गजरा
Based on Kannada Song Kariya Nannali Nanilla

M- आँखों में कजरा~बालों में गजरा
चन्दन सा महका बदन
F- प्रीत का सावन~दिल का तू राजा
अंग-अंग में तेरे उमंग
M- सपनों में आये तू
F- अँखियों को भाये तू
M- आँखों में कजरा~बालों में गजरा
चन्दन सा महका बदन

M- दिलकश चितवन~बातों में सरगम
चेहरा तेरा है हंसी
F- थाम ले बढ़कर~आ मेरा दामन
तुझ पर मुझको है यकीं
M- हो... आशिक हूँ तेरा लग जा गले
F- प्रीत का सावन~दिल का तू राजा
अंग-अंग में तेरे उमंग

F- सोते मैं जानम~खुली आँख से मैं
देखूँ सदा ख़्वाब तेरे
M- एक जन्म क्या~जनम-जनम तक
रहना है संग-संग तेरे
F- धड़कन तू मेरी कहना मुझे
M- आँखों में कजरा~बालों में गजरा
चन्दन सा महका बदन
F- प्रीत का सावन~दिल का तू राजा
अंग-अंग में तेरे उमंग
M- सपनों में आये तू
F- अँखियों को भाये तू

आ मेरे गालों को हलके से
Based on Tamil song Ambara Chumbitha.....

(F) आ मेरे गालों को हलके से चूम ले
आ मेरे होंठों को होंठों से चूम ले
(M) आ संग मेरे गलियों में तू घूम ले
आ मेरी बाहों में जानेमन झूम ले
(F) सुन सजना~सुन बलमा
(M) सुन सजनी~सुख-रजनी (F) तन्हा कहीं मिलेंगे
(F) धक-धक दिल करे... धक-धक दिल करे
धक-धक दिल करे मेरा... मेरा
तू तो दिल की जाने न~ये तो बेईमानियाँ
ये तो नादानियाँ~सूना-सूना है दिल का ज़हां
(M) धक-धक दिल करे... धक-धक दिल करे
धक-धक दिल करे मेरा... मेरा
तू तो दिल की जाने न, ये तो बेईमानियाँ, ये तो नादानियाँ

(F) बेदर्द मैं विनती तुझसे करके हार गयी
जां अपनी मैं कब की तुझपे वार गयी
(M) बैठा मैं कब से हूँ तेरे इन्तज़ार में
दीवाना आवारा बन गया तेरे प्यार में
(F) सुन सजना~सुन बलमा
(M) सुन सजनी~सुख-रजनी (F) तन्हा कहीं मिलेंगे
(F) धक-धक दिल करे... धक-धक दिल करे
धक-धक दिल करे मेरा... मेरा
तू तो दिल की जाने न, ये तो बेईमानियाँ, ये तो नादानियाँ

(F) जानी न मैं तुझको वादों पर ऐतवार किया
दिलबर तू झूठा है क्यों तूने इन्कार किया
(M) मैं नहीं बेवफ़ा मुझे ये तू नाम न दे
जनमों का बन्धन ये इस तरह इल्ज़ाम न दे
(F) सुन सजना~सुन बलमा
(M) सुन सजनी~सुख-रजनी (F) तन्हा कहीं मिलेंगे
(F) धक-धक दिल करे... धक-धक दिल करे
धक-धक दिल करे मेरा... मेरा
तू तो दिल की जाने न, ये तो बेईमानियाँ, ये तो नादानियाँ

आ... नज़दीक आ! मेरी दिलरुबा
Based on Kannada song
Aa Ravi jarida..............

(Male) आ... नज़दीक आ ! मेरी दिलरूबा
कजरारे तेरे कारे नयनवा, कजरारे तेरे कारे नयनवा
(female) न... अब दूर जा ! ए-मेरे जाने जां
कजरारे मेरे कारे नयनवा, कजरारे मेरे कारे नयनवा

(F) मुझपे ऐसा क्या जादू किया
पल भर में हो गई बेकाबू पिया
जाने क्यों तुझपे मैं मरने लगी~रातों को आहें मैं भरने लगी
ये समझे न तू... समझे न... जाने न... सजनवा
(M) आ नज़दीक आ मेरी दिलरुबा
(F) कजरारे मेरे कारे नयनवा

(M) लागी तुझसे ये कैसी लगन
बढ़ती ही जाती कैसी अगन
बाहों में आ मेरी जानेमन~रहें दूर-दूर क्यों जानेमन
तू आँखों ही में... कर गयी... घायल... करजवा
(F) न अब दूर जा ए मेरे जानेजां
(M) कजरारे तेरे कारे नयनवा

(F) उल्फ़त का तेरी ये कैसा असर
मुझको रही न अपनी ख़बर
(M) एक दूजे के वास्ते हम बने
तन्हा इन राहों पर क्यों चलें
(F&M) है ये दीवानगी... हमदम... ए मेरे... मेहरबां
आ... नज़दीक आ ! मेरी दिलरूबा, कजरारे तेरे कारे नयनवा
न... अब दूर जा ! ए-मेरे जानेजां, कजरारे मेरे कारे नयनवा

आधी-आधी रातों को
Based on Kannada Song Beru Yenu Beda yendigu...

आधी-आधी रातों को लेती मैं अँगड़ाई
तेरी याद में... तेरी याद में... सजना तेरी याद में
आधी-आधी रातों को लेती मैं अँगड़ाई
तेरी याद में... तेरी याद में... सजना तेरी याद में

ख़्वाबों में पल-पल सूरत तेरी
पलकें जो खोलूँ तुझको ही देखूँ
बन्दगी में बस तू ही तू है
सज़दों में हरदम तुझको ही माँगूँ
लम्हा-लम्हा बेक़रार मैं~
करती तेरा इन्तज़ार मैं~~तेरी याद में... तेरी याद में
आधी-आधी रातों को लेती मैं अँगड़ाई
तेरी याद में... तेरी याद में... सजना तेरी याद में

फुरसत में मुझको रब ने बनाया
सांचे में ढ़लता अंग-अंग मेरा
नैना छलकते दो पैमाने
पल-पल निखरता है नूर मेरा
चाहे दिल तुझे बार-बार ये~
कैसे छिपाऊँ मैं राज़ ये~~तेरी याद में... तेरी याद में
आधी-आधी रातों को लेती मैं अँगड़ाई
तेरी याद में... तेरी याद में... सजना तेरी याद में

आज नहीं तो कल तू देगी दिल
Based on Telugu song Kita Kita Talupulu....

आज नहीं तो कल तू देगी दिल ये सनम
टूट ही जायेगा एक दिन तेरे दिल का भरम
दूँगा तुझको नज़राने नये-नये दिलरूबा
दिलरूबा... दिलरूबा... दिलरूबा... दिलरूबा
आज नहीं तो कल तू देगी दिल ये सनम
टूट ही जायेगा एक दिन तेरे दिल का भरम

दिल में तेरी धड़कन~लबों पे तेरी सरगम
रात-दिन तेरी बातें... जी बहलायें
चाँदनीं तू है मेरी~रागनीं तू है मेरी
टूटी जाती मेरी.... सभी सीमायें
जादू तेरी आँखों का है~गालों का है... प्रियतमा
उलझा तेरे गेसू में है मेरा ये दिल... दिलरूबा
दिलरूबा... दिलरूबा... दिलरूबा... दिलरूबा
आज नहीं तो कल तू देगी दिल ये सनम
टूट ही जायेगा एक दिन तेरे दिल का भरम

हर खुशी तुझसे जुड़ी~जीना अब तेरे लिये
प्यार के वादे सभी... पूरे करूँगा
फ़लसफ़ा तेरे लिये~लिखा है जानेवफ़ा
ए-दीवानी तेरे... दिल में रहूँगा
भूलूँगा न तुझको सनम~टूटेगी न कोई कसम
समझा तुझे मैंने है रब~ए-मेरे हमसफर
दिलरूबा... दिलरूबा... दिलरूबा... दिलरूबा
आज नहीं तो कल तू देगी दिल ये सनम
टूट ही जायेगा एक दिन तेरे दिल का भरम
दूँगा तुझको नज़राने नये-नये दिलरूबा
दिलरूबा... दिलरूबा... दिलरूबा... दिलरूबा
दिलरूबा... दिलरूबा... दिलरूबा... दिलरूबा

आया अलबेला मौसम
Based on Kannada Song Hayamma Hai Hai Amma

F-- आया अलबेला मौसम
झूमें एक-एक डाली-डाली~माने न दिल दीवाना
M- नशीला तेरा यौवन
छलका आज तेरी~आँखों का ये पैमाना
F-- तेरी याद में डूबी हूँ मैं~M-तेरे प्यार में खोया हूँ मैं
F-- ऐतबार कर इक़रार कर पढ़ ले न दिल मेरा
M- नशीला तेरा यौवन
छलका आज तेरी~आँखों का ये पैमाना
F-- आया अलबेला मौसम
झूमें एक-एक डाली-डाली~माने न दिल दीवाना

F-- दिया जग छोड़~चली तेरे संग~बनी तेरे लिये बंजारन
मुझे यहाँ छेड़~मुझे वहाँ छेड़~मुझे दे प्यार का सावन
M- आ बाहों में मेरी~जाने जां~लूँ गालों का तेरे चुम्बन
न दिल्लगी कर~मुझसे यूँ~लूँ शानों का तेरे चुम्बन
F-- जागी सारी रात~दिल बेक़रार~बस आहें मैं भरती
M- जब किया प्यार~तूने मेरे यार~काहे जग से डरती
F-- अब एक है अपनी डगर बिछड़ेंगे न हम
M- नशीला तेरा यौवन
छलका आज तेरी~आँखों का ये पैमाना
F-- आया अलबेला मौसम
झूमें एक-एक डाली-डाली~माने न दिल दीवाना

F-- दिलवाला है तू~मतवाला है तू~तुझको क़रार मैं दूंगी

दुल्हन बनाले जा मुझे जनमों का प्यार मैं दूँगी

M- मेरी नूरेनज़र~लख़्ते जिगर~तेरे कदमों में सज़दे करूँगा

मेरी जाने जां~मेरी जानेमन~तुझे जनम-जनम चाहूँगा

F-- धड़क-धड़क दिल धड़क-धड़क दिल धड़क-धड़क गाये

M- चुरा नज़र~तू चली किधर~अरे मुझे समझ नहीं आये

F-- चल बाँट लें, खुशी 'ओ' ग़म~कब तलक रहें तन्हा

आया अलबेला मौसम

झूमें एक-एक डाली-डाली~माने न दिल दीवाना

M- नशीला तेरा यौवन

छलका आज तेरी~आँखों का ये पैमाना

F-- तेरी याद में डूबी हूँ मैं~M-तेरे प्यार में खोया हूँ मैं

F-- ऐतबार कर इक़रार~कर पढ़ ले न दिल मेरा

आया... आया... आया... आया सावन
Based on Kannada song Mun to Hero Gori Tu Heroin

(F) आया... आया... आया... आया सावन
(M) आया है झूम-झूम प्यारा मौसम
रंगीन नज़ारों में प्यार की सरगम
आ-जा नाचेंगे-गायेंगे-झूमेंगे हम, आ-जा नाचेंगे-गायेंगे....
(F) आई है घिर-घिर~बदरिया काली
कैसे संभालूँ~उमरिया वाली
आ-जा नाचेंगे-गायेंगे-झूमेंगे हम, आ-जा नाचेंगे-गायेंगे....

(F) हुई जवां हूँ मैं~न मुझे रोक तू
भरी बरसात में~भीग-भीग जाने दे
हुई जवां हूँ मैं, न मुझे रोक तू, भरी बरसात में, भीग-२ जाने दे
(M) मिट भी जाने दे~दूरियाँ ये फ़ासले
आज तो गोरी मुझे~अंग लग जाने दे
(F) मैं खिंची-खिंची आऊँ~आवाज मुझे न दे
तू लाज का घूँघट~आज सरका दे
आ-जा नाचेंगे-गायेंगे-झूमेंगे हम, आ-जा नाचेंगे-गायेंगे....

(M) गोरा बदन तेरा~जैसे हो चाँदनीं
बोल तेरे मीठे~जैसे हो रागनीं
गोरा बदन तेरा, जैसे हो चाँदनीं, बोल तेरे मीठे, जैसे हो रागनीं
(F) दिल पर मैंने~नाम तेरा लिख लिया
मुझसे आज तू~मुझको छीन पिया
(M) बिन्दास हो दे-दे~प्यारी निशानी
कहीं गुजर न जाए~तन्हा जवानी
आ-जा नाचेंगे-गायेंगे-झूमेंगे हम, आ-जा नाचेंगे-गायेंगे....
(F) आई है घिर-घिर~बदरिया काली
कैसे संभालूँ~उमरिया वाली
(M) आया है झूम-झूम प्यारा मौसम
रंगीन नज़ारों में प्यार की सरगम
आ-जा नाचेंगे-गायेंगे-झूमेंगे हम, आ-जा नाचेंगे-गायेंगे....

आया है प्यार का मौसम
Based on Malyalam song Manimuttathavani

M- आया है प्यार का मौसम
दिलदार मेरे... आया है प्यार का मौसम
आया है प्यार का मौसम, दिलदार मेरे... आया है...
मस्ती भरा समां है~हंसीन कारवां है
होंठों पर प्यार की सरगम
मेरी जानेमन... होंठों पर प्यार की सरगम
F- आया है प्यार का मौसम
दिलदार मेरे... आया है प्यार का मौसम

M- धक-धक धड़कता दिल तेरे लिये
हूक सी उठती है तेरे लिये
F- खन-खन खनकते हैं कंगना मेरे
रातों को जागती मैं तेरे लिये
M- मिल के बाँटेंगे खुशियाँ 'ओ' ग़म
F- होने नहीं देंगे अँखियों को हम नम
M- हर पल अफ़साना बनेगा
मेरी जानेमन... होंठों पर प्यार की सरगम
आया है प्यार का मौसम
दिलदार मेरे... आया है प्यार का मौसम

F- पलकों की चिलमन तेरे वास्ते
नशीला ये यौवन तेरे वास्ते
M- सज़दे में तेरे झुकाया ले सिर
नेमत ये सारी तेरे वास्ते
F- दुनिया बसायें नयी एक प्यार की
M- बातें करें कहीं चल इक़रार की
F- छिप-छिप ज़माना देखेगा
मेरी जानेमन... होंठों पर प्यार की सरगम
M- आया है प्यार का मौसम
दिलदार मेरे... आया है प्यार का मौसम

उड़ने भी दे दिल की पतंग
Based on Asamia song Chal Champa chal

M- उड़ने भी दे, दिल की पतंग~उड़ने भी दे, दिल की पतंग
कसकर पकड़ ले डोर~ऊँचे आकाश में
बाज़ी आज जीत ले~मेरे मनमीत रे!
देखे क्या इधर-उधर रे! देखे क्या इधर-उधर रे!

F- उड़ने भी दे, दिल की पतंग~उड़ने भी दे, दिल की पतंग
कसकर पकड़ ले डोर~ऊँचे आकाश में
बाज़ी आज जीत ले~मेरे मनमीत रे!
देखे क्या इधर-उधर रे! देखे क्या इधर-उधर रे!

M- उड़ने भी दे~~~

M- रंग-रंग के रंगी नज़ारे~मौसम है आज गुलाबी-2
आ मिल के पेंच लड़ायें~पायी है आज आजादी
चल-चल दीवानी~नैना चार कर लें
देखे क्या इधर-उधर रे! देखे क्या इधर-उधर रे!
उड़ने भी दे, दिल की पतंग~उड़ने भी दे, दिल की पतंग
कसकर पकड़ ले डोर~ऊँचे आकाश में
बाज़ी आज जीत ले~मेरे मनमीत रे!
देखे क्या इधर-उधर रे! देखे क्या इधर-उधर रे!
उड़ने भी दे~~~

F- हमदम तू कैसा दीवाना~बिन पँख उड़ने लगा-2
झूठा है तेरा फ़साना~आहें क्यों भरने लगा
जोरा-जोरी काहे करे~मनवा उमंग भरे
देखे क्या इधर-उधर रे! देखे क्या इधर-उधर रे!
उड़ने भी दे, दिल की पतंग~उड़ने भी दे, दिल की पतंग
कसकर पकड़ ले डोर~ऊँचे आकाश में
बाज़ी आज जीत ले~मेरे मनमीत रे!
देखे क्या इधर-उधर रे! देखे क्या इधर-उधर रे!

M- उड़ने भी दे, दिल की पतंग~उड़ने भी दे, दिल की पतंग

F- उड़ने भी दे,दिल की पतंग~उड़ने भी दे, दिल की पतंग

एक बार जलवा तू गोरी
Based on Odia song Hira Moti Manikara Pedi ....

(M) एक बार जल्वा तू गोरी
हुस्न का अपने दिखा दे
अंग-अंग गोरा, बिन्दास तू छोरी
दुनिया रंगीन बना दे
आ फिर अंखियाँ मिला ले
आ फिर अंखियाँ मिला ले
(F) छिप-छिप के करता इशारे
लड़का तू कैसा दीवाना
पास आ पकड़ ले, गोरी-गोरी बैंया,
अपना मुझे बना ले
आ फिर अंखियाँ मिला ले, आ फिर अंखियाँ....

(F) जज़्बात दिल के बेकाबू हुये
पता न चला हम जवां कब हुये
(M) बाली उमरिया अरे आ गयी
पल-पल ख़ुमारी हम पे छा गयी
(F) छिप गये चाँद सितारे
गले से अपने लगा ले
है नूर का टुकड़ा, जवानी मेरी
दुनिया हंसीन बना ले
आ फिर अंखियाँ मिला ले, आ फिर अंखियाँ....

(M) नींद मुझे रातों को आती नहीं
चैन मेरे दिल को कभी मिलता नहीं
(F) दिलो जिगर से मैं चाहती तुझे
सिर्फ अपना-अपना मैं मानती तुझे
(M) कर लेगा क्या ये ज़माना
तू फैसला सुना दे
जग छोड़कर मैंने तुझे चुन लिया है
दुनिया रंगीन बना दे
(F) आ फिर अंखियाँ मिला ले, आ फिर अंखियाँ-
(M) आ फिर अंखियाँ मिला ले, आ फिर अंखियाँ-

एक-दूजे से नज़रें मिलना
Based on Odia song Ekkada Vunna Pakkana....._

एक-दूजे से नज़रें मिलना
जानेजां जानम... जानम यही प्यार है
चुपके-चुपके बातें करना
ए-मेरे हमदम... हमदम ये इक़रार है
पलकें उठ-उठ झुक-झुक जाना
राह चलते रुक-रुक जाना
(रहता इन्तज़ार... हो जाता ऐतबार है)-2
एक-दूजे से नज़रें मिलना, जानेजां जानम...

जब तक अम्बर पर तारे हैं
बहती नदिया और धारे हैं, जनम-जनम साथ छोड़ूँ न मैं
जानम दिल का मैं मतवाला
गलियों का मैं हूँ बन्जारा, धागा ये प्रेम का तोड़ूँ न मैं
चंद लफ़्जों का अफ़साना, जल्दी क्या है सुन जा ना
चंद लफ़्जों का अफ़साना, जल्दी क्या है सुन जा ना
कभी रूठे, कभी माने, ये कैसा मचलना
दिल है बेक़रार... ये कैसा इम्तहान है
रहता इन्तज़ार... हो जाता ऐतबार है
एक-दूजे से नज़रें मिलना, जानेजां जानम...

तू मेरे ख़्वाबों की रानी
कमसिन-कमसिन तेरी जवानी, तेरी ही अब है लागी लगन
दिल को कर दे मेरे हवाले
रखेगी कब तक इसे संभाले, तुझसे ही मेरा महका आंगन
बार-बार क्या समझाना, सच्चे आशिक को तड़पाना
बार-बार क्या समझाना, सच्चे आशिक को तड़पाना
तेरी बिन्दिया, तेरा काजल, अदा से सँवरना
ग़म है बेशुमार... कैसी तू दिलदार है
रहता इन्तज़ार... हो जाता ऐतबार है
एक-दूजे से नज़रें मिलना, जानेजां जानम...

ऐ मेरी...दिलजाना
Based on Arabian song Ghaltana

ऐ मेरी... दिलजाना~सुन मेरी...मनचली, तू मेरी...ज़िंदगी
ऐ मेरी... (दिलजाना), सुन मेरी... (मनचली), तू मेरी... ज़िंदगी
तू है जिगर का टुकड़ा~ऐ मेरी...दिलजाना
कहीं हुस्न तेरे जैसा~मुझे नहीं मिलता
कहीं हुस्न तेरे जैसा~मुझे नहीं मिलता
ए-जानम कल फिर से मिल जाना
ऐ मेरी... दिलजाना~सुन मेरी... मनचली तू मेरी... ज़िंदगी
ऐ मेरी... (दिलजाना) सुन मेरी... (मनचली) तू मेरी... ज़िंदगी
तू है जिगर का टुकड़ा~ऐ मेरी... दिलजाना

झूले सी... बालियाँ~मय सी दो आँखें
कर दें शराबी... मस्त-मस्त प्याली
झूले सी... झूले सी... बालियाँ~मय सी दो आँखें
कर दें शराबी... मस्त-मस्त प्याली-झूले सी
कहीं हुस्न तेरे जैसा~मुझे नहीं मिलता
कहीं हुस्न तेरे जैसा~मुझे नहीं मिलता
ए-जानम कल फिर से मिल जाना
ऐ मेरी... दिलजाना~सुन मेरी... मनचली, तू मेरी... ज़िंदगी
ऐ मेरी...(दिलजाना), सुन मेरी...(मनचली), तू मेरी...ज़िंदगी
तू है जिगर का टुकड़ा, ऐ मेरी...दिलजाना

क़ातिली.... अँगड़ाईयाँ~लब हंसी अंगारे
जुल्फ़ें घटी सी... बेक़रार करती
क़ातिली.... क़ातिली अँगड़ाईयाँ~लब हंसी अंगारे
जुल्फ़ें घटी सी... बेक़रार करती
कहीं और दूजा~ये गुल नहीं खिलता
कहीं और दूजा~ये गुल नहीं खिलता
ए-जानम कल फिर से मिल जाना
ऐ मेरी... दिलजाना~सुन मेरी... मनचली, तू मेरी... ज़िंदगी
ऐ मेरी... (दिलजाना), सुन मेरी... (मनचली), तू मेरी... ज़िंदगी
तू है जिगर का टुकड़ा, ऐ मेरी... दिलजाना
(::::::) में दिये गये शब्द कोरस में हैं।

ए नाज़नीं~कर बन्दगी
Based on Vilakku Koluthi Varum

(M) ए-नाज़नीं कर बन्दगी तुझे प्यार सिखलाऊंगा
(F) अरे बाबरे तेरी राह में मैं चलकर दिखलाऊँगी
(M) ए-नाज़नीं कर बन्दगी तुझे प्यार सिखलाऊंगा
(F) अरे बाबरे तेरी राह में मैं चलकर दिखलाऊँगी
(M) सारी ज़िंदगी तेरे लिए (F) मेरी हर खुशी तेरे लिए
(M) दिलरूबा... दिलरूबा (F) दिलरूबा... दिलरूबा
(M) ए-नाज़नीं कर बन्दगी तुझे प्यार सिखलाऊंगा
(F) अरे बाबरे तेरी राह में मैं चलकर दिखलाऊँगी

(M) हरदम तू दिल में घण्टी बजाये
रंगीले मुझको तू सपने दिखाये
(F) दिलरूबा-दिलरूबा-दिलरूबा, साथिया हाथ मेरा थाम ले
(M) दिलरूबा-दिलरूबा-दिलरूबा, साथिया दिल से जरा काम ले
(F) ये जो प्रेम रोग मुझे लग गया, जादू सा मुझ पर चल गया
बात मान ले गाँठ बांध ले मैं तेरी हूँ सनम
(M) दिलरूबा... दिलरूबा (F) दिलरूबा... दिलरूबा
(M) ए-नाज़नीं कर बन्दगी तुझे प्यार सिखलाऊंगा
(F) अरे बाबरे तेरी राह में मैं चलकर दिखलाऊँगी

(F) दिलरूबा... दिलरूबा... दिलरूबा... दिलरूबा
(F) धक-धक दिल धड़के क्या करूँ मैं
रातों को तन्हा आहें भरूँ मैं
(M) दिलरूबा... दिलरूबा... दिलरूबा मिल के न होना जुदा
(F) दिलरूबा... दिलरूबा... दिलरूबा तू ही मेरा है ख़ुदा
(M) तू जो मिली तो ये गुल खिले, जुड़ गये हजारों सिलसिले
दिल्लगी तू यूँ न कर मैं तेरा हूँ सनम
(M) दिलरूबा... दिलरूबा (F) दिलरूबा... दिलरूबा
(M) ए-नाज़नीं कर बन्दगी तुझे प्यार सिखलाऊंगा
(F) अरे बाबरे तेरी राह में मैं चलकर दिखलाऊँगी
(M) सारी ज़िंदगी तेरे लिए (F) मेरी हर खुशी तेरे लिए
(M) दिलरूबा... दिलरूबा (F) दिलरूबा... दिलरूबा

ऐसा भी क्या है तुझमें
Based on Kannada song Nadedaro Kamana Bille

ऐसा भी क्या है तुझमें~मन उलझा रहता तुझमें
तू मेरे दिल की न जाने~खोयी रहती कैसी धुन में
जानेजिगर... क्यों फ़ासले~नज़दीक आ
गले लग जा~गले लग जा~गले लग जा...

दिल की बात मैं कैसे यूँ कहूँ दिल में तू ही बसी
नैन कजरारे क़ातिल अँगड़ाई लड़की तू हंसी
मनचली फुलझड़ी तू मिली~गुल खिले
जानेजिगर... क्यों फ़ासले~नज़दीक आ
गले लग जा~गले लग जा~गले लग जा...
ऐसा भी क्या है तुझमें~मन उलझा रहता तुझमें
तू मेरे दिल की न जाने~खोयी रहती कैसी धुन में
जानेजिगर... क्यों फ़ासले~नज़दीक आ
गले लग जा~गले लग जा~गले लग जा...

तुझको पाना ही है अब मेरे दिल की लगी
इन्तजार कब तक करूँ तू करती दिल्लगी
बेकरार दिल मेरा अब तो करार दे-दे
जानेजिगर... क्यों फ़ासले~नज़दीक आ
गले लग जा~गले लग जा~गले लग जा...
ऐसा भी क्या है तुझमें~मन उलझा रहता तुझमें
तू मेरे दिल की न जाने~खोयी रहती कैसी धुन में
जानेजिगर... क्यों फ़ासले~नज़दीक आ
गले लग जा~गले लग जा~गले लग जा...

ओ... ओ... ओ जानम मेरी
Based on Kannada song
Ararere Gini Rama.....

ओ... ओ... ओ जानम मेरी~ओ... ओ... ओ जानेजां ना
ओ... ओ... ओ जानम मेरी~ओ... ओ... ओ जानेजां ना
बड़ा दिलकश तेरा शरमाना~छेड़ेगा तुझे ज़माना
झाँके तू खिड़की से~देखे तू मुड़-मुड़ के
तेरा न कोई ठिकाना~बड़ा मुश्किल तुझे समझाना
ओ... ओ... ओ जानम मेरी~ओ... ओ... ओ जानेजां ना
बड़ा दिलकश तेरा शरमाना~छेड़ेगा तुझे ज़माना

नैना दो तेरे हैं सावन और भादो से
नैना दो तेरे हैं सावन और भादो से
झूले तेरे कानों में झुमका~कि जब-जब लगाये तू ठुमका
हिरनी सा तू भागे~दिल तुझसे सब माँगें
चूके न तेरा निशाना~कहीं बन जाये न ये फ़साना
बड़ा दिलकश तेरा शरमाना~छेड़ेगा तुझे ज़माना

जादू सा कर डाला माथे की बिन्दिया ने
जादू सा कर डाला माथे की बिन्दिया ने
पल-पल निखरती जवानी~है बिन्दास तेरी कहानी
तितली सा बलखाना~बिजुरी सा इतराना
आता तुझे दिल चुराना~है राज़ ये कोई पुराना
बड़ा दिलकश तेरा शरमाना~छेड़ेगा तुझे ज़माना
झाँके तू खिड़की से~देखे तू मुड़-मुड़ के
तेरा न कोई ठिकाना~बड़ा मुश्किल तुझे समझाना
ओ... ओ... ओ जानम मेरी~ओ... ओ... ओ जानेजां ना
ओ... ओ... ओ जानम मेरी~ओ... ओ... ओ जानेजां ना
दिलकश तेरा शरमाना~छेड़ेगा तुझे ज़माना

ओ... ओ... चुरा लिया दिल
Based on Asamia song Paharia Mon

ओ... ओ... चुरा लिया दिल~ओ... ओ... चुरा लिया दिल
ओ... ओ... चुरा लिया दिल~ओ... ओ... चुरा लिया दिल
गुस्ताख़ नैना~जाने कब लड़ गये
गुस्ताख़ नैना जाने कब लड़ गये~तराने प्रेम के दिल गाये
ओ... ओ... तराने प्रेम के दिल गाये
तराने प्रेम के दिल गाये~ओ... ओ... तराने प्रेम के दिल गाये
ओ... ओ... चुरा लिया दिल~ओ... ओ... चुरा लिया दिल

रात-रात ठण्डी-ठण्डी आहें मैं भरूँ
चैन आये दिल को न... क्या मैं करूँ
चले मेरे पीछे-पीछे इशारे करे
धक-धक धक-धक जियरा करे
रंग-रंगीला छैल-छबीला~रंग-रंगीला छैल-छबीला
देख-देख मुझे मुस्काये~ओ... ओ... तराने प्रेम के दिल गाये
तराने प्रेम के दिल गाये~ओ... ओ... तराने प्रेम के दिल गाये
ओ... ओ... चुरा लिया दिल~ओ... ओ... चुरा लिया दिल

भरने लगी मैं~कैसी उड़ान
आया ये दिल में~कैसा मेहमान
चंचल ये मन मेरा~क्यों इतराये
नाचूँ और गाऊँ मैं~कोई समझाये
कितना दिलकश~कितना है प्यारा
कितना दिलकश~कितना है प्यारा
देखे बिना न चैन आये~ओ... ओ... तराने प्रेम के दिल गाये
तराने प्रेम के दिल गाये~ओ... ओ... तराने प्रेम के दिल गाये
ओ... ओ... चुरा लिया दिल~ओ... ओ... चुरा लिया दिल

क्यों... दिल की हर धड़कन तुझे ही चाहे
Based on Telugu Song
Ye Kannulu Choodani Chitrame

क्यों... दिल की हर धड़कन तुझे ही चाहे-3
क्यों... रब से ये तन-मन तुझे ही माँगे
तू जो रूठे-मैं मनाऊँ-प्यार तुझको मैं सिखाऊँ सनम
तू जो कहीं-गर भूले-याद तुझको मैं दिलाऊँ सनम
ए-मनचली~बात ये मान ले~ए-फुलझड़ी~राज़ ये जान ले
जानेजिगर~मैं आशिक़ तेरा~जानेजांना~अक्ल से काम ले
क्यों... दिल की हर धड़कन तुझे ही चाहे
क्यों... रब से ये तन-मन तुझे ही माँगे

प्रीत का धागा, तुझ संग बांधा, तन्हा-तन्हा, दिल नहीं लागा
रातों-रातों मैं तड़पा हूँ, जाऊँ कहाँ~चैन नहीं आता
लागी लगन तेरे नाम की, खायी कसम~तेरे नाम की
रास आ गई तेरी अँखियाँ, पसन्द आ गई तेरी गलियाँ
ए-मनचली बात ये मान ले~ए-फुलझड़ी राज़ ये जान ले
जानेजिगर~मैं आशिक़ तेरा~जानेजांना~अक्ल से काम ले
क्यों... दिल की हर धड़कन तुझे ही चाहे
क्यों... रब से ये तन-मन तुझे ही माँगे

जीना न सकूँगा तेरे बिना मैं मर ही जाऊँ न तेरे बिना मैं
सारी नेमतें तेरे लिये हैं दिल से लगाऊँ~आ तुझे मैं
जब-जब तू लेती अँगड़ाई~ज़ालिम लगे मुझे तन्हाई
चमके जो माथे की बिन्दिया~आ न सकी रातों निन्दिया
ए-मनचली बात ये मान ले~ए-फुलझड़ी राज़ ये जान ले
जानेजिगर~मैं आशिक़ तेरा~जानेजांना~अक्ल से काम ले
क्यों... दिल की हर धड़कन तुझे ही चाहे
क्यों... रब से ये तन-मन तुझे ही माँगे

बदल गयी दोस्ती प्यार में
Based on Odia Song, Dhire Dhire....

(M) बदल गयी दोस्ती, प्यार में धीरे-धीरे, प्यार में...
(F) संवर गई ज़िंदगी, प्यार में धीरे-धीरे, प्यार में...
(M) दीवाना मैं हुआ तेरा, दीवानी तू हुई मेरी
(F) बदल गई हर घड़ी, प्यार में धीरे-धीरे प्यार में...

(M) कब जाने और कैसे, मिलने लगी तुझसे अँखियाँ
नींद भागी, चैन खोया, होने लगी खुल के बतियाँ
(F) रातों को, मुझको भी, आने लगे तेरे सपने
न ये जानी, न मैं समझी, होने लगी तेरे बस में
(M) सफल हुई बन्दगी, प्यार में धीरे-धीरे, प्यार में...
(F) संवर गई ज़िंदगी, प्यार में धीरे-धीरे, प्यार में...

(F) रंगी मौसम, ये नज़ारे, मचली जाती हैं फ़िजाऐं
दिलवाले, मतवाले, बैचेन करती तेरी अदाऐं
(M) कली से तू बनी गुल है, बड़ी मासूम तेरी जवानी
चिंगारी बनी शोला, हुई कमसिन उम्र सयानी
(F) समझ गयी मैं तुझे, प्यार में धीरे-धीरे, प्यार में...
(M) बदल गयी दोस्ती, प्यार में धीरे-धीरे, प्यार में...
(M) दीवाना मैं हुआ तेरा, दीवानी तू हुई मेरी
(F) बदल गई हर घड़ी, प्यार में धीरे-धीरे, प्यार में...
(F) संवर गई ज़िंदगी, प्यार में धीरे-धीरे, प्यार में...

बहारों का मौसम
Based on Kannada Song Ee Preethigagi chappalegagi Hatavadi...

बहारों का मौसम~ऋतु ये सुहानी
हंसी हर नज़ारा~जिधर देखता... तुझे देखता हूँ
बहारों का मौसम~ऋतु ये सुहानी
हंसी हर नज़ारा~जिधर देखता... तुझे देखता हूँ

गोरे गाल तेरे~दीवाना करें
नया रोज़ कोई~फ़साना कहें
कदमों में तेरे~करूँ बन्दगी
भले कुछ मुझको~ज़माना कहे
नशीला ये यौवन~अधर हैं अंगारे
हैं झील से तेरे नयना
अलग हर इशारा~जिधर देखता... तुझे देखता हूँ
बहारों का मौसम~ऋतु ये सुहानी
हंसी हर नज़ारा~जिधर देखता... तुझे देखता हूँ

सलामत रहे तेरे~माथे की बिन्दिया
सलामत रहें तेरी~जुल्फ़ों के साये
खिली यूँ रहे तेरे~होंठों की लाली
सलामत रहें तेरी~पलकों के साये
कि फूलों के जैसी~कमसिन जवानी
है हुस्न तेरा गहना
बना मैं आवारा~जिधर देखता... तुझे देखता हूँ
बहारों का मौसम~ऋतु ये सुहानी
हंसी हर नज़ारा~जिधर देखता... तुझे देखता हूँ

बन्द मैं तुझको पलकों में करुँगा
Based on Kannada song Baare Rukkamma Kaige Sikkamma

M- बन्द मैं तुझको~पलकों में करूँगा
नाम तेरे दिल लिखूँगा~दिल की हर बात कहूँगा
मेरी जवानी का जलवा देखेगी तू
हाँ! प्रेम कहानी समझेगी तू~जानेमन जानेजां ना
F- छोड़ मेरी बैयाँ~तू नहीं सैयाँ
ऐसे न दिल तुझको दूँगी~तुझसे न जज़्बात कहूँगी
मुझको अभी नहीं समझा है रे तू
ग़फ़लत के जाल में उलझा है तू जानेमन जानेजां ना

M- लगा साल तुझे है सोलहवां
देखा तूने नहीं हंसी सपना
F- भोली सूरत तेरी नादां तू छोरा
क्यों मिलने को बेताब इतना
M- सबसे जुदा है रोग ये दिल का
पास हो के भी चैं नहीं मिलता~तेरे सज़दे में झुका
तेरी-मेरी कहानी सबसे जुदा
करूँ तेरे लिए मैं हरदम सदा... जानेमन जानेजां ना
F- छोड़ मेरी बैयाँ~तू नहीं सैयाँ
ऐसे न दिल तुझको दूँगी~तुझसे न जज़्बात कहूँगी

M- मय से भरे दो नैना हैं~चेहरे में है तेरे जादू
F- देखा मैंने जब से तुझे~तूने किया बेकाबू
M- समझाऊँ तुझको कि उल्फ़त क्या
होती है जानम मुहब्बत क्या... तेरी सूरत पे में मर मिटा
F- कुछ भी हो लेकिन जग से न्यारा है तू
महबूब मेरे मुझको प्यारा है तू... जानेमन जानेजां ना
M- बन्द मैं तुझको~पलकों में करूँगा
नाम तेरे दिल लिखूँगा~दिल की हर बात कहूँगा

बन्दगी में है मेरी तू
Based on Telugu song Aakalundadu Dahamundadu ninnu

M- बन्दगी में है मेरी तू~प्यार करूँ मैं तुझसे
F- जाने कब और कैसे~प्यार हुआ तुझसे
M- बन्दगी में है मेरी तू~प्यार करूँ मैं तुझसे
F- जाने कब और कैसे~प्यार हुआ तुझसे
M- बन्दगी में है मेरी तू~प्यार करूँ मैं तुझसे

M- दूजा कोई और नहीं~बात करूँ मैं किससे
F- लब पे कोई नाम नहीं~ये राज़ कहूँ मैं जिससे
M- सोते-जगते मैं देखूँ~दिन-रात तेरे ही सपने
F- ख़ुमार चढ़ा मुझपे है~रंग गयी मैं तेरे रंग में
M- ज़िंदगी में आ मेरी तू~इक़रार हुआ है तुझसे
F- पलकें मेरी चूम ले आ~ऐतबार हुआ है तुझपे
M- बन्दगी में है मेरी तू~प्यार करूँ मैं तुझसे

M- तुझको ही पाना अब~है तमन्ना इस दिल की
F- साथ अगर है तेरा तो~किसे परवाह मंजिल की
M- सब तोड़कर ये दीवारें~तू आ मेरी बाहों में
F- भटके क्यों ऐसे भला~तन्हा अंधेरी रातों में
M- शायरी का है सिला तू~सज़दा करूं झुक के
F- दर्दे दिल की है दवा तू~शिकवा करूं तुझ से
M- बन्दगी में है मेरी तू~प्यार करूँ मैं तुझसे
F- जाने कब और कैसे~प्यार हुआ तुझसे
M- बन्दगी में है मेरी तू~प्यार करूँ मैं तुझसे
F- जाने कब और कैसे~प्यार हुआ तुझसे
M- बन्दगी में है मेरी तू~प्यार करूँ मैं तुझसे

रोग कैसा लगा
Based on Odia Song Pata Pata Haro

F- रोग कैसा लगा~नहीं जिसकी दवा
काम करती नहीं~अब कोई दवा
दर्द कैसा बेदर्द हुआ
जरा-जरा जानेमन जरा-जरा~जरा-जरा जानेमन जरा
M- लगी कैसी है ये~ख़त्म होती नहीं
दवा इसकी कोई~कहीं मिलती नहीं
दिल दीवाना बेकल हुआ
जरा-जरा जानेमन जरा-जरा~जरा-जरा जानेमन जरा

F- तू छोरा नमकीन~दिल का रंगीन है राजा
M- मुखड़े पे है नूर~तुझे कितना ग़रूर ए-रानी
F- चन्द लम्हों को ही~पास आ-जा मेरे
तुझे सज़दे करूँ~पड़ूँ पईयाँ तेरे
जीना मुश्किल मेरा हुआ
जरा-जरा जानेमन जरा-जरा~जरा-जरा जानेमन जरा
M- लगी कैसी है ये~ख़त्म होती नहीं
F- काम करती नहीं~अब कोई दवा
M- दर्द कैसा बेदर्द हुआ
जरा-जरा जानेमन जरा-जरा~जरा-जरा जानेमन जरा

M- मेरे सपनों में रोज आती है तू काहे
F- गदराया बदन बाली उमर तुझे चाहे
M- मेरी महबूबा तू~तू है जाने जिगर
मुझे पल-पल की है~तेरी ख़बर
M- दिल में मेरे कुछ-कुछ हुआ
जरा-जरा जानेमन जरा-जरा~जरा-जरा जानेमन जरा
F- रोग कैसा लगा~नहीं जिसकी दवा
काम करती नहीं~अब कोई दवा
दर्द कैसा बेदर्द हुआ
जरा-जरा जानेमन जरा-जरा~जरा-जरा जानेमन जरा

बंजारन है तू~भोली है रे तू
Based on Tamil Song choododdhantunnu...........

(M) बंजारन है तू~भोली है रे तू
न जाने किस गांव की छोरी है रे तू
(F) आवारा है तू~छलिया है रे तू
न जाने किस शहर का छोरा है रे तू
छीना... छीना... तूने चैन-बैन सब छीना
छीना... छीना... तूने चैन-बैन सब छीना
(M) रखूँगा... रखूँगा... तुझे दिल के पास रखूँगा
रखूँगा... रखूँगा.... रखूँगा.....
(F) छोड़-छोड़-छोड़ दीवानापन, छोड़-छोड़-छोड़ दीवानापन
(M) छोड़-छोड़-छोड़ ऐसा चलन, छोड़-छोड़-छोड़ ऐसा चलन
(M) बंजारन है तू भोली है रे तू, न जाने किस गांव की छोरी है रे तू

(M) प्रेमनगर की रीत न जाने~तू कैसी लड़की
दिल का मामला शुरू हुआ~तू तो भड़की
(F) बीच डगरिया मुझे तू छेड़े~कैसा है प्रेमी
इधर-उधर क्या ताके~तू तो है बहमी
(M) इन्तज़ार मैं जनम-जनम से करता तेरा
तेरे लिये जानेजिगर धड़के दिल मेरा
(F) तन्हा रातों में तड़पाये तू~वादा करके न आये तू
(M) रखूँगा... रखूँगा... तुझे दिल के पास रखूँगा
रखूँगा... रखूँगा.... रखूँगा.....
(F) छोड़-छोड़-छोड़ दीवानापन, छोड़-छोड़-छोड़ दीवानापन
(M) छोड़-छोड़-छोड़ ऐसा चलन, छोड़-छोड़-छोड़ ऐसा चलन

(M) गीत प्यार का मैं गाऊँ~तू मेरी सरगम
दिलरूबा तू मेरी~मैं तेरा प्रियतम

(F) जिस तरह से तूने बांधा~बंधन ये मुझसे
इम्तहां ये कब तलक~दूर रहूँ तुझसे

(M) तूने अंगड़ाई ली दिल मेरा डोला
चिंगारी बन गयी आज है शोला

(F) छूटेगी अब न ये दीवानगी~तू मेरा प्यार है तू ज़िंदगी

(M) रखूँगा... रखूँगा... तुझे दिल के पास रखूँगा
रखूँगा... रखूँगा.... रखूँगा.....

(F) छोड़-छोड़-छोड़ दीवानापन, छोड़-छोड़-छोड़ दीवानापन

(M) छोड़-छोड़-छोड़ ऐसा चलन, छोड़-छोड़-छोड़ ऐसा चलन

बस एक बार बस एक बार
Based on Telugu song

M- बस एक बार~बस एक बार
मुझको दे-दे दिल~यारा मुझको दे-दे दिल
कर इकरार~न इन्कार
है भी क्या मुश्किल~यारा है भी क्या मुश्किल
रोज आती है मेरे ख़्वाबों में तू
मुस्कुराती है मेरी यादों में तू
काहे को तक़रार करती है तू~काहे को तक़रार...

F- बस एक बार~बस एक बार
मुझको दे-दे दिल~यारा मुझको दे-दे दिल
कर इकरार~न इन्कार
है भी क्या मुश्किल~यारा है भी क्या मुश्किल
रोज आता है मेरे ख़्वाबों में तू
मुस्कुराता है मेरी यादों में तू
आहें तू ठण्डी भरता है क्यों, आहें तू ठण्डी...

M- चोरी से चुपके-चुपके~चुराया दिल है मेरा
रोग बुरा ये दिल का लगा

F- रातों को सूनी-सूनी~याद आये सजना तेरी
मैं हूँ तेरी आ दिल से लगा

M- दीवाना मैं जानम तेरे जल्वों का

F- नाता है तुझसे कोई जनमों का

M- मेरी दिलरूबा F- मेरे जानेजां

M- जानेजिगर F- मेरे मेहरबां

M- नूरेनज़र बड़ी बिन्दास तू

	मेरे लिये बड़ी है ख़ास तू
F-	आहें तू ठण्डी भरता है क्यों, आहें तू ठण्डी...
M-	बस एक बार~बस एक बार
	मुझको दे-दे दिल~यारा मुझको दे-दे दिल
F-	बन्दा तू भोला-भाला~फिर भी तो है दिलवाला
	मर गई मैं तेरे अन्दाज पे
M-	कजरारे नैनों वाली~थोड़ी नज़ाक़त वाली
	मर गया मैं तेरे इस नाज़ पे
F-	छिपा लिया मैंने तुझे अँखियों में
M-	आने लगा मजा तेरी बतियों में
F-	मेरी बन्दगी M- मेरी आशिकी
F-	मेरी ज़िंदगी M- मेरी हर खुशी
F-	पाने की तुझको है आरज़ू
M-	कब से तेरी थी जुस्तजू
	काहे को तक़रार करती है तू~काहे को तक़रार...
F-	बस एक बार~बस एक बार
	मुझको दे-दे दिल~यारा मुझको दे-दे दिल
M-	बस एक बार~बस एक बार
	मुझको दे-दे दिल~यारा मुझको दे-दे दिल

बाहों में उठा कर तुझको
Based on Odia Song Beshi Na Helebi Tame Bhala Paucha...

बाहों में उठा कर तुझको~ले जाऊँगा चुपके-चुपके
जन्नत के नज़ारे तुझको~दिखलाऊँगा चुपके-चुपके
कहने को मेरे~तू मानेगी अगर
बिन्दास तू हो~शरमायेगी अगर जो चुपके-चुपके-चुपके
बाहों में उठा कर तुझको~ले जाऊँगा चुपके-चुपके
जन्नत के नज़ारे तुझको~दिखलाऊँगा चुपके-चुपके

गालों को यार छूने भी दे~भीगा-भीगा है समा
लबों के जाम पीने भी दे~जानम मेरी मेहरबां
गालों को यार छूने भी दे~भीगा-भीगा है समा
लबों के जाम पीने भी दे~जानम मेरी मेहरबां
कदमों पे मेरे~तू चलेगी अगर
तेरे धड़कन में~बस जाऊँगा मैं हलके-हलके-हलके
बाहों में उठा कर तुझको~ले जाऊँगा चुपके-चुपके
जन्नत के नज़ारे तुझको~दिखलाऊँगा चुपके-चुपके

ठण्डी हवा बाली उमर~दिलकश बड़ी तू है हंसी
खिला-खिला तेरा यौवन~क्यों न करूँ मैं दिल्लगी
ठण्डी हवा बाली उमर~दिलकश बड़ी तू है हंसी
खिला-खिला तेरा यौवन~क्यों न करूँ मैं दिल्लगी
अभी खिली है कली~बड़े नाज़ों में पली
मुझसे नैन चुरा~कहाँ जायेगी रे तू छिप के-छिप के-छिप के
बाहों में उठा कर तुझको~ले जाऊँगा चुपके-चुपके
जन्नत के नज़ारे तुझको~दिखलाऊँगा चुपके-चुपके
कहने को मेरे~तू मानेगी अगर
बिन्दास तू हो~शरमायेगी अगर जो चुपके-चुपके-चुपके
बाहों में उठा कर तुझको~ले जाऊँगा चुपके-चुपके
जन्नत के नज़ारे तुझको~दिखलाऊँगा चुपके-चुपके

धड़कन मेरी तू बात ये कैसे कहूँ (Based on......)

धड़कन मेरी तू~बात ये कैसे कहूँ
प्यार तुझे करता मैं हूँ~इल्तज़ा में है तू
जानेजिगर आई लव यू~जानेजिगर आई लव यू
धड़कन मेरी तू बात ये कैसे कहूँ~~~

ज़िंदगानी मैंने~नाम तेरे लिखी
तू तो दिल में मेरे~जाने कब से बसी
फूल सा मुख तेरा~होंठ तेरे कमल
तू है ताज़ा ग़ज़ल~तू है वो दिलनशीं
ज़न्नत मेरी तू~राज़ ये कैसे कहूँ
याद तुझे करता मैं हूँ~इन्तहा मेरी तू
जानेजिगर आई लव यू~जानेजिगर आई लव यू
धड़कन मेरी तू बात ये कैसे कहूँ~~~

उम्र भर मैं तुझे~देखता यूँ रहूँ
सह के लाखों सितम~चाहता मैं रहूँ
तन्हा-तन्हा सफर~अब गुजरता नहीं
तुझ संग बंधन की डोर~बाँधता मैं रहूँ
ख़्वाब मेरा है तू~बस यही आरज़ू
दम तेरा भरता मैं हूँ~इम्तहाँ हर मैं दूँ
जानेजिगर आई लव यू~जानेजिगर आई लव यू
धड़कन मेरी तू बात ये कैसे कहूँ~~~

बात उल्फ़त की है~मामला प्यार का
तोड़ न दिल सनम~अपने दिलदार का
हर लम्हा मैं तुझे~सोचने अब लगा
दे सिला सनम~मुझको इन्तज़ार का
चाहत मेरी तू~कब से बैचेन हूँ
ख़त तुझे लिखता मैं हूँ~समझे न पर ये तू
जानेजिगर आई लव यू~जानेजिगर आई लव यू
धड़कन मेरी तू बात ये कैसे कहूँ~~~

बार-बार धड़के दिल कोई क्या
Based on Kannada song Muddada Bale Heneda

बार-बार धड़के दिल~कोई क्या ये समझेगा
दीवाना शायर ये~तन्हाई में तड़पेगा
तेरे प्यार को, इक़रार को~सागर भी मचलेगा
बार-बार धड़के दिल~कोई क्या ये समझेगा

सभी यादें धुँधली हुई हैं~सभी बातें उलझी हुई हैं
सभी नाते टूटे टूटे~अब रातें पगली हुई हैं
वही अम्बर~वही धरती
न मैं बदला न तू बदली कैसी ये धुन लागी
बार-बार धड़के दिल~कोई क्या ये समझेगा
दीवाना शायर ये~तन्हाई में तड़पेगा
तेरे प्यार को, इक़रार को~सागर भी मचलेगा
बार-बार धड़के दिल~कोई क्या ये समझेगा

बनी वो मेरा मुकद्दर~हुई इतनी क्यों सितमगर
न चैन आये मेरे दिल को~कहीं बैठी वो छिपकर
बीती बातें~भुलाने को
मैं लिखता हूँ फ़साने रोज़ अच्छी हुई बर्बादी
बार-बार धड़के दिल~कोई क्या ये समझेगा
दीवाना शायर ये~तन्हाई में तड़पेगा
तेरे प्यार को, इक़रार को~सागर भी मचलेगा
बार-बार धड़के दिल~कोई क्या ये समझेगा

बार-बार गली मैं तू काहे मेरी डोले
Based on Odia Song Lal Tuk Tuk Jhia.....

बार-बार गली में~बार-बार गली में
तू काहे मेरी डोले~दिल तुझको ऐसे न दूँगी
जो जी चाहे मैं करूँगी~जो जी चाहे मैं करूँगी
बार-बार गली में~बार-बार गली में
तू काहे मेरी डोले~दिल तुझको ऐसे न दूँगी
जो जी चाहे मैं करूँगी~जो जी चाहे मैं करूँगी

ज़ालिमा... भरूँ मैं ठण्डी-ठण्डी आहें भीगी रात में
बेवफा... हुई मैं जाती बेकल सनम तेरी याद में
ज़ालिमा... भरूँ मैं ठण्डी-ठण्डी आहें भीगी रात में
बेवफा... हुई मैं जाती बेकल सनम तेरी याद में
नादां तू छलिया है तू है सौदाई
सारे ज़हान में~सारे ज़हान में
तू राज़ मेरा खोले~ख़िदमत न तेरी करूँगी
जो जी चाहे मैं करूँगी~जो जी चाहे मैं करूँगी

दिलरूबा... झूठे हैं वादे तेरे झूठी तेरी आशिकी
जानेजां... झूठी हैं कसमें तेरी झूठी तेरी बन्दगी
दिलरूबा... झूठे हैं वादे तेरे झूठी तेरी आशिकी
जानेजां... झूठी हैं कसमें तेरी झूठी तेरी बन्दगी
आवारा पागल है तू है हरजाई
धक-धक जियरा~धक-धक जियरा
ले हिचकोले तोहफ़ा ये ऐसे न दूंगी
जो जी चाहे मैं करूँगी~जो जी चाहे मैं करूँगी

बार-बार सोचूँ ये क्या हुआ मुझे
Based on Kannada Song Baaro Baaro Geleya....

बार... बार.... सोचूँ ये क्या हुआ मुझे ये क्या हुआ मुझे
बैठे... बैठे... रोग ये क्या लगा मुझे ये क्या लगा मुझे
बार... बार.... सोचूँ ये क्या हुआ मुझे ये क्या हुआ मुझे
बैठे... बैठे... रोग ये क्या लगा मुझे ये क्या लगा मुझे

मचल रहा है आज ये मन... न जाने क्यों... न जाने क्यों
हो गया है आज मौसम... आवारा क्यों... आवारा क्यों
बजा रहा कोई सरगम... तन्हा कहीं... तन्हा कहीं
डूबा हुआ गर्दिश में है... सितारा क्यों... सितारा क्यों
रोज-रोज तड़पाता है~ऐसा है कोई अलबेला
यहाँ-वहाँ छिप जाता~बुद्धू कैसा है छैला
ढूँढ़ूँ मैं कहाँ मिलता नहीं दूजा कोई~जंचता नहीं
मिलता नहीं जंचता नहीं कैसी उलझन सुलझे न
जाने न~इरादा वो
बार... बार.... सोचूँ ये क्या हुआ मुझे ये क्या हुआ मुझे
बैठे... बैठे... रोग ये क्या लगा मुझे ये क्या लगा मुझे

मिलने की अब उससे... है आरजू... है आरजू
छोड़ दूँ कैसे उसकी... मैं जुस्तजू... मैं जुस्तजू
दिलोजां अपनी उसके... नाम लिख दूँ... नाम लिख दूँ
जल बिन जैसे हो मछली... मैं तड़पूँ... मैं तड़पूँ
बाँधेंगीं क्या मुझको दुनिया की जंजीरें
मिल के हम लिखेंगे अपनी ही तकदीरें
फूल बन गयी कल थी कली~लड़की हो गयी मैं चुलबुली
मैं चुलबुली मैं मनचली अब ये कँगना खनकेगा
मैं हूँ लैला~मजनूँ वो
बार... बार.... सोचूँ ये क्या हुआ मुझे ये क्या हुआ मुझे
बैठे... बैठे... रोग ये क्या लगा मुझे ये क्या लगा मुझे

बिन्दिया जो तूने लगाई
Based on Odia song Nijhum Ratira Saharare....

बिन्दिया जो तूने लगाई~बिन्दिया जो तूने लगाई
सारी रात नींद न आई
बिन्दिया जो तूने लगाई~सारी रात नींद न आई
आग ऐसी लगी~चैन मेरा गया
आग ऐसी लगी चैन मेरा गया~ऐसे तू दिल में समायी मेरे
बिन्दिया जो तूने लगाई
सारी रात नींद न आई~सारी रात नींद न आई

इतनी बेताबी कभी भी न थी-2
दिलकश थी तू हंसी पर न थी
यूँ तो देखे नजारे बहुत-2~चलती-फिरती ये जन्नत न थी
तुझे दुनिया की सैर कराऊँगा, तेरी तारों से माँग सजाऊँगा
तुझे दुनिया की सैर कराऊँगा, तेरी तारों से माँग सजाऊँगा
बिखरायी जब जुल्फ़ तूने छायी काली घटा
बिन्दिया जो तूने लगाई
सारी रात नींद न आई~सारी रात नींद न आई

चाँदनी जैसा गदराया बदन-2
झील से गहरे कजरारे नयन
चूमने दे बेकाबू है दिल-2, महके-महके लबों का ये रंग
तेरा-मेरा एक अब रास्ता~जानम चलने दे ये दास्तां
तेरा-मेरा एक अब रास्ता, जानम चलने दे ये दास्तां
अंग-अंग तेरा मय से भरा, क़ातिल हर एक अदा
बिन्दिया जो तूने लगाई
सारी रात नींद न आई~सारी रात नींद न आई

बेक़रार दिल मेरा याद तुझे
Based on Kannada Song Neenu Bandha Mele

M- बेक़रार दिल मेरा~याद तुझे मैं करता हूँ
इन्तहा से ज्यादा मैं~प्यार करूँ
जानेमन मैं तेरे~प्यार में पागल हूँ
कैसे दिल से जुदा~तुझको यूँ मैं कर दूँ
F- बेक़रार दिल मेरा~याद तुझे मैं करती हूँ
इन्तहा से ज्यादा मैं~प्यार करूँ
जानेमन मैं तेरे~प्यार में पागल हूँ
कैसे दिल से जुदा~तुझको यूँ मैं कर दूँ

M- बिन जोड़े ही जुड़ जाता है~कैसा ये नाता रे
मुझको यह... जरा समझाना
F- मुझपे नशा छा जाता है~कैसा ये जादू रे
कैसा दिया... तूने नज़राना
M- प्रीत की नदिया तू F- प्रेम का सागर तू
M- सारी-सारी... रात मैं... आहें भरता हूँ
F- जानेमन मैं तेरे~प्यार में पागल हूँ
कैसे दिल से जुदा~तुझको यूँ मैं कर दूँ
M- बेक़रार दिल मेरा~याद तुझे मैं करता हूँ
इन्तहा से ज्यादा मैं~प्यार करूँ

F- संग में तेरे कर बैठी हूँ~कैसी मैं नादानी
हमदम तू... मेरा दिलजानी
M- जां भी तेरी दिल भी तेरा~आशिक़ मैं अलबेला
तू सपनों की... है रानी
F- बन्दगी मेरी तू M- हर खुशी मेरी तू
F- जीवन भर M- तेरे साथ हूँ
F/M- यह वादा करता/करती हूँ
M- बेक़रार दिल मेरा~याद तुझे मैं करता हूँ, इन्तहा से...
F- बेक़रार दिल मेरा~याद तुझे मैं करती हूँ, इन्तहा से....
M- जानेमन मैं तेरे~प्यार में पागल हूँ, कैसे दिल से जुदा....

बेकाबू दिल है मेरे यार देख ना
Based on Asamia song Dusokuwe Hale

बेकाबू दिल है~मेरे यार देख ना
आँखें हुई हैं चार~मेरे यार देख ना
क्या खूब समां है मेरे यार देख ना नहीं कोई दरमियां
नहीं कोई दरमियां~मेरे यार देख ना
दिल की दौलत मैं तुझको दूँगा नज़दीक मेरे तो आ
बेकाबू दिल है मेरे यार देख ना~आँखें हुई हैं चार ~~
क्या खूब समां है मेरे यार देख ना~नहीं कोई दरमियां~~

आँखें मयखाने सी~जुल्फ़ें घटाओं सी
ऐसी तू मेरी चितचोर
सावन की मीठी-मीठी~ऋतु अलबेली
करते भंवर भी हैं शोर~करते भंवर भी हैं शोर
बाली उमरिया~क्यों ये समझे न
पतली कमरिया~मेरे यार लचके न
बेकाबू दिल है मेरे यार देख नाआँखें हुई हैं चार ~~
क्या खूब समां है मेरे यार देख ना नहीं कोई दरमियां

मन है बाबरा~देगी कब तू सिला
मुझको ख़ुमार कैसा है
मुझको कुछ भी~मेरे यार भाये न
आशिक बीमार जैसा है~आशिक बीमार जैसा है
सिलसिला कैसा~मेरे यार देख न
दिल की लगी~मेरे यार बुझे न
बेकाबू दिल है मेरे यार देख नाआँखें हुई हैं चार ~~
क्या खूब समां है मेरे यार देख ना नहीं कोई दरमियां

बैंया पकड़ के तू मोरी
Based on Telugu song Kadatava jodi...

F- बैंया पकड़ करके तू मोरी~करता है दिल की तू चोरी
बिल्कुल है तू अनाड़ी~दूँगी तुझको गारी
बैंया पकड़ के तू मोरी~करता है दिल की तू चोरी
बिल्कुल है तू अनाड़ी~दूँगी तुझको गारी

तीरे नज़र से मैं तुझको देखूँ
दिन-रात मेरे ख़्वाबों में है तू
पलकों में... है बन्द तू~नज़रों में... हरसू तू
मैं दिल की हूँ शहजादी~नहीं ऐसे होती राजी
मैं दिल की हूँ शहजादी~नहीं ऐसे होती राजी
M- बैंया पकड़ के मैं तोरी~करता हूँ दिल की मैं चोरी
बिल्कुल है तू अनाड़ी~ देती है मुझको गारी

M- जानेजां जानेमन... तुझ ही पर मैं मरता हूँ
M- जानेजां जानेमन... तुझ ही पर मैं मरता हूँ
कदमों में तेरे सज़दे मैं
आते-जाते करता हूँ~आते-जाते करता हूँ
F- मैं हूँ शोला-तू है शबनम~कब होगा, अपना संगम
कर शादी की तू तैयारी~अब ऐसी क्या है मजबूरी
कर शादी की तू तैयारी~अब ऐसी क्या है मजबूरी
M- बैंया पकड़ के मैं तोरी~करता हूँ दिल की मैं चोरी
बिल्कुल है तू अनाड़ी~ देती है मुझको गारी
F- बैंया पकड़ के तू मोरी~करता है दिल की तू चोरी
बिल्कुल है तू अनाड़ी~दूँगी तुझको गारी

बैठ आ फुरसत में प्यार की बातें कर
Based on Odia Song Nemali Kannoda

F- बैठ आ फुरसत में~प्यार की बातें कर
दिलरूबा तू मेरा महबूब है
लगी दिल की तू क्या जाने~न जाने क्यों-क्यों-क्यों
M- गुलाबी गालों को~यार छूने भी दे
जानेजां तू मेरी क्या खूब है
इधर-उधर देखे क्या तू~न जाने क्यों-क्यों-क्यों
F- बैठ आ फुरसत में M- प्यार की बातें कर

F- देखूँ तुझे सज़दों में मैं पलकों में बंद मेरी है तू
M- चंचल है तू ए-सुन्दरी हरदम मेरी धड़कन में तू
F- तुझे चाहूँ तुझे माँगूँ मैं रब से अब
रे होगा मिलन ये जाने कब
M- दीवाना मैं तेरा हूं जनम-जनम
आ बाहों में मेरी मेरे सनम
F- मुझे ये लगन... कैसी लग गयी
जिगर पर मेरे छुरी चल गयी~पहले नहीं ये सोचा
M- गुलाबी गालों को F- बैठ आ फुरसत में
M- गुलाबी गालों को F- बैठ आ फुरसत में
बैठ आ फुरसत में~प्यार की बातें कर
दिलरूबा तू मेरा महबूब है

M- बाली उमर नादान है उल्फ़त तुझे अभी आती नहीं
F- छूकर मुझे तड़पायेगा तुझपे कैसे कर लूँ यकीं
M- जीने का, मजा तू, आ लूट ले, फिर ऐसा मौका मिले नहीं
F- दिल को अपने तू थाम ले~मिलन हो ऐसा संभव नहीं
M- कोई प्यार का गुल खिला दे
कोई प्यार का गुल खिला दे~काहे को इतना दूर खड़ी
F- बैठ आ फुरसत में M- गुलाबी गालों को
F- बैठ आ फुरसत में M- गुलाबी गालों को
गुलाबी गालों को~यार छूने भी दे
जानेजां तू मेरी क्या खूब है
F- लगी दिल की तू क्या जाने~न जाने क्यों-क्यों-क्यों

लड़की बड़ी है बिन्दास तू
Based on Odia Song Jhipi Jhipi Megha

लड़की बड़ी है बिन्दास तू~लगती मुझे कुछ ख़ास तू
लड़की बड़ी है बिन्दास तू~लगती मुझे कुछ ख़ास तू
कब से गुम-सुम मैं बैठा
जुल्फों में गजरा~सजा दूँ आ तेरी
रूप तेरा सादा-सादा.... रूप तेरा सादा-सादा

नज़र बचा के यूँ~छिपते-छिपाते यूँ~कब तक शरमायेगी
सुन सुन सुन्दरी~साथी कोई चुन~कब तक घबरायेगी
पलकों पे रखूँगा~सज़दे करूंगा~जन्नत दिखलाऊँगा
तुझको प्यारे-प्यारे~नग़मेें सुना सुना~दिल तेरा बहलाऊँगा
दर्द जिगर में मीठा होता
नयनों से कजरा~चुरा लूँ आ तेरी
रूप तेरा सादा-सादा.... रूप तेरा सादा-सादा

मेघा आये कारे कारे, कोयल बोले कू-कू कू-कू,
मौसम आशिकाना
जियरा धक-धक, समझ आये न, कैसा ये याराना
लबों से लब तेरे, आ जा मैं चूँम लूँ, हैं भी तन्हाईयाँ
मार डाले न कहीं, बड़ी क़ातिल हैं, तेरी अँगड़ाईयाँ
सब्र मुझे अब नहीं होता
बाहों में अपनी~उठा लूँ आ तुझको
रूप तेरा सादा-सादा.... रूप तेरा सादा-सादा

लड़की बड़ी है बिन्दास तू~लगती मुझे कुछ ख़ास तू
लड़की बड़ी है बिन्दास तू~लगती मुझे कुछ ख़ास तू
कब से गुम-सुम मैं बैठा
जुल्फों में गजरा~सजा दूँ आ तेरी
रूप तेरा सादा-सादा.... रूप तेरा सादा-सादा

भीगी-भीगी हैं बरसातें आ कर लें
Based on Telugu song Jala Jala Jalapaatham

(M) भीगी-भीगी हैं बरसातें~आ कर लें प्यार की बातें
प्यासा-प्यासा है तन-मन~दो से एक हो जायें हम
(F) दिल तेरे लिये दीवाना~बन जाये न कोई अफ़साना
देखूँ मैं तेरे ही सपने~एक-दूजे में खो जायें हम
(M) तेरे लिये है बेक़रार दिल मेरा सनम
(F) एक तेरा ही है ऐतबार ए-मेरे सनम
(M) एक तेरा ही है इन्तज़ार ए-मेरे सनम
(M) भीगी-भीगी हैं बरसातें~आ कर लें प्यार की बातें
प्यासा-प्यासा है तन-मन~दो से एक हो जायें हम
(F) दिल तेरे लिये दीवाना~बन जाये न कोई अफ़साना
देखूँ मैं तेरे ही सपने~एक-दूजे में खो जायें हम

(M) दिल किया तेरे हवाले~मैं गिरूँ तू संभाले
मेरे हमदम सुन ले~मेरे दिल की तू सदा
(F) हर सांस में मेरी तू~नस-नस में मेरी तू
मेरे हमदम, न होना, मुझसे तू~कभी भी तो ख़फा
(M) करने दे मुझको सज़दे~कदमों में अपने हमदम
अच्छी तरह, समझ ले, कहीं यूँ ही न, निकले दम
(M) भीगी-भीगी हैं बरसातें~आ कर लें प्यार की बातें
प्यासा-प्यासा है तन-मन~दो से एक हो जायें हम

(F) हूँ नाजुक सी कली मैं~नाज़ों में हूँ पली मैं
न करना कभी मुझसे~ए-जानम दिल्लगी
(M) तेरे लिए है जीना~तेरे लिये है मरना
न समझेगी, क्या होती, है दिल की लगी
(F) ये तूने क्या सोचा~बेकार किया लोचा
तेरी खुशियों में मैं, तेरे ग़म में हूँ मैं, तू ही मेरी है ज़िंदगी

(M) भीगी-भीगी हैं बरसातें~आ कर लें प्यार की बातें
प्यासा-प्यासा है तन-मन~दो से एक हो जायें हम
(F) दिल तेरे लिये दीवाना~बन जाये न कोई अफ़साना
देखूँ मैं तेरे ही सपने~एक-दूजे में खो जायें हम

भीगी-भीगी तन्हाईयाँ न चैन दिल को
Based on Odia Song Dina Sina chalijae Smruti Rahe

भीगी-भीगी तन्हाईयाँ~न चैन दिल को आये
आ-जा मेरे परदेसिया~न नींद मुझ को आये
भीगी-भीगी तन्हाईयाँ~न चैन दिल को आये
आ-जा मेरे परदेसिया~न नींद मुझ को आये
साजना~साजना~साजना~~साजना

जली जा रही~तेरे वास्ते~ठंडी-ठंडी इस आग में
दिल ये मेरा~तूने छीना~पहली-पहली मुलाक़ात में
लुटी जा रही~पिया देख तो~झूठे तेरे जज़्बात में
कब तक मैं लूँ~अँगड़ाईयाँ~न दूजा दिल को भाये
आ-जा मेरे परदेसिया न नींद मुझ को आये
साजना~साजना~साजना~~साजना

एक देवता सा~पूजा तुझे~सज़दे किये कदमों में
हद से बढ़~चाहा तुझे~कहाँ न चली तेरे संग मैं
बांटी तेरी~खुशियाँ सभी~शामिल रही हर ग़म में
जीने न दें~ये रुसबाईयाँ~न याद तेरी तो जाये
आ जा मेरे परदेसिया न नींद मुझको आये
साजना~साजना~साजना~~साजना

भीगी-भीगी तन्हाईयाँ~न चैन दिल को आये
आ-जा मेरे परदेसिया~न नींद मुझ को आये
साजना~साजना~साजना~~साजना

भूल जाऊँ तुझे ये मुमकिन नहीं
Based on Odia Song Mu kiye Tumara

भूल जाऊँ तुझे~ये मुमकिन नहीं
दिल ये दीवाना~मेरे बस में नहीं
भूल जाऊँ तुझे~ये मुमकिन नहीं
दिल ये दीवाना मेरे बस में नहीं किस लिये रिश्ते जोड़े
नींद नहीं आती मुझे~दिया क्यों सहारा
कि बीच डगर तन्हाई में छोड़ा तेरी चाहत में जग भूला
बीच डगर तन्हाई में छोड़ा तेरी चाहत में जग भूला

कारे कजरारे नैन वाली~समझ आँखों से दिल की भाषा
जुड़ जाता जब प्रेम बंधन~जोड़कर तोड़ा नहीं जाता
तेरे बिन लगे सब सूना~टूटा जैसे हो कोई खिलौना
झूठे-झूठे किये तूने वादे~डूबी कश्ती मिली न किनारा
लगता है ऐसा जैसे धड़कन नहीं
तुझ जैसा मिला कोई हमदम नहीं~किस लिये रिश्ते जोड़े
नींद नहीं आती मुझे~दिया क्यों सहारा
कि बीच डगर तन्हाई में छोड़ा तेरी चाहत में जग भूला
ओ! बीच डगर तन्हाई में छोड़ा तेरी चाहत में जग भूला

तेरे-मेरे ये अफ़साने~ज़हां से यूँ मिट न सकेंगे
गुजरे जो तेरे संग ज़माने~नज़ारों से छिप न सकेंगे
लगी दिल की कभी न ये छूटे~याद आयेंगे गुजरे अजूबे
सदियों से लम्बी जुदाई~डसती जाती दिन-दिन तन्हाई
पतझड़ सा लागे मुझे सावन महीना
फिर से महका मेरा आँगन कभी न~किस लिये रिश्ते जोड़े
नींद नहीं आती मुझे~दिया क्यों सहारा
कि बीच डगर तन्हाई में छोड़ा तेरी चाहत में जग भूला
ओ! बीच डगर तन्हाई में छोड़ा तेरी चाहत में जग भूला

भूलूँ कैसे मैं यादें~मेरे साजन
Based on Kannada Song Nanna Preethiya Devatheyu

भूलूँ कैसे मैं यादें~मेरे साजन
तन्हा-तन्हा हैं रातें~मेरे साजन
तेरे बिना करवट बदलूँ~मछली जैसा मैं तड़पूँ
जन्मों-जन्मों का बंधन ये
कैसे ख़ता मैं यह कर दूँ~बतला साजन
भूलूँ कैसे मैं यादें~मेरे साजन

अब तो दर्पन भी लगता झूठा है
खुद को ही हूँ मैं भूली
अब तो सावन भी लगता पतझड़ है
जब से न तूने सुध-बुध ली
बिन तेरे आँखों का काजल झूठा
दुनिया ने सब कुछ मेरा लूटा
पैरों की पायल में छम-छम नहीं
हाथों के कँगना में खन-खन नहीं, लगते हैं झूठे रंग
भूलूँ कैसे मैं यादें~मेरे साजन

न कोई साथी न कोई सहेली घूमूँ बनकर मैं पगली
नैनों में अँगारे बेबस है जवानी प्यासी-प्यासी मैं बदली
रातों को आँखों में नींद नहीं~जिया को पल भर चैन नहीं
संगदिल तू जब से ऐसा हुआ
कैसे किसी पर कर लूँ यकीं, तेरी ही राह मैं देखूँ
भूलूँ कैसे मैं यादें मेरे साजन, तन्हा-तन्हा हैं रातें~मेरे साजन
तेरे बिना करवट बदलूँ~मछली जैसा मैं तड़पूँ
जन्मों-जन्मों का बंधन ये
कैसे ख़ता मैं यह कर दूँ बतला साजन भूलूँ कैसे मैं यादें...

चल आ जा ले लें मौज
Based on Arabian song Darni Galbi

(कोरस) गुस्ताख़ तू बदरी~अँखियाँ मयख़ाने जैसी
मदहोश ये समां है~किस बात की जल्दी
चल आ जा ले ले मौज~न आगे की अब सोच
खुलकर दो पल जी~बन्धन सारे तोड़
दीवाने को दिल तू दे~अब ये शरमाना कैसा
आ लग जा सीने से
(कोरस) गुस्ताख़ तू बदरी~अँखियाँ मयख़ाने जैसी
मदहोश ये समां है~किस बात की जल्दी
बिन्दास है चेहरा~बातें हैं ग़ज़लों सी
मुझपे गिराती है~क्यों रोज़ तू बिजली

उल्फ़त का दे ईनाम~क्या सुबह क्या शाम
नैनों से दे तू मस्ती~अधरों के पिला जाम
सदियों से मैं प्यासा हूँ~तुझको ही चाहता हूँ
पीने मुझको हाला दे
(कोरस) गुस्ताख़ तू बदरी~अँखियाँ मयख़ाने जैसी
मदहोश ये समां है~किस बात की जल्दी
बिन्दास है चेहरा~बातें हैं ग़ज़लों सी
मुझपे गिराती है~क्यों रोज़ तू बिजली

गुल सा तू गई खिल~तन्हाई में कहीं मिल
क्या ग़ज़ब तेरी अदायें~अँगड़ाई क़ातिल
झाँके क्यों चिलमन से~डरना क्या हमदम से
शिकवा क्या प्रियतम से
(कोरस) गुस्ताख़ तू बदरी~अँखियाँ मयख़ाने जैसी
मदहोश ये समां है~किस बात की जल्दी
बिन्दास है चेहरा~बातें हैं ग़ज़लों सी
मुझपे गिराती है~क्यों रोज़ तू बिजली

चन्द ही लम्हों में उसे दिल दे बैठी
Based on Arabic song Daba Tzian

चन्द ही लम्हों में, उसे दिल दे बैठी, बैचेन मैं, आ-जा रे परदेसी
जानेजिगर, वो है अलबेला, सबसे जुदा मेरा परदेसी

देखा जब से उसको मैं टल्ली हुई
उसके इन्तज़ार में मैं पगली हुई
नैना पहली बार में ही ऐसे लड़े
बिन इक़रार ही मैं उसकी हुई
बैठे बिठलाये ग़म क्या ले बैठी, बैचेन मैं, आ-जा रे परदेसी
जानेजिगर, वो है अलबेला, सबसे जुदा मेरा परदेसी

दिन-रात मुझ पे है उसका ख़ुमार
चंचल है मन मेरा जिया बेक़रार
पलकें बिछाये मैं हूँ कब से खड़ी
सुनता नहीं वो है मेरी पुकार
दिल की सदायें दीवारों से कहती, बैचेन मैं, आ-जा रे परदेसी
जानेजिगर, वो है अलबेला, सबसे जुदा मेरा परदेसी

दिखता है मुझको इबादत में वो
नस-नस में वो धड़कन में वो
ऐसी मैं उसकी दीवानी हुई
देखूँ जिधर हर सू है वो
जाने उससे ऐसा मैं क्या कह बैठी, बैचेन मैं, आ-जा रे परदेसी
जानेगिर, वो है अलबेला, सबसे जुदा मेरा परदेसी

चाँदनी ओ मेरी चाँदनीं
Based on Odia Song Aaila He Dekha Aaila

चाँदनीं ओ मेरी चाँदनीं~चाँदनीं ओ मेरी चाँदनीं
चाँद तेरा मुखड़ा~घटायें तेरी ज़ुल्फ़ें
दिलकश है तू नाज़नीं
चाँदनीं ओ मेरी चाँदनीं~चाँदनीं ओ मेरी चाँदनीं
चाँद तेरा मुखड़ा~घटायें तेरी ज़ुल्फ़ें
दिलकश है तू नाज़नीं~दिलकश है तू नाज़नीं

ठंडी हवा जब-जब चले~मुझको तेरी याद आये
सामने से तू निकले~देख मुझे शरमाये
अरमान ले तेरा ही मैं~यहाँ-वहाँ फिरता रहा
सज़दा तुझे करने को मैं~जानेजां तड़पता रहा
जवानी ये किस काम की~निशानी दे कोई प्यार की
मीठी-मीठी तू है रागनी
चाँदनीं ओ मेरी चाँदनीं~चाँदनीं ओ मेरी चाँदनीं
चाँद तेरा मुखड़ा~घटायें तेरी ज़ुल्फ़ें
दिलकश है तू नाज़नीं~दिलकश है तू नाज़नीं

आयी कहीं जन्नत से तू~हुस्न तेरा लाजबाब
छलके तेरे चेहरे से नूर~ग़ज़ब तेरा शबाब
देखूँ तुझे छाये नशा~काबू दिल पर नहीं
बिन्दास है गजरा तेरा~लाखों में तू है हंसी
मुश्किल तुझे समझाना~ये राज़ तुझे बतलाना
लड़की है या तू दामिनी
चाँदनीं ओ मेरी चाँदनीं~चाँदनीं ओ मेरी चाँदनीं
चाँद तेरा मुखड़ा~घटायें तेरी ज़ुल्फ़ें
दिलकश है तू नाज़नीं~दिलकश है तू नाज़नीं

चाँदनीं सा गोरा-गोरा
Based on Nagpuri song Basia So Rimi Rimi

चाँदनीं सा गोरा-गोरा~फूलों जैसा मेरा बदन
चाँदनीं सा गोरा-गोरा~फूलों जैसा मेरा बदन
मनवा चंचल....... कजरारे नैना मेरे सनम
मनवा चंचल....... कजरारे नैना मेरे सनम
चाँदनीं सा गोरा-गोरा~फूलों जैसा मेरा बदन
मनवा चंचल....... कजरारे नैना मेरे सनम
मनवा चंचल....... कजरारे नैना मेरे सनम
चाँदनीं सा गोरा-गोरा~फूलों जैसा मेरा बदन

छोड़ ऐसे न जा~पास आ मेरे माहिया
दीवानी तेरी हूँ मैं~मैंने तुझे दिल दिया
छेड़ ऐसे न मुझे~कर न ऐसे दिल्लगी
जाने जां तेरी कसम~तू ही है मेरी ज़िंदगी
मनवा चंचल....... कजरारे नैना मेरे सनम
मनवा चंचल....... कजरारे नैना मेरे सनम
चाँदनीं सा गोरा-गोरा~फूलों जैसा मेरा बदन

मैंने तुझे जो है समझा~जुवां से मैं कह न पाऊँ
तस्वीर तेरी पिया~कब तलक ऐसे छिपाऊँ
सदियों से तू ही मेरे~दिल में है मेहमान
तुझे ही पाने का अब~मुझको है अरमान
मनवा चंचल....... कजरारे नैना मेरे सनम
मनवा चंचल....... कजरारे नैना मेरे सनम
चाँदनीं सा गोरा-गोरा~फूलों जैसा मेरा बदन
चाँदनीं सा गोरा-गोरा~फूलों जैसा मेरा बदन

चाहे जहां लिखवाई ले
Based on Telugu song chelimeeda Chitikedu Daya Raada

चाहे जहाँ~लिखवाई ले
हर घड़ी मैं करूँ तेरी आरज़ू
हर घड़ी मैं करूँ तेरी आरज़ू
दिल भी तेरा~जां भी तेरी
मुद्दतों से मुझे तेरी जुस्तजू
मुद्दतों से मुझे तेरी जुस्तजू चाहे जहाँ लिखवाई ले...

इस सारे जग से मुझे जीत ले
इक़रार कर ले मुझे प्रीत दे
तन्हाईयों में लगे मुझको डर
संसार की हर निभा रीत दे
लब को चूम ले ए-जाने जिगर
कैसा हुआ मुझ पे ये असर
दिल को मेरे बहलाई दे
जी भर मैं करूँ तुझसे गुफ़्तगू
जी भर मैं करूँ तुझसे गुफ़्तगू~चाहे जहाँ लिखवाई ले...

मैं उल्फ़त की रस्मों से अंजान हूँ
है कमसिन उम्र अभी नादान हूँ
कब तक सुनेगा तू दिल की सदा
दिल में तेरे ही मेहमान हूँ
मैं तेरी चाँदनीं~तेरी दिलरूबा
कोई पर्दा है नहीं~क्यों मुझसे ख़फ़ा
लागे है डर रुसबाई से~सिलसिला प्यार का कर लें आ शुरू
चाहे जहाँ लिखवाई ले~~~~~

चाहूं और क्या दिल के सिवा
Based on Odia Song Rahibaku De Mote Rahibaku....

(M) चाहूं और क्या~दिल के सिवा
मांगें आ दोनों मिल~रब से दुआ
एक हो जायें आ~जैसे अम्बर-धरा
लागी न छूटे... ऐ.... ऐ...
(F) तुझे जाने जां~दिल मैंने दिया
इक़रार तुझसे~मैंने किया
ए-मेरे साथिया ए-मेरे माहिया
साथ न छूटे... ए... ए...

(M) चैन मेरा छीना~नींदें हैं चुरायी
किया है तूने जादू
(F) अपना ही मुझको~होश नहीं अब
किया मुझे बेकाबू... किया मुझे बेकाबू
(M) शुरू हो गया~अब सिलसिला
बड़ी मुद्दत में~गुल ये खिला
(F) ए-मेरे साथिया ए-मेरे माहिया
साथ न छूटे... ए... ए...
(M) चाहूं और क्या~दिल के सिवा
(F) इक़रार तुझसे~मैंने किया

(F) गुलाबी-गुलाबी~ऋतु ये सुहानी
जवां हो रहा~है फ़साना
(M) ज़हां को भुलाकर~तुझे पाया है
मीठा-मीठा ये तराना~मीठा-मीठा ये तराना
(F) भुला न देना~परदेसिया
मान लिया मैंने~तुझको पिया
(M) एक हो जायें आ~जैसे अम्बर-धरा
लागी न छूटे... ऐ.... ऐ...
(F) इक़रार तुझसे~मैंने किया
ए-मेरे साथिया ए-मेरे माहिया
साथ न छूटे... ए... ए...

चाहूँ तुझसे और क्या मेरे यार
Based on Odia Song Silly Silly only pyar

M- चाहूँ तुझसे और क्या, मेरे यार...मेरे यार
माँगूँ तुझसे और क्या, सिर्फ प्यार... सिर्फ प्यार
F- क्यों दिल चुराया तूने मेरा~क्यों सताये मुझे सपनों में
क्यों वादा किया मैंने तुझसे~क्यों बंध गयी कसमों में
M- अपना बनाकर के तू दूर-दूर भागे
करती दिल बेक़रार... बेक़रार
F- चाहूँ तुझसे और क्या, मेरे यार... मेरे यार
M- माँगूँ तुझसे और क्या, सिर्फ प्यार... सिर्फ प्यार

F- भीगा-भीगा है समां जानम, देखूं तेरे सपने, दिल न लगे
सूना-सूना है मेरा आँगन, लगी ये दिल की, अब न बुझे
M- करता मैं मुहब्बत हूँ~दुनिया को दिखाऊँगा
बंद तू मेरी पलकों में~तुझे दिल से लगाऊँगा
F- शब भर सारी, न नींद आई,
करती तेरा इन्तज़ार... इन्तज़ार
M- चाहूँ तुझसे और क्या, मेरे यार... मेरे यार
F- माँगूँ तुझसे और क्या, सिर्फ प्यार... सिर्फ प्यार

M- मय से भरी दो नशीली आँखें
आये कैसे दिल में, कोई दूसरा
जादू भरी हैं रसीली तेरी बातें
ढल गया तेरे रंग में, मैं भी जरा
F- हरदम मैं उठाऊँगी~ज़िंदगी के सारे ग़म
मर कर भी न होगी~दीवानगी कभी कम
M- नज़ारों से पूछा~बहारों में ढूँढ़ा
तुझ पर किया ऐतबार... ऐतबार
F- चाहूँ तुझसे और क्या, मेरे यार... मेरे यार
M- माँगूँ तुझसे और क्या, सिर्फ प्यार... सिर्फ प्यार

चाहूंगा तुझको मैं मेरे सनम
Based on Malyalam song Kottil ninnum....

चाहूंगा तुझको मैं मेरे सनम
मागूँगा रब से मैं तुझको सनम
चाहे आँधी उठे~चाहे दुनिया जले
खाता हूँ कसम~जनम-जनम
मिल के जुदा~होंगे न हम
कैसे न कैसे समझ ये ले तू
समझना तुझको पड़ेगा
चाहूंगा तुझको मैं मेरे सनम
मागूँगा रब से मैं तुझको सनम

मुद्दत की चाहत है तू
जीवन की जरूरत है तू
तुझ पर सनम मैं सब कुछ लुटा दूँ
तोड़ आसमां से सितारे मैं ला दूँ
नज़दीक आ ए मेरी मुहब्बत
बदलना तुझको पड़ेगा
चाहूंगा तुझको मैं मेरे सनम
मागूँगा रब से मैं तुझको सनम

ऐसे यूँ शरारत न कर
थोड़ी मुझपे इनायत तू कर
यूँ ही न ढ़ल जाये तेरी ये जवानी
कब तक संभालेगी दे ये निशानी
श्रृंगार छोड़ा क्या सोचकर है
संवरना तुझको पड़ेगा
चाहूंगा तुझको मैं मेरे सनम
मागूँगा रब से मैं तुझको सनम

चूम ले गालों को प्यार की गारन्टी दे
Based on Telugu Song urumula Rammantine

चूम ले गालों को~प्यार की गारन्टी दे
मैं तेरी हूँ दिलरूबा~और को न एन्ट्री दे
दिल न तोड़~दिल न तोड़ बजने ये घण्टी दे
दिल न तोड़ बजने ये घण्टी दे
चूम ले गालों को~प्यार की गारन्टी दे
मैं तेरी हूँ दिलरूबा~और को न एन्ट्री दे
दिल न तोड़ बजने ये घण्टी दे-4

आज मेरी चुनर को रंग बसन्ती दे
आज मेरी चुनर को रंग बसन्ती दे
याद रहे जीवन भर ऐसी तू मस्ती दे
दिल न तोड़ दिल न तोड़ दिल न तोड़
बजने ये घण्टी दे
दिल न तोड़ बजने ये घण्टी दे-3

लबों की प्यास को जल्दी बुझाय दे
लबों की प्यास को जल्दी बुझाय दे
उल्फ़त का पाठ ये मुझको सिखाय दे
दिल न तोड़ दिल न तोड़ दिल न तोड़
बजने ये घण्टी दे
दिल न तोड़ बजने ये घण्टी दे-3

दिल के अरमानों को करने बुलन्द दे
दिल के अरमानों को करने बुलन्द दे
बातें दो प्यार की करने भी चन्द दे
दिल न तोड़ दिल न तोड़ दिल न तोड़
बजने ये घण्टी दे
दिल न तोड़ बजने ये घण्टी दे-3

चेहरा है फूल सा
Based on Odia Song
Andamaina Manasulo....

चेहरा है फूल सा~कजरारे मस्त-मस्त नैन दो
नैन दो... नैन दो... नैन दो
पलकें झुकीं-झुकीं~दिल में तूफान सा
नैन दो... नैन दो... नैन दो
नैन दो, नैन दो, नैन दो~इन्हीं में सारी ज़िंदगी गुजार दूँ
चेहरा है फूल सा~कजरारे मस्त-मस्त नैन दो
नैन दो... नैन दो... नैन दो

हर सांस में है खुशबू समायी~तेवर तेरे निराले
गोरे बदन से चाँदनीं झांके~लाखों तेरे दीवाने
जिस राह गुजरे मदमस्त नज़ारा~मन ये कैसे मचले न
सितारों से तेरी मदहोश जवानी~मौसम कैसे बदले न
यौवन है आग सा~कजरारे मस्त-मस्त नैन दो
नैन दो... नैन दो... नैन दो

नागिन सी तेरी पतली कमरिया~चंचल-चंचल अदायें
तुझमें क्या ऐसा है मेरे हमदम~सन-सन चलती हवायें
अठरह बरस कमसिन उमरिया~तुझसा नहीं दुनिया में
बन मै गया हूँ प्रेम का रोगी~आकर तेरी गलियों में
मस्त हो मैं झूमता~कजरारे मस्त-मस्त नैन दो
नैन दो... नैन दो... नैन दो
चेहरा है फूल सा~कजरारे मस्त-मस्त नैन दो
नैन दो... नैन दो... नैन दो

चुपके से बोल दे~दिल में है क्या
Based on Kannada Song Janumada Jodi....

(M) चुपके से बोल दे~दिल में है क्या
कह दे न प्यार है~सोचे है क्या
कजरारे नैन वाली~घुंघराले बालों वाली
क़ातिल अदाओं वाली~गोरे-गोरे गालों वाली
झूमे... झूमे... झूमे... झूमे कानों की बाली
(F) चुपके से बोल दे~दिल में है क्या
कह दे न प्यार है~सोचे है क्या

(F) प्यार की रीत से अभी अन्जान हूँ
बाली उमर मेरी अभी नादान हूँ
(M) प्यार का क़ायदा तुझे सिखलाऊँगा
प्यार है ज़िंदगी तुझे बतलाऊँगा
(F) याद तुझे बहुत करती हूँ~इन्तज़ार तेरा करती हूँ
(M) ऐ-जानेमन दीवानी~बेक़रार बड़ा रहता हूँ
(F) बैठा क्यों दूर-दूर नज़दीक़ आ
(M) चुपके से बोल दे~दिल में है क्या
कह दे न प्यार है~सोचे है क्या

(M) बन जा बन जा मेरी दिल जानिया
कर दे, कर दे, थोड़ी मेहरबानियाँ
(F) रफ़्ता-रफ़्ता खो गयी तेरे प्यार में
दास्तां नयी~हुई बेक़रार मैं
(M) पैग़ाम तू सुन ले मेरा~लिखा नाम जिगर पे तेरा
(F) किया दिल जिगर तूने चोरी~काहे करता सीना जोरी
(M) समझा मैं आज तेरी मर्जी है क्या
(F) ले मैंने बोल दिया दिल में है क्या
मैंने इक़रार तुझसे किया
बाहों में मुझे उठा ले~अपना मुझे बना ले
सांसों में मुझे समा ले~अंग मुझको लगा ले
(M) चुपके से बोल दे~दिल में है क्या
कह दे न प्यार है~सोचे है क्या

चेहरा ये तेरा है फूल सा
Based on Odia Song Sadhaba Bohu Lo...

चेहरा ये तेरा है फूल सा आँखें दो तेरी हैं झील सी
चेहरा ये तेरा है फूल सा आँखें दो तेरी हैं झील सी
उमरिया तेरी, है नादां अभी~उमरिया तेरी, है नादां अभी
सांसों से खुशबू के धारे बहें
चेहरा ये तेरा है फूल सा आँखें दो तेरी हैं झील सी

ढूँढ़ने चली~किसे तू यहाँ
आ भी जा मुझ ही से लड़ा ले अँखियाँ
चाँदनीं सा~ये गोरा बदन
तुझ ही को तुझसे आ चुरा लूँ बेलिया
अधरों पे तेरे है ताज़गी
पलकों में तेरी दीवानगी
कर लें हम-तुम आ दोस्ती
चेहरा ये तेरा है फूल सा आँखें दो तेरी हैं झील सी

ऐसा यौवन~तूने है पाया
देखा जो तुझे नज़ारे खिल उठे
अंग-अंग में~मस्ती भरी
तुझे आफ़ताब दीवाने कह उठे
बन गयी तू मेरे दिल की लगी
एक आग सी तन-मन में लगी
करने दे मुझे तू बन्दगी
चेहरा ये तेरा है फूल सा आँखें दो तेरी हैं झील सी
उमरिया तेरी, है नादां अभी~उमरिया तेरी, है नादां अभी
सांसों से खुशबू के धारे बहें
चेहरा ये तेरा है फूल सा आँखें दो तेरी हैं झील सी

चोरी-चोरी सपनों में आने तू लगी
Based on Odia Song Chalu Chalu Kichhi Bota....

M- चोरी-चोरी~सपनों में
चोरी-चोरी सपनों में आने तू लगी
नींदें मेरी रातों की चुराने लगी
F- चोरी-चोरी~सपनों में
चोरी-चोरी सपनों में आने तू लगा
नींदें मेरी रातों की चुराने लगा
M- तुझसा नहीं~~दूजा कोई
F- तुझसा नहीं~~दूजा कोई
M- ऐसा तो कभी~~ हुआ ही नहीं
F- चोरी-चोरी सपनों में~~~

F- उल्फ़त के प्यारे कैसे~ज़माने हैं आये
होंठों ने प्यार भरे~तराने हैं गाये
तमन्नायें दिल की~हुई हैं जवां-जवां
दीवानों में नाम हम~लिखाने हैं आये
बेताब दिल~~होने लगा
बेताब दिल~~होने लगा
ऐसा तो कभी~~हुआ ही नहीं
M- चोरी-चोरी सपनों में~~~

M- हमें देख झूमी-झूमी~बागों की बहारें
नज़ारों ने कैसे-कैसे~किये हैं इशारे
हवाओं के संग-संग~उड़ी है चुनरिया
बलखाये जानम तेरी~पतली कमरिया
तेरे नाम की~~लागी लगन
तेरे नाम की~~लागी लगन
ऐसा तो कभी~~हुआ ही नहीं
F- चोरी-चोरी सपनों में~~~
M- चोरी-चोरी सपनों में~~~
F+M..................

छिपे राज़ दिल के कहूँ
Based on Kannada Song Ee Bhavageethe Ninagagi Haadide

छिपे राज़ दिल के~कहूँ आज किससे
कि पल भर में कैसे~टूटे हैं ये रिश्ते
छिपे राज़ दिल के~कहूँ आज किससे
छिपे राज़ दिल के~कहूँ आज किससे
वक़्त ने खेल ये~क्या भी है खूब खेला
दो कदम चल न पाया~और पीछे धकेला
साज़ के तार सभी~टूटे कुछ इस तरह
बन्दगी की थी मैंने~बनी अच्छा झमेला
सदियों के ख़्वाब पल भर में चूर बर्षों की जुस्तजू
छिपे राज़ दिल के~कहूँ आज किससे
छिपे राज़ दिल के~कहूँ आज किससे

झूठी हर सुबह तुम बिन~झूठी हर शाम तुम बिन
झूठी महफ़िल तुम बिन~झूठा हर लम्हा तुम बिन
उजड़ी लगती ये दुनिया~बुझ गयी हैं ये अँखियाँ
रूठी मन्जिल तुम बिन~झूठा संसार तुम बिन
दिल बेक़रार तुम इतनी दूर किसका मैं नाम लूँ
छिपे राज़ दिल के~कहूँ आज किससे
कि पल भर में कैसे~टूटे हैं ये रिश्ते
छिपे राज़ दिल के~कहूँ आज किससे
छिपे राज़ दिल के~कहूँ आज किससे

दस्तक पे तेरी, मैं आऊँगा
Based on Kannada Song Nannali Naanilla.....

M- दस्तक पे तेरी, मैं आऊँगा, जनमों का प्यार दूँगा
F- दस्तक पे तेरी, मैं आऊँगी, जनमों का प्यार दूँगी
M- दीवाना मैं तेरा F- दीवानी मैं तेरी
M- दस्तक पे तेरी, मैं आऊँगा, जनमों का प्यार दूँगा
F- दस्तक पे तेरी, मैं आऊँगी, जनमों का प्यार दूँगी
M- दीवाना मैं तेरा F- दीवानी मैं तेरी

M- देखा है जब से मैंने तुझे~जिया ये बस में नहीं
F- चाहा है तुझको हद से ज्यादा~काबू में दिल है नहीं
M- रंगी ये मौसम भला सा लगे
F- प्यारे नजराने, मैं लाऊँगी~बाहों का हार दूँगी
M- दस्तक पे तेरी, मैं आऊँगी, जनमों का प्यार दूँगी

F- नींद मुझे न रातों को आये~जाने ये कैसी है लगी
M- वादे कर तू मुकर जाये~न कर यूँ दिल्लगी
F- मस्ताना आलम हुआ कुछ मुझे
M- दस्तक पे तेरी, मैं आऊँगा, जनमों का प्यार दूँगा
F- दस्तक पे तेरी, मैं आऊँगी, जनमों का प्यार दूँगी
M- दीवाना मैं तेरा
F- दीवानी मैं तेरी

दिल्लगी तूने की है
Based on Hai Hai Tamil Song

(F) दिल्लगी तूने की है~नींद रातों न आई
दीवाने... चल दे सफाई
(M) आशिक़ी तू क्या जाने~बन्दगी तू क्या जाने
दीवानी... चल दे सफाई
(F) तोड़ डाले सभी वादे सभी कसमें
(M) भूल बैठा मैं ख़ुद ही को उल्फ़त में
(F) (उलझ गयी मैं जानेमन तेरे ही ख़यालों में)-2
(F) दिल्लगी तूने की है~नींद रातों न आई, दीवाने...

(F) तेरे कदमों में सज़दे कर मैं रोयी
(उलझ गयी मैं जानेमन तेरे ही ख़यालों में)-2
(M) तेरी यादों ने रुलाया घबराया
(उलझ गया मैं जानेमन तेरे ही सवालों में)-2
(F) करूँ मैं क्या बता दे तू (M) गुनाहों की सजा दे तू
(F) करूँ मैं क्या बता दे तू (M) गुनाहों की सजा दे तू
(F) उलझ गयी मैं जानेमन तेरे ही ख़यालों में
(M) उलझ गया मैं जानेमन तेरे ही सवालों में
(F) उलझ गयी मैं जानेमन तेरे ही ख़यालों में
(M) उलझ गया मैं जानेमन तेरे ही सवालों में
(F) दिल्लगी तूने की है~नींद रातों न आई, दीवाने..
(M) आशिक़ी तू क्या जाने~बन्दगी तू क्या जाने, दीवानी...

(F) छोड़ मेरी गोरी कलाई मुझे जाने दे
(उलझ गयी मैं जानेमन तेरे ही ख़यालों में)-2

(M) बाद कितनी मुद्दत के तुझे पाया है
(उलझ गया मैं जानेमन तेरे ही सवालों में)-2

(F) मेरे हमदम तुझे चाहूँ (M) रब से मैं तुझे माँगू

(F) मेरे हमदम तुझे चाहूँ (M) रब से मैं तुझे माँगू

(F) सिमट गयी मैं जानेमन तेरी ले बाहों में

(M) बदल गया मैं ऐसे-कैसे तेरी मीठी बातों में

(F) सिमट गयी मैं जानेमन तेरी ले बाहों में

(M) बदल गया मैं ऐसे-कैसे तेरी मीठी बातों में

(F) दिल्लगी तूने की है~नींद रातों न आई दीवाने...

(M) आशिक़ी तू क्या जाने~बन्दगी तू क्या जाने, दीवानी...

दिल चुराये ऐसे और वैसे
Based on Kannada Song Sooryana Kirana chum bisi Tane

F- दिल चुराये ऐसे और वैसे~है जुदा सनम तू
M- बेक़रार मेरा दिल कर जाये~है वह सनम तू
F- हो गयी तेरी मैं दीवानी~सच्ची-सच्ची ये कहानी
M- जानेमन... अधरों की... मस्ती दे मुझे
F- जानेजां... होंठों से... छू ले आ मुझे
M- बेक़रार मेरा दिल कर जाये~है वह सनम तू
F- दिल चुराये ऐसे और वैसे~है जुदा सनम तू

M- दिल की हर धड़कन में तू~सांसों की सरगम में तू
दिल यूँ न तोड़ अब तो करार दे
F- खुशियाँ तुझको मैं दूँगी~सारे ग़म मैं ले लूँगी
तन्हा न छोड़ थोड़ा सा प्यार दे
M- खिलता गुलाब दिलबर तू~गोरा बदन है चंचल तू
F- तेरे लिये धड़कता है दिल~कितना रंगीन हमदम तू
M- यौवन की... मस्ती है... मेरी प्रियतमा
F- चमका एक... सितारा है... मेरा दिलरूबा
दिल चुराये ऐसे और वैसे~है जुदा सनम तू
M- बेक़रार मेरा दिल कर जाये~है वह सनम तू

F- पाने को मैं प्यार तेरा~सदियों से ही बेकल हूँ
आ मेरे संग चल सारे भुला के ग़म
M- हमदम मेरे देर न कर~कह दे मुझसे आई लव यू
मौसम हसीन है मस्ती में खोये हम
F- तेरी ले याद रातों मैं जागी~कैसी बुरी है दिल की ये लगी
M- दिल का मैं हाल कैसे बताऊँ, उम्र सारी तुझ संग बिताऊँ
F- प्यार तेरा... पाने को... रस्में तोड़ दूँ
M- आये गर... तूफां भी... रूख़ मोड़ दूँ
F- दिल चुराये ऐसे और वैसे~है जुदा सनम तू
M- बेक़रार मेरा दिल कर जाये~है वह सनम तू
F- हो गयी तेरी मैं दीवानी~सच्ची-सच्ची ये कहानी
M- जानेमन... अधरों की... मस्ती दे मुझे F- जानेजां...

दिल दे-दे मुझे नज़राना
Based on Telugu song Chelimeeda Chitikedu

F- दिल दे-दे मुझे नज़राना
मेरे जाने जिगर मैं लिखूँ अफ़साना
M- ख़्वाबों में तू आने लगी
मेरी नूरे नज़र मैं लिखूँ अफ़साना
F- इन्तहा अब बहुत हुई है राजा
M- इल्तजा अब मेरी सुन मेरी राधा
F- ~मैं लिखूँ अफ़साना M- ~मैं लिखूँ अफ़साना

F- है ये जवानी~पानी का रैला
दिलबर जानेजां~लब ये रसीले आ चूम ले
M- रंगीला मौसम~ऋतु सुहानी
इन लम्हों में क्यों न हम-तुम झूम लें
F- ज़िंदगी में मेरी आयी बहार तुझसे
अब सिला है हर खुशी का तू
M- धड़कनों में मेरी बस गयी तू जानम
याद आये हर घड़ी अब तू
F- प्यार कर लिया... प्यार कर लिया हमदम तुझे माना
F- दिल दे-दे मुझे नज़राना, मेरे जाने जिगर मैं लिखूँ~~
M- ख़्वाबों में तू आने लगी, मेरी नूरे नज़र मैं लिखूँ~~

F- पवन झकोरा बदन को मेरे
छू-छू जाये कुछ कह जाये बेकल मैं हुई
M- है भी ज़रूरी तेरी मुहब्बत
सावन जब-जब झूम के आये बेकल मैं हुआ
F- जुड़ गया है जानम अब ये बन्धन कैसा
इस तरह दे न सजा
M- आग लगी है ये कैसी बुझ सके न शोले
मस्ती भरा है समां
F- ए जाने जिगर तू ही बन्दगी तुझको मुझे है पाना
दिल दे-दे मुझे नज़राना, मेरे जाने जिगर मैं लिखूँ~~
M- ख़्वाबों में तू आने लगी, मेरी नूरे नज़र मैं लिखूँ~~

दिल जानेमन~तुझे दे दिया
Based on Odia Song Jyesta oh Kanchana.....

M- दिल जानेमन~तुझे दे दिया
तेरे वास्ते~क्या-क्या न किया
दिल धक-धक धक-धक धड़के~सुन-सुन दिलरूबा
दिल धक-धक धक-धक धड़के~सुन-सुन दिलरूबा
F- दिल जानेमन~तुझे दे दिया
तेरे वास्ते~क्या-क्या न किया

F- फूलों सी नाजुक मेरी जवानी
बाली उमरिया हुई है सयानी~हुई है सयानी
M- गालों को चूमें तेरे गेसू घुँघराले
होश उड़ायें मेरे नैना कजरारे~नैना कजरारे
F- यूँ नैन लड़ाकर नैनों से कर देगा बेकल तू
M- गोरा-गोरा मुख कजरारे नयन कर देगी पागल तू
F- तुझसे है अब ये कारवां
M- तुझपे ख़त्म हो अब ये दास्तां
F- दिल जानेमन~तुझे दे दिया
M- तेरे वास्ते~क्या-क्या न किया

M- पास जो आये तो जाने की है जल्दी
समझाऊँ कैसे तुझे बातें दिल की~तुझे बातें दिल की
F- छिप-छिप देखे हमको ज़माना
बतलाऊँ कैसे तुझे अपने मन की~तुझे अपने मन की
M- कब सहर हुई कब सांझ ढली ख़्वाबों में तू ही तू
F- अन्जान अभी सब बातों से दीवाना है रे तू
M- करता तेरी मैं बन्दगी
F- तुझ बिन तन्हा है ज़िंदगी
M- दिल जानेमन~तुझे दे दिया
F- तेरे वास्ते~क्या-क्या न किया

दिल का करार है तू
Based on Telugu song Maha Purushudu

M- दिल का करार है तू~बागों सी बहार है तू
चाँदनीं तेरा बदन~गुलों में गुलाब है तू
लम्हा-लम्हा दिल मेरा धड़के~करती बेक़रार तू
F- दिल की किताब है तू~न उतरे ख़ुमार है तू
लुभाता मुझको पल-पल~चमन का गुलाब है तू
लम्हा-लम्हा दिल मेरा धड़के~करता बेक़रार तू
M- दिल का करार है तू F- दिल की किताब है तू

M- बनेंगे मुहब्बत में हजारों फ़साने
तस्वीर दिल में बस तेरी होगी
बसी जाने जां ना हर साँस में तू
चाहत ये मेरी कभी कम न होगी
F- सज़दे करूँगी कदमों में तेरे
बिछाऊँगी पलकें राहों में तेरे
M- न बिसरें तेरी यादें मेरे हमदम
मैं ऐसे कैसे तुझको भुला दूं~चैन न आये दिल को मेरे
F- दिल की किताब है तू M- दिल का करार है तू

F- रातों को तन्हा लूँ मैं अँगड़ाई~कैसा बेदर्दी है हरजाई
मछली जैसा मैं तड़पती~जग में मेरी हुई रुसबाई
M- तू ही मेरे ख़्वाबों की मल्लिका~तेरा बिन न मेरा गुजारा
F- दिल तुझको दे बैठी~कब जाने मेरे हमदम
मैं बन गयी रे कब तेरी दीवानी
रोग बुरा ये मुझको लगा
M- दिल का करार है तू~बागों सी बहार है तू
F- दिल की किताब है तू~न उतरे ख़ुमार है तू
M+F- लम्हा-लम्हा दिल मेरा धड़के करती/ता बेक़रार तू

दिल की बात जानेजिगर
Based on Kannada Song Kanninalli Kanaside

दिल की बातें जाने जिगर~अफ़साने में लिख दे-2
काजल से तेरी आँखें काली~जुल्फ़ें घटा सी मतवाली
बदन की तेरे चूमूँ डाली
दिल की बात जाने जिगर~अफ़साने में लिख दे-2

ज़हां की सारी खुशियाँ~नज़र तेरी कर दूँ
मीठी-मीठी बातें मैं करूँ~बहारों के रंग दूँ
तू ही मेरा मक़सद~तू ही मेरी है दीवानगी
मुझसे मुहब्बत का इक़रार कर
लगी ये दिल की न ले डूबे~मुझको लगा अपने दिल से
(लड़की)
अहा हा हा.. हा.. अहा हा हा.. हा..
अहा हा हा.. हा.. अहा हा हा.. हा..

(लड़का)
मचल उठे हैं भँवरे~चहक उठी हैं कलियाँ
सनम हंसी मुलाक़ातों को~समझ रही सखियाँ
कि गा रही है धड़कन~सुरीले नग़में प्यार के
अधरों की मेरे बन तू सरगम~समां ये यूँ ही न बीते
मुझसे भली ये लट तेरी~पल-पल गोरे गालों को चूमे
बेकल हुआ हूँ कब से
दिल की बातें जाने जिगर~अफ़साने में लिख दे-2
काजल से तेरी आँखें काली~जुल्फ़ें घटा सी मतवाली
बदन की तेरे चूमूँ डाली
दिल की बात जाने जिगर~अफ़साने में लिख दे-2

दिल को करार आये न
Based on Kannada Song Thande Kodiso Seere....

M- दिल को क़रार आये न जानम तेरे बगैर
कोई भी शय भाये न जानम तेरे बगैर
रातों को नींद आये न जानम तेरे बगैर
F- दिलकश ये शाम भाये न जानम तेरे बगैर
गुलशन में गुल भाये न जानम तेरे बगैर
M- दिल को क़रार आये न जानम तेरे बगैर

F- भँवरों के गुन-गुन जैसी मीठी हैं तेरी बातें
M- हो मय कहीं छलकती हैं ऐसी तेरी दो आँखें
F- बाहों में तेरी आ के लगता मुझे है ऐसा खो गयी कहीं
M- नैनों ने तेरे मुझ पे ऐसा किया है जादू खो गया कहीं
F- दिल की किताब कोरी है जानम तेरे बगैर
M- रातों को नींद आये न जानम तेरे बगैर
F- दिलकश ये शाम भाये न जानम तेरे बगैर

F- मदहोश मुझे करती ये मस्त-मस्त फ़िजायें
M- हो गया हूँ मैं दीवाना तेरी देख मस्त अदायें
F- सपने मुझे दिखा के जाता है दूर-दूर ए-सनम
M- पलकों में बन्द तू मेरी कैसे करूँ जुदा मेरे सनम
F- तस्वीर ये अधूरी है जानम तेरे बगैर
M- दिल को क़रार आये न जानम तेरे बगैर
F- दिलकश ये शाम भाये न जानम तेरे बगैर
M+F- दिल को क़रार आये न जानम तेरे बगैर

दिल में है तू मुद्दत से
Based on Telugu song Ninna Naguvu Hoovanthe

M- दिल में है तू... मुद्दत से~तुम-हम मिले... किस्मत से
बिछुड़ें न... हम कभी~हमदम किसी मोड़ पे
F- दिल में है तू... मुद्दत से~तुम-हम मिले... किस्मत से
बिछुड़ें न... हम कभी~हमदम किसी मोड़ पे
M- दिल में है तू... मुद्दत से~तुम-हम मिले... किस्मत से

M- मन की कलियाँ खिल उठी~दो प्रेमी जो मिले
F- कैसे-कैसे जुड़ गये~सदियों को सिलसिले
M- तेरे वास्ते मैं जग की रस्में तोड़ दूँ
F- जाने जिगर तू जो कहे गलियाँ छोड़ दूँ
तुझ पर जां ये दूँ
M- दिल में है तू... मुद्दत से
F- तुम-हम मिले... किस्मत से
F+M- बिछुड़ें न... हम कभी~हमदम किसी मोड़ पे
F- दिल में है तू मुद्दत से~तुम-हम मिले किस्मत से

F- बुझते-बुझते जल गयी~दिल की ये लगी
M- काम ये कैसा कर गयी~मेरी बन्दगी
F- तेरे सिवा दूजा कोई दिल को भाता नहीं
M- दिल से तुझे जुदा कर दूँ मुझको आता नहीं
ऐसा यह नाता नहीं
M- दिल में है तू... मुद्दत से
F- तुम-हम मिले... किस्मत से
F+M- बिछुड़ें न हम कभी~हमदम किसी मोड़ पे
F+M- दिल में है तू... मुद्दत से~तुम-हम मिले... किस्मत से...
तुम-हम मिले... किस्मत से

दिलरुबा मेरी, आशिकी है तू
Based on Odisa song To aakhire mun mo aakhire tu

दिलरूबा मेरी, आशिकी है तू
तू ग़ज़ल मेरी, मौसिक़ी है तू
दिलरूबा मेरी, आशिकी है तू
तू ग़ज़ल मेरी, मौसिक़ी है तू
कैसे बातें कहूं दिल की रखती तू~बन्द खिड़की
सोचती है क्या-क्या ये तू~दिल लगी है मेरी अब तू
हर लम्हें में मेरे शामिल है अब तू
दिलरूबा मेरी, आशिकी है तू~तू ग़ज़ल मेरी, मौसिक़ी है तू

कारे-कारे नैना कजरारे तेरे~गली-गली में अफ़साने तेरे
चोरी-चोरी आ-जा दोनों नैना लड़ायें
झूमे-गायें हम, दो से एक हो जायें
बोलों में तेरे मिस्री~लड़की तू है ग़ज़ब की
हर घड़ी मेरे दिल में है तू
हर खुशी मेरे ग़म में है तू
हर लम्हें में मेरे शामिल है अब तू
दिलरूबा मेरी, आशिकी है तू~तू ग़ज़ल मेरी, मौसिक़ी है तू

चाँदी जैसा गोरा तेरा है बदन
जुदा-जुदा तेरे जीने का है ढंग
मिलेंगे हम-तुम अब देखेगा ज़माना
हुआ जरूरी है अब लगी का बुझाना
तू राधा मैं कान्हा तू हीर~मैं रांझा
मन्चली बिन्दास है तू~जलपरी कुछ ख़ास है तू
हर लम्हें में मेरे शामिल है अब तू
दिलरूबा मेरी, आशिकी है तू~तू ग़ज़ल मेरी, मौसिक़ी है तू

दिलरुबा ओ दिलरुबा
Based on Telugu song Thummeda O Thummeda

F- दिलरूबा ओ दिलरूबा
कैसे तुझसे मैं प्यार करूँ दिलरूबा-2
M- जुल्फ़ तेरी है घटा~गालों पे तेरे मैं फ़िदा
F- हुस्न मेरा चाँदनीं~मस्त-मस्त है अदा
चूम ले मुझको जरा~ए-मेरी जानेवफा
दिलरूबा ओ दिलरूबा~कैसे तुझसे मैं प्यार करूँ....

F- किया है जो वादा तो यार निभा दे
बाहों के अपनी हार पहना दे
सदा तुझे मैंने याद किया है
सांसों में अपनी मुझको समा ले
M- पायल तेरी बाजे~झूले तेरा झुमका
तन-मन मेरा डोले~है ऐसा तेरा ठुमका
F- कैसी ये उल्फ़त है मेरे प्रियतम
करता जी चलने को तेरे संग-संग
M- जुल्फ़ तेरी है घटा~गालों पे तेरे मैं फ़िदा
F- हुस्न मेरा चाँदनीं~मस्त-मस्त है अदा
चूम ले मुझको जरा~ए-मेरी जानेवफा
M- दिलरूबा ओ दिलरूबा~कैसे तुझसे मैं प्यार करूँ....

F- पलकें बिछाये मैं बैठी कब से
जग को भुलाये हूँ जाने कब से
दिन-रात सज़दे में है तू ही तू
तुझको माँग लिया मैंने रब से
M- अठरह बरस की तू जाने कब हो ली
जी चाहता खेलूँ तेरे संग होली
F- उम्र है नादां दिल की मैं सच्ची
जन्नत की हूर अंग-अंग में मस्ती
M- जुल्फ़ तेरी है घटा~गालों पे तेरे मैं फ़िदा
F- हुस्न मेरा चाँदनीं~मस्त-मस्त है अदा
चूम ले मुझको जरा~ए-मेरी जानेवफा
M- दिलरूबा ओ दिलरूबा~कैसे तुझसे मैं प्यार करूँ....

दिलरुबा ये होले होले-क्या हुआ
Based on Odia Song Chiguride Hosa Lathayu....

F- दिलरुबा... ये होले-होले क्या हुआ
दिल मेरा कहीं गुम हुआ~न जाने ऐसा कब हुआ
ले झुमका हिचकोले~मेरा मनवा हाले-डोले
तुझे बार-बार चाहूँ मेरे यार
दिलरुबा... ये होले-होले क्या हुआ
दिल मेरा कहीं गुम हुआ~न जाने ऐसा कब हुआ

M- इधर मैं देखूँ, उधर मैं देखूँ, बस तेरी ही जुस्तजू
इधर मैं देखूँ, उधर मैं देखूँ, बस तेरी ही जुस्तजू
F- भरी जवानी, बनी है दुश्मन, काहे भी तड़पाये तू
M- नैना दो तेरे, हैं मय के प्याले, मस्त किताब तू
F- बदन गठीला, मोर सा, कितना लाजबाब तू
M- खोया फिरूँ तेरी याद में, बहका हूँ जज़्बात में
F- मामला है ये नाजुक प्यार का मेरे यार
दिलरुबा... ये होले-होले क्या हुआ
दिल मेरा कहीं गुम हुआ~न जाने ऐसा कब हुआ

F- गोरा ये मुखड़ा, चांद का टुकड़ा, नैना मेरे कजरारे
गोरा ये मुखड़ा, चांद का टुकड़ा, नैना मेरे कजरारे
M- नज़र से तिरछी, अरे दीवानी, काहे तू जादू डारे
F- पतली-पतली, मेरी कमरिया, मैं हूँ खिली कली
M- भीगे-भीगे, ये लब तेरे, कैसे कोई काबू रखे
F- मैं जवान हो गयी, चुनरिया उड़ गयी
M- है ख़याल क्या सनम आपका मेरे यार
F- दिलरुबा... ये होले-होले क्या हुआ
दिल मेरा कहीं गुम हुआ~न जाने ऐसा कब हुआ
ले झुमका हिचकोले~मेरा मनवा हाले-डोले
तुझे बार-बार चाहूँ मेरे यार
दिलरुबा... ये होले-होले क्या हुआ

दिल दीवाना जाने क्यों
Based on Odia Song Chithi Mora Asilani Asibara thila...

दिल दीवाना जाने क्यों बेक़रार हो गया
रफ़्ता-रफ़्ता मुझे तुझसे प्यार हो गया
दिल दीवाना जाने क्यों बेक़रार हो गया
रफ़्ता-रफ़्ता मुझे तुझसे प्यार हो गया
जाने जां ना यह मुझे क्या हो गया
जाने जां ना यह मुझे क्या हो गया

फुरसत के लम्हों में,
आहट का तेरी~एहसास होने लगा
नज़रें झुकाये तू
मिलने को आयेगी~विश्वास होने लगा
दर्दे दिल जाने क्यों बेशुमार हो गया
रफ़्ता-रफ़्ता मुझे तुझसे प्यार हो गया
जाने जां ना यह मुझे क्या हो गया
जाने जां ना यह मुझे क्या हो गया

आँखों में मयख़ाना
छलका कोई पैमाना~होंठ दो तेरे कमल
पतली कमरिया
जुल्फ़ें ये नागिन~दिल तुझपे गया मचल
दो ही पल में कैसा ये इक़रार हो गया
रफ़्ता-रफ़्ता मुझे तुझसे प्यार हो गया
जाने जां ना यह मुझे क्या हो गया
जाने जां ना यह मुझे क्या हो गया

दिल घबरायेगा चैन नहीं आयेगा
Based on Odia Song Basi Basi Bhabiba Ehi Bodhe Bhala...

M- दिल घबरायेगा~चैन नहीं आयेगा
नींद नहीं आयेगी~दर्द बढ़ जायेगा
कौन दिल बहलायेगा~कौन दिल बहलायेगा

F- दिल बेक़रार तेरे~नग़में गायेगा
अँखियों में तेरा~चेहरा नज़र आयेगा
तू मुझे याद आयेगा~तू मुझे याद आयेगा

M- नैना कजरारे तेरे~गेसू घटाओं से
होंठ रसीले तेरे~गाल गुलाबों से
नैना कजरारे तेरे~गेसू घटाओं से
होंठ रसीले तेरे~गाल गुलाबों से
माथे की बिंदिया चम-चम~पायलिया की छम-छम
कैसे भी भूलूँगा मैं~कंगना की खन-खन
कौन दिल बहलायेगा~कौन दिल बहलायेगा

F- सागर सी गहरी-गहरी~नशीली अँखियाँ
सरगम सी मीठी-मीठी~सुरीली बतियाँ
सागर सी गहरी-गहरी~नशीली अँखियाँ
सरगम सी मीठी-मीठी~सुरीली बतियाँ
मुझ पे चलाये जादू~तूने कैसे-कैसे
रहूँगी मैं तेरे बिन~तन्हा ऐसे-कैसे
तू मुझे याद आयेगा~तू मुझे याद आयेगा

M- दिल घबरायेगा~चैन नहीं आयेगा
नींद नहीं आयेगी~दर्द बढ़ जायेगा
कौन दिल बहलायेगा

F- तू मुझे याद आयेगा~~~~

दिलकश बड़ी तू नाज़नीं
Based on Kannada song Yenagali

दिलकश बड़ी तू नाज़नीं~अंग-अंग तेरा है चाँदनीं
चेहरा तेरा है गुलाब सा~आँखें दो तेरी मैख़ाना
आँखें दो तेरी मैख़ाना~~~
दिलकश बड़ी तू नाज़नीं~अंग-अंग तेरा है चाँदनीं
चेहरा तेरा है गुलाब सा~आँखें दो तेरी मैख़ाना
आँखें दो तेरी मैख़ाना~~~

तू सुबह की किरन~तू सुहाना समां
खिली तू कली~तू है जीने की वज़ह
साथ तू जो चले~है दिलकश सफर
नदिया मनचली~तू है सागर की लहर
बन्दगीतू मेरी बन गयी दिल लगी
चन्द ही लम्हों में मिट गया फ़ासला मिट गया फ़ासला
दिलकश बड़ी तू नाज़नीं~अंग-अंग तेरा है चाँदनीं
दिलकश बड़ी तू नाज़नीं~अंग-अंग तेरा है चाँदनीं
चेहरा तेरा है गुलाब सा~आँखें दो तेरी मैख़ाना
आँखें दो तेरी मैख़ाना~~~

लबों से तू मुझे~यह पिला जाम दे
सिलसिले को इस~तू कोई नाम दे
मखमली गालों को~चूम लूं क्यों न मैं
वफ़ा का मेरी~यार ईनाम दे
मैं दीवाना तेरा~मैं तेरा प्यार हूँ
साथ ये न छूटे~जीने का दे मुझे हौसला~दे मुझे हौसला
दिलकश बड़ी तू नाज़नीं~अंग-अंग तेरा है चाँदनीं
दिलकश बड़ी तू नाज़नीं~अंग-अंग तेरा है चाँदनीं
चेहरा तेरा है गुलाब सा~आँखें दो तेरी मैख़ाना
आँखें दो तेरी मैख़ाना~~~

दिलकश मेरी जान है तू
Based on Kannada song Nannavalu Nannavalu...

दिलकश मेरी जान है तू~दिल का अरमान है तू
दिलकश मेरी जान है तू~दिल का अरमान है तू
सज़दा तेरे कदमों में~जानम दिन-रात करूँ
ले तुझको बाहों में~दिल के जज़्बात कहूँ
कानों में चुपके से~दिल का हर राज़ कहूँ
दिलकश मेरी जान है तू~दिल का अरमान है तू
दिलकश मेरी जान है तू~दिल का अरमान है तू

ज़िंदगी का हर लम्हा~ तुझसे मैं बाँटूँ
हद से कहीं ज्यादा~तुझको मैं चाहूँ
बनकर सदा के लिए~ज़िंदगी में आ मेरी
दुनिया की नेमतें~तुझको सनम दे दूँ
गर तू ये क़रार करे~साँसों का हर तार कहे
जल उठें जीवन में खुशियों के दीप
दिलकश मेरी जान है तू~दिल का अरमान है तू
दिलकश मेरी जान है तू~दिल का अरमान है तू

कर लें आ मिलकर के~कसमें 'ओ' कुछ वादे
संजोकर रखें कहीं~रंगीली ये यादें
मिल गये दिल जब~कैसी है ये दूरी
तमन्ना जो दिल में~करें आ हम पूरी
चाहत का दीवाना मैं~शमा का परवाना मैं
आ जायें आ इतना हम-तुम करीब
दिलकश मेरी जान है तू~दिल का अरमान है तू
दिलकश मेरी जान है तू~दिल का अरमान है तू
सज़दा तेरे कदमों में~जानम दिन-रात करूँ
ले तुझको बाहों में~दिल के जज़्बात कहूँ
कानों में चुपके से~दिल का हर राज़ कहूँ
दिलकश मेरी जान है तू~दिल का अरमान है तू

दिलरुबा इस प्यार को
Based on Kannada Song Malagu Malagu

दिलरूबा तू प्यार को~नयी उड़ान दे
दिलरूबा तू प्यार को~नयी उड़ान दे
यादों में तू~साँसों में तू~यादों में तू~साँसों में तू
दिलरूबा तू प्यार को~नयी उड़ान दे
दिलरूबा तू प्यार को~नयी उड़ान दे

प्यार भरे इन गीतों को~जब तक तू कहे मैं गाऊँ
चाहत का तेरी दीवाना~उल्फ़त में तेरी मिट जाऊँ
सारी नेमतें तुझपे वारूँ~चेहरा तेरा आ निहारूँ
यादों में तू~साँसों में तू~यादों में तू~साँसों में तू
दिलरूबा तू प्यार को~नयी उड़ान दे
दिलरूबा तू प्यार को~नयी उड़ान दे

सावन सी तू हरियाली~ऋतु बसन्त निराली
यौवन से तू भरी गागर~मय की दिलकश प्याली
बंधन तुझसे ऐसा जुड़ा~मुझको अपना न होश रहा
यादों में तू~साँसों में तू~यादों में तू~साँसों में तू
दिलरूबा तू प्यार को~नयी उड़ान दे
दिलरूबा तू प्यार को~नयी उड़ान दे
यादों में तू~साँसों में तू~यादों में तू~साँसों में तू
दिलरूबा तू प्यार को~नयी उड़ान दे
दिलरूबा तू प्यार को~नयी उड़ान दे

दिलरुबा तू मेरी जाने जां तू मेरी
Based on Kannada Song Yammo Maayammo

दिलरूबा तू मेरी~जाने जां तू मेरी
आशिकी तू मेरी~क्या तू आईटम है
दिलरूबा तू मेरी~जाने जां तू मेरी
आशिकी तू मेरी~क्या तू आईटम है
न बेक़रार कर तू~तुझको दिल दिया
न छोड़ के तू जा~तुझको कितना चाहूँ
तू मेरी खट्टी इमली~बजने दे प्यार की डपली
दिलरूबा तू मेरी~जाने जां तू मेरी
आशिकी तू मेरी~क्या तू आईटम है
न बेक़रार कर तू~तुझको दिल दिया
न छोड़ के तू जा~तुझको कितना चाहूँ

किसी प्यारे गुलशन का~है गुलाब तू
उल्फ़त के शोलों की~है किताब तू
मुहब्बत की दुनिया~तुझसे जवां
चढ़ के न उतरे वो~है ख़ुमार तू
गीत प्यार के गाऊँ~कुरबां तुझपे जाऊँ
दिन-रात ही तुझको~मैं रब से माँगूँ
न बेक़रार कर तू~तुझको दिल दिया
न छोड़ के तू जा~तुझको कितना चाहूँ
तू मेरी खट्टी इमली~बजने दे प्यार की डपली

क़ातिल बड़ी तेरी~अँगड़ाईयाँ
जीने नहीं देती मुझे~तन्हाईयाँ
पाने का तुझको ही~अरमान है
होती हैं हो जायें~रुसबाईयाँ
मन के मन्दिर में~तुझको बिठाया है
न बुझे लगी दिल की~मैं इतना जानूँ
न बेक़रार कर तू~तुझको दिल दिया
न छोड़ के तू जा~तुझको कितना चाहूँ
तू मेरी खट्टी इमली~बजने दे प्यार की डपली

दिलरुबा तोड़ के दिल
Based on Marathi song Saang Na

दिलरूबा तोड़ के दिल~किधर तू गया
बेशुमार देकर ग़म~सनम तू गया
दिलरूबा तोड़ के दिल~किधर तू गया
बेशुमार देकर ग़म~सनम तू गया
भूल सकी तुझे न मैं उम्र भर
मुझ पर ऐसे~सितम कर गया
दिलरूबा तोड़ के दिल~किधर तू गया
बेशुमार देकर ग़म~सनम तू गया

जाने क्यों ऐसी मुझे आस बँधाई
साँसों ने साँसों से की थी सगाई
जुड़े थे जाने कब प्रीत के धागे
सोचा क्या ऐसा तूने की बेवफ़ाई
साथ चले थे हम~उस राह पर
क्यों भी ऐसे~करम कर गया
दिलरूबा तोड़ के दिल~किधर तू गया
बेशुमार देकर ग़म~सनम तू गया

बदल दी क्यों तूने प्रेम कहानी
झुलस कर के रह गयी मेरी जवानी
दिये क्यों मुझे वो पल ज़िंदगी के
बन गयी क्यों तेरी इतनी दीवानी
वादे किये वफ़ा के~कसमें खायी
क्यों जुवां से~पलट तू गया
दिलरूबा तोड़ के दिल~किधर तू गया
बेशुमार देकर ग़म~सनम तू गया

दिलों में रहता हूँ दिल की
Based on Arabic song

दिलों में रहता हूँ~दिल की मैं कहता हूँ
करता हूँ शायरी~नग़मों में दिन ढला
संगीत ले आया~कैसे भी मोड़ पर
करता हूँ दोस्ती~होकर मैं ग़मजदा

जाने लिखा मेरी तक़दीर में क्या
अरे मुझसे तुम्हें शिकवा है क्या
ख़ता तो मेरी तुम बता दीजिए
अजी बोलो भी तो मरजी है क्या
कभी इधर, कभी उधर, कभी यहाँ, कभी वहाँ
कभी कहाँ... कहाँ... कहाँ... कहाँ...

हद हो गयी कुछ इस तरह~सदियों इंतज़ार
पंछी भी घर जाने लगे~दिल है बेक़रार
मन्जिल का मेरी~अता न पता
बिखरे हैं सुर संगीत के~कैसा यह क़रार
बिन पिये ही मेरे~बहके हैं कदम
अफ़साने सब झूठे हुए~आँखें हुई हैं नम
अपनों ही ने~बदली है नज़र
मुझको हुआ क्या कैसे कहूँ~सांसें गई थम
जाने लिखा मेरी तक़दीर में क्या
अरे मुझसे तुम्हें शिकवा है क्या
ख़ता तो मेरी तुम बता दीजिए
अजी बोलो भी तो मरजी है क्या

या रब जीने का दे~मुझे हौंसला
दुश्मनों का मेरे~हर तरफ क़ाफ़िला
अब चमकते सितारे~भी गुम हो गये
यारों कैसे करूँ~मैं मुक़ाबला
कभी इधर, कभी उधर, कभी यहाँ, कभी वहाँ
कभी कहाँ... कहाँ... कहाँ... कहाँ...
दिलों में रहता हूँ~दिल की मैं कहता हूँ
करता हूँ शायरी~नग़मों में दिन ढला

दिल से लगाई के गयी वो गयी
Based on Odia Song Aasithili Kaalise Ratika Pain...

दिल से लगाई के~गयी वो गयी
सपने दिखाई के~गयी वो गयी
मुड़कर के फिर न देखा
मुड़कर के फिर न देखा~कहाँ वो गयी
दिल से लगाई के~गयी वो गयी
सपने दिखाई के~गयी वो गयी

खेल खेला मेरे संग ऐसा~बैठी पास थी
चन्द लम्हों में उसने बाजी~जीती प्यार की
वो जाने कहाँ से आयी~क्या नाम था
चलते-चलते उसने खींची~रेखा प्यार की
किया उसने ऐसा सौदा
किया उसने ऐसा सौदा~दगा दे गयी
दिल से लगाई के~गयी वो गयी
सपने दिखाई के~गयी वो गयी

बेवज़ह हुआ दीवाना~उसके वास्ते
जाने-अन्जाने बदले~उसने रास्ते
माना था चन्द लम्हें~कैसा था मिलन
गुजरे संग उसके जो~लम्हें ख़ास थे
रग-रग में लहू बनकर
रग-रग में लहू बनकर~समा वो गयी
दिल से लगाई के~गयी वो गयी
सपने दिखाई के~गयी वो गयी
मुड़कर के फिर न देखा
मुड़कर के फिर न देखा~कहाँ वो गयी
दिल से लगाई के~गयी वो गयी
सपने दिखाई के~गयी वो गयी

दिलवाले चाहूं तुझे
Based on Odia Song Sindura Deicha Tame

F- दिलवाले चाहूं तुझे ओ.. ओ.. ओ.. दे जो सजा
दिलवाले चाहूं तुझे ओ.. ओ.. ओ.. दे जो सजा
M- साँसों में तू ही तू है~धड़कन में तू ही तू है
साँसों में तू ही तू है~धड़कन में तू ही तू है
लगी आग कैसी ये तू आ के बुझा.. आ.. आ
F- दिलवाले चाहूं तुझे ओ.. ओ.. ओ.. दे जो सजा

M- आयी फूलों पर नयी जवानी~शुरू हुई ये प्रेम कहानी
भीगा मौसम करे है इशारे~चली ठण्डी हवा मस्तानी
F- जैसे कलियों ने घूँघट खोले~भँवरों ने की छेड़खानी
गुल गुलशन पे मस्ती सी छाई~दिल कहता करें मनमानी
M- यूँ रातें कटें कैसे तन्हा~अब मुश्किल लगे हर लम्हा
यूँ रातें कटें कैसे तन्हा~अब मुश्किल लगे हर लम्हा
लगी आग कैसी ये तू आ के बुझा.. आ.. आ
F- दिलवाले चाहूं तुझे ओ.. ओ.. ओ.. दे जो सजा

F- न वादा न खायी हैं कसमें~हरदम निभायी हैं रस्में
चोरी-चोरी जिया में तू आया
किया तूने मुझे अपने बस में
M- बिना देखे तू बैचेन करती
दिल ही दिल में तू मुझपे मरती
यकीं आशिक पर क्यों नहीं तुझको
तन्हाई में आहें तू भरती
F- तुझसे माँगूँ मैं चाहत तेरी~सबसे ज़ुदा है उल्फ़त तेरी
तुझसे माँगूँ मैं चाहत तेरी~सबसे ज़ुदा है उल्फ़त तेरी
बन्धन ये तेरा-मेरा जन्म जन्मों का.. आ.. आ
F- दिलवाले चाहूं तुझे ओ.. ओ.. ओ.. दे जो सजा
चाहूं तुझे ओ.. ओ.. ओ.. दे जो सजा

दिल ये सनम तेरा कोरे कागज पे
Based on Telugu Song Gorantha Guttundi Gundelo

दिल ये सनम तेरा~कोरे कागज पे लिख दूँ
जां ये सनम तेरी~मेरा जाने जिगर तू
सदियों से तेरी करती मैं आरजू
पलकों में मेरी रहता है बन्द तू
दिल ये सनम तेरा~कोरे कागज पे लिख दूँ
जां ये सनम तेरी~मेरा जाने जिगर तू

कैसे-कैसे-कैसे~मैंने ले चिराग ढूँढ़ा
हमराज़ है तू मेरे मन का
लम्हा-लम्हा-लम्हा~होती जाती सयानी
जज़्बात है तू मेरे मन का
टुकर-टुकर करके~मैं राह तेरी तकती
छिप-छिप तन्हाई में~पैग़ाम तुझे लिखती
दिल ये सनम तेरा~कोरे कागज पे लिख दूँ
जां ये सनम तेरी~मेरा जाने जिगर तू

पिया-पिया-पिया~किया तूने कैसा जादू
तन-मन मेरा हुआ जाता बेकाबू
यहाँ-वहाँ फिरूँ~भरूँ आहें ठण्डी-ठण्डी
कब तलक मुझको सतायेगा रे तू
पल दो पल मुझ पे~कर दे मेहरबानी
मैं जनम-जनम तेरी~करूंगी निग़ेहबानी
दिल ये सनम तेरा~कोरे कागज पे लिख दूँ
जां ये सनम तेरी~मेरा जाने जिगर तू
सदियों से तेरी करती मैं आरजू
पलकों में मेरी रहता है बन्द तू
दिल ये सनम तेरा~कोरे कागज पे लिख दूँ
जां ये सनम तेरी~मेरा जाने जिगर तू

दिल यार मुझे दे मैं गीत तेरे गाऊँ
Based on Odia Song Nai Sadhi Pindhi Jebe Jau....

दिल यार मुझे दे~मैं गीत तेरे गाऊँ-2
चुपके से कहे हाँ~मनमीत बन जाऊँ
तेरे वास्ते मैं लाया गुलशन से तोड़ फूल
तोहफ़ा कर क़ुबूल~तोहफ़ा कर क़ुबूल
तोहफ़ा कर क़ुबूल~तोहफ़ा कर क़ुबूल
दिल यार मुझे दे~मैं गीत तेरे गाऊँ
चुपके से कहे हाँ~मनमीत बन जाऊँ
तेरे वास्ते मैं लाया~गुलशन से तोड़ फूल
तोहफ़ा कर कुबूल~तोहफ़ा कर कुबूल
तोहफ़ा कर कुबूल~तोहफ़ा कर कुबूल

लबों पर है नाम तेरा~नींद न आये मुझे रातों में
कैसे ज़ुदा मैं करूँ~बस गयी तू मेरी साँसों में
धक-धक करे दिल~मनवा तड़पाये जानेजां
दूर से ललचाये~गजरा सजाये तू बालों में...बालों में
नज़दीक थोड़ा आ~मैं पास तेरे आऊँ
मैं पाठ ये उल्फ़त~तुझे सिखलाऊँ
तेरे वास्ते मैं लाया~गुलशन से तोड़ फूल
तोहफ़ा कर कुबूल~तोहफ़ा कर कुबूल
तोहफ़ा कर कुबूल~तोहफ़ा कर कुबूल

साथ गर मिले तेरा~सँवर-सँवर जाये ज़िंदगी
साया दे ज़ुल्फ़ों का~मुझे मिल जाये हर खुशी
तन्हाई दुश्मन सी~कैसे कहूँ मैं बात रात की
मीठी-मीठी बातें सनम, ख़त्म न हों कभी प्यार की..प्यार की
कठिन पहेली~कैसे सुलझाऊँ
मैं राज़ दिल का~कहते घबराऊँ
तेरे वास्ते मैं लाया~गुलशन से तोड़ फूल
तोहफ़ा कर कुबूल~तोहफ़ा कर कुबूल
तोहफ़ा कर कुबूल~तोहफ़ा कर कुबूल

दिन ये सारा बीत गया
Based on Odia Song Siade Nuha Baby yade Asa...

दिन ये सारा बीत गया इन्तज़ार में
दीवाना दिल न माने बेक़रार है
दिन ये सारा बीत गया इन्तज़ार में
दीवाना दिल न माने बेक़रार है
दिलरूबा है मेरी~दिलरूबा है मेरी
दिलरूबा है मेरी~बेगानी सी
करूँ कैसे उसका इन्तख़ाब मैं
सिलसिला प्यार का बरकरार है
दिन ये सारा बीत गया इन्तज़ार में, दीवाना दिल न माने बेक़रार है

ज़िंदगी में मेरी ऐसे-कैसे आयी वो
गुलशन के गुल जैसा शरमायी वो
समझेगी जाने कब ये दीवानगी
मिलने में मुझसे क्यों कतरायी वो
दिलरूबा है मेरी~दिलरूबा है मेरी
दिलरूबा है मेरी~बेगानी सी
रातों की वो चाँदनीं हूँ बहार मैं
वादे पे उसके क्यों ऐतबार है
दिन ये सारा बीत गया इन्तज़ार में, दीवाना दिल न माने बेक़रार है

कर दें न घायल मुझे अँगड़ाईयाँ
गुजरेंगी कैसे ये तन्हाईयाँ
जिद्दी है वो बड़ी है नकचढ़ी
चलने न दे दिल की दास्तां
दिलरूबा है मेरी~दिलरूबा है मेरी
दिलरूबा है मेरी~बेगानी सी
चढ़ गया इश्क का मुझपे ख़ुमार
कैसी ये बीच खड़ी दीवार है
दिन ये सारा बीत गया इन्तज़ार में, दीवाना दिल न माने बेक़रार है

दीवाना मैं तेरा मैं तेरा मैं तेरा
Based on Nagpuri song Man Dola Re

दीवाना मैं तेरा.. मैं तेरा.. मैं तेरा.. ये कैसे समझाऊँ
दीवाना मैं तेरा.. मैं तेरा.. मैं तेरा.. ये कैसे समझाऊँ
फ़साना प्यार का अब तुझे जानेमन कैसे बतलाऊँ
तू भागे... सताये...
कि पागल तू तो मुझे करेगी~जिया मैं अब कैसे बहलाऊँ
कि पागल तू तो मुझे करेगी~जिया मैं अब कैसे बहलाऊँ
दीवाना मैं तेरा.. मैं तेरा.. मैं तेरा.. ये कैसे समझाऊँ
फ़साना प्यार का अब तुझे जानेमन कैसे बतलाऊँ
तू भागे... सताये...
कि पागल तू तो मुझे करेगी~जिया मैं अब कैसे बहलाऊँ
कि पागल तू तो मुझे करेगी~जिया मैं अब कैसे बहलाऊँ

दस्तक पर मेरी गर न आयी तू~कैसे मैं यह दिल बहलाऊँगा
तुझ बिन और कोई भाये न~रुसबा तुझे मैं कर जाऊँगा
तू भागे... सताये...
कि पागल तू तो मुझे करेगी~जिया मैं अब कैसे बहलाऊँ
कि पागल तू तो मुझे करेगी~जिया मैं अब कैसे बहलाऊँ

आँखों में तेरी नशा देखा है~बातों ने तेरी दिल जीता है
यौवन पर तेरे मर जाऊँ मैं~धरती पर गुल तू अनोखा है
तू भागे... सताये...
कि पागल तू तो मुझे करेगी~जिया मैं अब कैसे बहलाऊँ
कि पागल तू तो मुझे करेगी~जिया मैं अब कैसे बहलाऊँ
दीवाना मैं तेरा.. मैं तेरा.. मैं तेरा.. ये कैसे समझाऊँ
फ़साना प्यार का अब तुझे जानेमन कैसे बतलाऊँ
तू भागे... सताये...
कि पागल तू तो मुझे करेगी~जिया मैं अब कैसे बहलाऊँ
कि पागल तू तो मुझे करेगी~जिया मैं अब कैसे बहलाऊँ

दीवाना मैं तेरा हूँ~जानेमन
Based on Kannada Song Ilkal Seere utkondu........

(M) दीवाना मैं तेरा हूँ~जानेमन मैं तेरा हूँ
तेरी-मेरी कैसी है ये जोड़ी~आ-जा इक़रार कर गोरी
मन मेरा तड़पे मिलने को तुझसे...
दीवाना मैं तेरा हूँ~जानेमन मैं तेरा हूँ
तेरी-मेरी कैसी है ये जोड़ी~आ-जा इक़रार कर गोरी
मन मेरा तड़पे मिलने को तुझसे...

(M) कटे न ये तन्हाई ओ... ओ... ओ... (F) हुई तेरी दीवानी
(M) लेती तू अँगड़ाई ओ.. ओ.. ओ.. (F) कैसी प्रेम कहानी
(M) जाग उठी है अगन ओ.. ओ.. ओ.. (F) मन मेरा है डोला
(M) फूल बनी है कली ओ.. ओ.. ओ.. (F) बनी चिंगारी शोला
(M) आ मेरी सांसों में~जानेजां बाहों में
और न कर बेक़रार तू~आशिक मैं तेरा मान तू
दीवाना मैं तेरा हूँ~जानेमन मैं तेरा हूँ
तेरी-मेरी कैसी है ये जोड़ी~आ-जा इक़रार कर गोरी
मन मेरा तड़पे मिलने को तुझसे...

(F) गेसू मेरे कारे~कारे ओ... ओ... ओ... (M) बनी घटायें हैं
(F) गाल मेरे गोरे-गोरे ओ... ओ... ओ... (M) मस्त अदायें हैं
(F) नैन नशीले मेरे ओ... ओ... ओ... (M) मय के प्याले
(F) लब रसीले मेरे ओ... ओ... ओ... (M) मस्ती के धारे
(F) जिया यह तेरा है~जान भी तेरी है
आ भी इधर जाने जिगर तू
कब से तेरी है जुस्तजू~सदियों से तेरी आरजू
(M) दीवाना मैं तेरा हूँ~जानेमन मैं तेरा हूँ
तेरी-मेरी कैसी है ये जोड़ी~आ-जा इक़रार कर गोरी
मन मेरा तड़पे मिलने को तुझसे

दीवाना मैं तेरा ही हूँ
Based on Odia Song Hrudayara Spandanare Aharaha

M- दीवाना मैं तेरा ही हूँ जानेजिगर~तेरा ही हूँ
और क्या मैं लिखूँ तेरा तलबगार हूँ~तेरा तलबगार हूँ
तेरा तलबगार हूँ~तेरा तलबगार हूँ
F- दीवानी मैं तेरी ही हूँ जानेजिगर~तेरी ही हूँ
और क्या मैं लिखूँ तेरी तलबगार हूँ~तेरी तलबगार हूँ
तेरी तलबगार हूँ~तेरी तलबगार हूँ

M- न जाने क्या ये हुआ~दिल ही कहीं गुम हुआ
नैना तेरे जादू कर गये~जानूँ न मैं ये
सारी रात तड़पा जिया
F- ठण्डी हवा ऐसी चली दिल पर मेरे बिजली गिरी
और क्या मैं लिखूँ तेरी तलबगार हूँ~तेरी तलबगार हूँ
तेरी तलबगार हूँ~तेरी तलबगार हूँ

F- तन्हा ऐसे कैसे मैं रहूँ~अँगड़ाई कब तक मैं लूँ
बाहों में अपनी तू ले~दिलबर मेरे
तुझे क्यों न नज़र मैं आऊँ
M- ये तो अदा तेरी अलग प्यार का दे कुछ सबब
और क्या मैं लिखूँ तेरा तलबगार हूँ~तेरा तलबगार हूँ
F- तेरी तलबगार हूँ~तेरी तलबगार हूँ
M- तेरा तलबगार हूँ~तेरा तलबगार हूँ
F- तेरी तलबगार हूँ~तेरी तलबगार हूँ

दीवाने पर इनायत कर
Based on Kannada Song Karunade Kai Chachide Node

दीवाने पर इनायत कर~मुहब्बत का तू तोहफ़ा दे
अभी.. तो रोग... लगा ये है~अभी.. ये राज़.. छिपा सा है
ऐ.. ऐ.. ऐ.. हे.. हे.. हे~यूँ न निगाहें तू चुरा
दीवाने पर इनायत कर~मुहब्बत का तू तोहफ़ा दे

तोड़ दे तोड़ दे दुनिया की दीवार को
छोड़ दे छोड़ दे रस्म 'ओ' रिवाज को
जाने जां जानेमन कर इक़रार ले
जान ले जान ले अपने क़रार को
प्रीत की है बदरी तू~इतना मैं जानूँ
भूल गया मैं उस रब को~तुझको रब मानूँ
अभी ये शाम ढली है~अभी तो रंग जमा है
ऐ.. ऐ.. ऐ.. हे.. हे.. हे~यूँ न निगाहें तू चुरा
दीवाने पर इनायत कर~मुहब्बत का तू तोहफ़ा दे

फ़ासला अब नहीं होगा गवारा
सुबह-शाम दिल ने तुझे पुकारा
चाँदनीं तू मेरी चाहा है तुझे
तेरे बिन कैसे मैं करूँ गुजारा
चाँद सितारों से आ तेरी~माँग मैं आ भर दूँ
जिस्मोजां अपनी ये~कुरबां मैं कर दूँ
नया भी ये फ़साना है~जानम तुझे सुनाना है
ऐ.. ऐ.. ऐ.. हे.. हे.. हे~यूँ न निगाहें तू चुरा
दीवाने पर इनायत कर~मुहब्बत का तू तोहफ़ा दे
अभी.. तो रोग... लगा ये है~अभी..ये राज़..छिपा सा है
ऐ.. ऐ.. ऐ.. हे.. हे.. हे~यूँ न निगाहें तू चुरा
अभी.. तो रोग... लगा ये है~अभी.. ये राज़.. छिपा सा है
ऐ.. ऐ.. ऐ.. हे.. हे.. हे~यूँ न निगाहें तू चुरा

दुनिया ये चाहे कुछ भी कहे
Based on Telugu song Manchiki Maro Pero

M- दुनिया ये चाहे कुछ भी कहे~प्यार मैं तुझसे करता हूँ
दुनिया ये चाहे कुछ भी कहे~प्यार मैं तुझसे करता हूँ
F- तेरी दीवानी जब से हुई~याद मैं तुझको करती हूँ
तेरी दीवानी जब से हुई~याद मैं तुझको करती हूँ

M- अभी है कली~बड़ी कमसिन तू
मुख है चाँद सा~मृगनयनी तू
खुली सड़क पर~चले सँवर के
लगे फुलझड़ी~मनमोहक तू
F- तुझको देखूँ दिल मेरा धड़के
तू क्यों न समझे दिल की भाषा
तुझसे... जुड़ी... तुझसे जुड़ी मेरी हर एक आशा
M- आँधी चले या तूफां उठे~अफ़साना तुझे लिखता हूँ
F- तेरी दीवानी जब से हुई~याद मैं तुझको करती हूँ

M- बजावे घंटी~मन मन्दिर में
गुल तुझसा कोई~नहीं गुलशन में
घटा से गेसू~मय से दो नैना
मुझे मोह लिया~तेरी चितवन ने
F- हंसीन मौसम~ऋतु मस्तानी
दहक रही है~मेरी जवानी
उम्र... बाली... उम्र बाली हुई मैं सयानी
M- हमदम तुझ बिन दिल न लगे~कब से मैं तुझपे मरता हूँ
F- तेरी दीवानी जब से हुई~याद मैं तुझको करती हूँ
M- दुनिया ये चाहे कुछ भी कहे~प्यार मैं तुझसे करता हूँ
F- तेरी दीवानी जब से हुई~याद मैं तुझको करती हूँ

दे प्यार का जानम मुझको सिला
Based on Kannada song Tolisari Ninu choosi

M- दे प्यार का जानम मुझको सिला
हो रहा है मन मन्चला
F- गुस्ताख़ दिल गाने लगा~होने लगा है मन मन्चला
M- तुझे देखे बिना कहीं दिल न लगे~तू ही है दोनों ज़हां
मिलाई ले नयना~मिलाई ले नयना
F- गुस्ताख़ दिल गाने लगा~होने लगा है मन मन्चला

F- हम-तुम खो जायें एक दूजे में ऐसा
लम्हें कुछ मुझको दे-दे उधार
M- भूले गर तू मैं याद तुझे दिलाऊँ
बतियाँ आ हम दोनों कर लें ख़ास
F- सागर-नदिया जैसा हो अपना मिलन
M- तुझ पर मैं वार दूँ अपना ये तन-मन
F- यूँ ही जनम-जनम हम मिलते रहें~तू ही है दोनों ज़हां
मिलाई ले नयना~मिलाई ले नयना
M- दे प्यार का जानम मुझको सिला
हो रहा है मन मन्चला

M- नैना कजरारे है मस्त-मस्त सी तू
चेहरा तेरा खिलता कमल
F- दिल का दिलवाला मेरे लिये जनमा
लिख दे आ मुझपे कोई ग़ज़ल
M- लब हैं तेरे मधुशाला होंठों पे सरगम
F- मन में उतर गया ऐसा तू हमदम
M- नग़में प्यार भरे गुनगुनाते रहें~तू ही है दोनों ज़हां
मिलाई ले नयना~मिलाई ले नयना
F- गुस्ताख़ दिल गाने लगा~होने लगा है मन मन्चला
M- तुझे देखे बिना कहीं दिल न लगे~तू ही है दोनों ज़हां
मिलाई ले नयना~मिलाई ले नयना मिलाई ले नयना~मिलाई ले नयना

देखती मैं रहूँ सारा-सारा दिन...
Based on Tamil Song Leta chaligalulu.......

(F) देखती मैं रहूँ~देखती मैं रहूँ
सारा-सारा दिन... सारी-सारी रात... तुझको ही साजना
(M) देखता मैं रहूँ~देखता मैं रहूँ
सारा-सारा दिन... सारी-सारी रात... तुझको ही जानेजां
देखती मैं रहूँ देखती मैं रहूँ~~~~~

(F) अन्जाम चाहे जो हो~परवाह नहीं मुझे
दुनिया भुलाई मैंने~हमराज माना तुझे
जीवन भर ये दामन~मेरा तुम न छोड़ना
(M) शमा सी जलने लगी~तुझसे मुहब्बत हुई
दिल से तूने लगाया~गर है दिल न तोड़ना
(F) दिल तुझे दिया (M)~~~~
(F) ए-मेरे सनम (M)~~~~
(M) दिल तुझे दिया (F)~~ कुछ कहे ये ज़हां
(F) देखती मैं रहूँ~देखती मैं रहूँ
सारा-सारा दिन... सारी-सारी रात... तुझको ही साजना
(M) देखता मैं रहूँ देखता मैं रहूँ~~~~~

(M) बुझाये से बुझती नहीं~कैसी ये दिल की लगी
बैचेनियाँ बढ़ गयी~तूने की है दिल्लगी
जैसे मिले हम आज सनम मिलते ही रहें
(F) दिन-रात मैंने है की~तेरे लिये ही सदा
जैसे खिले गुल आज यहां खिलते ही रहें
(M) यही तो प्यार है (F)~~~~
(M) नयी बहार है (F)~~~~
(F) कैसा ये राग है (M) हमें तो प्यार है ए-मेरे मेहरबां
(M) देखता मैं रहूँ~देखता मैं रहूँ
सारा-सारा दिन... सारी-सारी रात... तुझको ही जानेजां
(F) देखती मैं रहूँ देखती मैं रहूँ~~~~~

देखा भी जो तेरा जलवा
Based on Kannada Song Anthintha Gandu Naanalla...

देखा भी जो तेरा जलवा~जाने क्यों दिल मेरा धड़का
नींदें रातों की उड़ गयी~चैन मेरे दिल का गया
न सोचा न समझा~न जाना पहचाना
है रोग... लगा दिल का... लगा दिल का
दिल का... दिल का... दिल का
देखा भी जो तेरा जलवा~जाने क्यों दिल मेरा धड़का

चमके माथे पर तेरी बिन्दिया~छम-छम करे तेरी पायलिया
महबूबा मेरी तू बन जा ना~पड़े न तुझे फिर पछताना
खनके हैं खन-खन तेरे कंगना~फर-फर उड़े तेरी चुनरिया
लिखूँगा तुझे रोज़ अफ़साना~सुन-सुन-सुन मेरी जानेजां
झूले हवा में तेरा झुमका~चढ़ती जवानी तेरी मल्लिका
नींदें रातों की उड़ गयी~चैन मेरे दिल का गया
न सोचा न समझा~न जाना पहचाना
है रोग... लगा दिल का... लगा दिल का
दिल का... दिल का... दिल का
देखा भी जो तेरा जलवा~जाने क्यों दिल मेरा धड़का

कर दूं हवाले तेरे मैं तन-मन~एक बार बुझा दे तू ये अगन
जानेमन अँखियाँ ये लड़ने दे~जलती है दुनिया तो जलने दे
खोल के रखना तू अपनी खिड़की~मनमानियाँ करेंगे मर्जी
कैसी है तेरी ये अँगड़ाई~होती-जाती ज़ालिम तन्हाई
पूरा भी कर मेरा सपना~सब हाले दिल सुना अपना
नींदें रातों की उड़ गयी~चैन मेरे दिल का गया
न सोचा न समझा~न जाना पहचाना
है रोग... लगा दिल का... लगा दिल का
दिल का... दिल का... दिल का
देखा भी जो तेरा जलवा~जाने क्यों दिल मेरा धड़का

देखा है जब से तुझे बैचेनी
Based on Telugu song... Gundello Emunaho

M- देखा है जब से तुझे बैचेनी घटती नहीं
F- चाहा है जब से तुझे चैन मुझे आता नहीं
M- करवट लूँ रातों~तन्हा मैं कैसे रहूँ
F- कुछ भी भाता नहीं~हाल मैं कैसे कहूँ
M- तुझमें मैं मुझमें तू~तेरी मैं चाहत हूँ
M- देखा है जब से तुझे बैचेनी घटती नहीं
F- चाहा है जब से तुझे चैन मुझे आता नहीं

M- बन्दिशें सभी~ले मैंने तोड़ दी
F- जिस्मोजां तुझे~ले मैंने सौंप दी
M- कितनी रातों में मैं तड़पा~तेरी यादों में मैं डूबा
F- तेरे ख़्यालों में मैं खोयी~सुध-बुध अपनी हूँ खोयी
M- दुनिया में तुझसा साथी कोई और नहीं
M- देखा है जब से तुझे बैचेनी घटती नहीं
F- चाहा है जब से तुझे चैन मुझे आता नहीं

F- मंजिल की तरफ~बढ़े हैं ये कदम
M- मिल के ए सनम~न ज़ुदा होंगे हम
F- मिल के हम बाँटेंगे~सुख दुःख आधा-आधा
M- जानेजां जानेमन~तुझसे रहा यह वादा
F- किया बहुत अब और इन्तज़ार नहीं
M- देखा है जब से तुझे बैचेनी घटती नहीं
F- चाहा है जब से तुझे चैन मुझे आता नहीं
M- करवट लूँ रातों~तन्हा मैं कैसे रहूँ
F- कुछ भी भाता नहीं~हाल मैं कैसे कहूँ
M- तुझमें मैं मुझमें तू तेरी मैं चाहत हूँ

देखा जब से तुझको
Based on Odia Song Penne Neeyum Penna...

M- देखा जब से तुझको~मैं बेक़रार हूँ
इन्तहा से ज्यादा~करता तुझे प्यार हूँ
गालों को तेरे छू लूँ~पलकों को तेरी चूमूँ
बाहों में तुझे लेकर संग-संग झूमूँ आ जुल्फ़ें मैं सँवार दूँ
देखा जब से तुझको~मैं बेक़रार हूँ
इन्तहा से ज्यादा~करता तुझे प्यार हूँ
देखा जब से तुझको~मैं बेक़रार हूँ

M- ए-जानेतमन्ना~कुछ तो है तुझमें
सदियों से तेरी~है आरजू
F- तू दिलबर मेरा~तुझको ही चाहूँ
नज़दीक आ~कर गुफ़्तगू
M- लुटा दूँगा जाँ मैं अपनी~आरजू में तेरी
F- दिलो 'ओ' जां से जानेमन~हो गयी मैं तेरी
इन्तज़ार में तेरे जानम~आज हुई मैं बेकल हूँ
M- देखा जब से तुझको~मैं बेक़रार हूँ
इन्तहा से ज्यादा~करता तुझे प्यार हूँ
देखा जब से तुझको~मैं बेक़रार हूँ

F- कजरारे नैना~ये गाल गुलाबी
ये अधरों के प्याले~हैं तेरे लिये
M- कितनी है चाहत~मैं कैसे बताऊँ
कि सब कुछ ही मेरा~है तेरे लिये
F- मैं बहती हूँ नदिया गर~तू ठहरा है सागर
M- तू बिजुरी है गगन की गर~मैं आवारा बादल
और सितम अब न कर~हुआ मैं घायल हूँ
F- देखा जब से तुझको~मैं बेक़रार हूँ
इन्तहा से ज्यादा~करती तुझे प्यार हूँ
M- देखा जब से तुझको~मैं बेक़रार हूँ
इन्तहा से ज्यादा~करता तुझे प्यार हूँ
F- गालों को मेरे छू ले~पलकों को मेरी चूम
बाहों में मुझे लेकर~संग-संग झूम
M- आ जुल्फ़ें मैं सँवार दूँ~आ जुल्फ़ें मैं सँवार दूँ

देखा तुझे जब से हुई दीवानी मैं
Based on Odia Song Mun Marijibi Sathire

देखा तुझे जब से हुई दीवानी मैं
अभी-अभी रखा कदम जवानी में
खिला मेरा चेहरा फूल सा~निखर उठी मैं चाँद सी
खिला मेरा चेहरा फूल सा~लिखूँ तुझे पाती रे!
साथ तेरा-मेरा मेरे सनम कभी न छूटे रे!
साथ तेरा-मेरा मेरे सनम कभी न छूटे रे!

भूल कैसे तुझे जाऊँ~तू है जीने की वज़ह
तू मंजिल तू मक़सद~तू जन्नत तू ख़ुदा
प्यासी-प्यासी ये निग़ाहें~मिले कैसे चैन अब
जुदा कैसे करूँ ख़ुद से~तू धड़कन में बसा
इंतज़ार मैं करूँगी~हर कदम पे तेरा
ये बता तो सही~ऐसी क्या हुई ख़ता
भूल गया तू क्यों रास्ता~क्या यही तेरी आशिकी
भूल गया तू क्यों रास्ता~लिखूँ तुझे पाती रे!
साथ तेरा-मेरा मेरे सनम कभी न छूटे रे!
साथ तेरा-मेरा मेरे सनम कभी न छूटे रे!

दे बाहों का सहारा~तन्हा कैसे मैं जिऊँ
ये जुदाई का ज़हर~कब तक मैं पिऊँ
बांधा तूने कैसा बंधन~जो कि टूटता नहीं
दिल लगाकर जानेजां~मुझको पूछता नहीं
छोड़ी दुनिया अपना सब~तेरे नाम लिख दिया
हर सुबह तुझको यह~पैग़ाम लिख दिया
कर गया तू क्या दिल्लगी~ले गया मेरी हर खुशी
कर गया तू क्या दिल्लगी~लिखूँ तुझे पाती रे!
साथ तेरा-मेरा मेरे सनम कभी न छूटे रे!
साथ तेरा-मेरा मेरे सनम कभी न छूटे रे!

दो मस्त-मस्त नैन तेरे हैं जानेमन
Based on Odia Song Mu Jataka Re na Tora Heichi Lekha

दो मस्त-मस्त नैन तेरे हैं जानेमन
दो मस्त-मस्त नैन तेरे हैं जानेमन~रूप का तू तो है सागर
अंग-अंग से छलके, तेरे जवानी
अंग-अंग से छलके, तेरे जवानी है तेरे दिल में क्या
जानेजां दिलरूबा~जानेजां दिलरूबा-------(2)

गलियों में आया तेरी प्यार का दीवाना
ऋतु अलबेली है मौसम सुहाना
आईना भी देख-देख तुझे शरमाये
बातें ये प्यार की बन जायें न फ़साना
चंदन सी काया~गाल गुलाबी
चंदन सी काया गाल गुलाबी, है तेरे दिल में क्या
जानेजां दिलरूबा~जानेजां दिलरूबा-------(2)

प्यार भरे आ तुझे नग़में मैं सुनाऊँ
सज़दे में तेरे आ सिर मैं झुकाऊँ
कर दे आ पूरी मेरे दिल की आरजू
हर बात तुझको मैं कैसे बताऊँ
क्या तेरी अँगड़ाई~कटे न तन्हाई
क्या तेरी अँगड़ाई, कटे न तन्हाई, है तेरे दिल में क्या
जानेजां दिलरूबा~जानेजां दिलरूबा-------(2)

दो मस्त-मस्त नैन तेरे हैं जानेमन
दो मस्त-मस्त नैन तेरे हैं जानेमन~रूप का तू तो है सागर
अंग-अंग से छलके, तेरे जवानी
अंग-अंग से छलके, तेरे जवानी है तेरे दिल में क्या
जानेजां दिलरूबा~जानेजां दिलरूबा--------(2)

धक-धक दिल धड़कता रहा
Based on Odia Song Sara Rati nida Bhuli

M- धक-धक दिल धड़कता रहा
तन्हाई में तड़पता रहा~नींद मुझे न आयी
F- किसके लिये जानम~किसके लिये
किसके लिये जानम~किसके लिये
शमा सी मैं मचलती रही
दिल पे बिजुरी सी गिरती रही~समझ ये मैं न पायी
M- किसके लिये जानम~किसके लिये
किसके लिये जानम~किसके लिये

M- गोरे-गोरे मुखड़े वाली~लड़की थी वो कैसी
F- इधर-उधर वो घूमे मेरे~भँवरा था वो कैसा
M- समझा मैं यह धड़कन मेरी~ख़्वाबों की है रानी
F- छूना मुझे वो पल-पल चाहे~घूरे वो मेरी जवानी
M- रिम-झिम मेघ बरसता रहा
सागर लबों का छलकता रहा~नींद मुझे न आयी
F- किसके लिये जानम~किसके लिये
किसके लिये जानम~किसके लिये

F- धीरे-धीरे होले-होले~उसने जादू डाला
M- पतली कमर, बाली उमरिया~जैसे हो मधुबाला
F- खो मैं गयी माना न वो~मुझको उठा कर डोले
M- हुई शुरू जब दिल की बातें~मनवा ले हिचकोले
F- छम-छम पायल मेरी बजती रही
जाने मैं क्या-क्या समझती रही~समझ मैं ये न पायी
M- किसके लिये जानम~किसके लिये
किसके लिये जानम~किसके लिये
धक-धक दिल धड़कता रहा
तन्हाई में तड़पता रहा~नींद मुझे न आयी
F- किसके लिये जानम~किसके लिये
किसके लिये जानम~किसके लिये

धक-धक धड़के दिल ये मेरा
Based on Telugu Song Chuku chuku Bidu Kopava...

धक-धक धड़के दिल ये मेरा
धक-धक धड़के दिल ये मेरा
सारी रात धड़का~लगा है रोग बुरा दिल का
सारी रात धड़का~लगा है रोग बुरा दिल का
दिल हुआ बेक़रार सा~दे सिला इन्तज़ार का
सुन-सुन सुन-सुन मेरे साजना
धक-धक धड़के दिल ये मेरा~धक-धक धड़के...

मैं मनचली... अल्ला~मैं फुलझड़ी... बल्ला
गालों पर शोख़ी है~होंठों पर लाली है
गालों पर शोख़ी है~होंठों पर लाली है
तू मोहन... मैं राधा~तू मेरा... शहजादा
धक-धक धड़के दिल ये मेरा~धक-धक धड़के...

मैं ताज़गी... फूलों सी~मैं सादगी... परियों सी
मैं चाँदनीं... रातों की~मैं हर खुशी... ख़्वाबों की
मैं चाँदनीं... रातों की~मैं हर खुशी... ख़्वाबों की
नैना हैं... मधुशाला~मैं तेरी... मधुबाला
धक-धक धड़के दिल ये मेरा
धक-धक धड़के दिल ये मेरा
सारी रात धड़का~लगा है रोग बुरा दिल का
सारी रात धड़का~लगा है रोग बुरा दिल का
दिल हुआ बेक़रार सा~दे सिला इन्तज़ार का
सुन-सुन सुन-सुन मेरे साजना
धक-धक धड़के दिल ये मेरा~धक-धक धड़के...

धक-धक धक-धक दिल ये करता
Based on Telugu song Jabilivachi Jamayyindi

M- धक-धक धक-धक दिल ये करता
हमदम मेरे मन नहीं लगता
करवट बदलूँ सारी-सारी रात, करीब आ सकूं नहीं मिलता
F-- तुझ पर ही तो मैं कब से मरती
तन्हाई में मैं आहें भरती
कैसे कह दूँ दिल की मैं बात, रुसबाई से डर है लगता
M- धक-धक धक-धक दिल ये करता
हमदम मेरे मन नहीं लगता

M- बुझती नहीं दिल की लगी ये~क्या भी मैं करूँ
F-- वार चुकी हूँ तुझ पर सब कुछ~और भला क्या मैं करूँ
M- इन्तज़ार की हद कर दी~बार-बार तू न करती
इन्तज़ार की हद कर दी~बार-बार तू न करती
F-- इस तरह क्यों मचला है~है बलमा तू हरजाई
M- धक-धक धक-धक दिल ये करता
F-- तन्हाई में मैं आहें भरती

F- रहने भी दे अफ़साने को~आज यहाँ का यहाँ
M- रब ने हमको है मिलाया~मिलेंगे अब फिर कहाँ
F-- दस नम्बरी दिलबर तू~डाल रहा डोरे है क्यों
दस नम्बरी दिलबर तू~डाल रहा डोरे है क्यों
M- इस दुनिया से तू डरती~क्या है राज़ क्यों घबराई
F-- तुझ पर ही तो मैं कब से मरती
तन्हाई में मैं आहें भरती
M- धक-धक धक-धक दिल ये करता
हमदम मेरे मन नहीं लगता
करवट बदलूँ सारी-सारी रात, करीब आ सकूं नहीं मिलता

धड़कन-धड़कन में तू बसी
Based on Telugu song Kokila Kokila

M- धड़कन-धड़कन में तू बसी
F- तुझसा ज़हां में कोई नहीं
M- हर लम्हा, तुझको चाहूं, कैसे दिल समझाऊँ
F- पिया-पिया, करे जिया, रे साथिया!
M- तन्हा-तन्हा, करूं मैं क्या, रे माहिया!
F- धड़कन-धड़कन में तू बसा
M- तुझसा ज़हां में कोई नहीं

M- गोरा मुखड़ा, बिखरी जुल्फ़ें, नैनों में कजरा काला
F- रंगरसिया, मनबसिया, दिल का तू दिलवाला
M- जब से देखा तुझे F- बदला है मेरा ज़हां
M- पलकों में बंद है तू F- तू ही तू यहाँ-वहाँ
M- आ थाम ले मेरा दामन...बाहों में आ-जा
F- तुझसा ज़हां में... M- कोई नहीं
F- धड़कन धड़कन... M- में तू बसी

M- मेरे सपनों में, आने वाली, मुझसे तू कर ले वादा
F- तू क्या जाने, प्यार करूं, हद से तुझे मैं ज्यादा
M- मैं तेरा हूँ सनम F- मैंने भी खायी कसम
M- मैं खड़ा तेरी राह F- न पीछे हटे कदम
M- हर खुशी ही तेरी है, कर इक़रार सनम
M- धड़कन-धड़कन में तू बसी
F- तुझसा ज़हां में कोई नहीं
M- हर लम्हा, तुझको चाहूं, कैसे दिल समझाऊँ
F- पिया-पिया, करे जिया, रे साथिया!
M- तन्हा-तन्हा, करूं मैं क्या, रे माहिया!

धीरे-धीरे-धीरे होले-होले-होले
Based on Kannada song Bombe-Bombe...

M- धीरे-धीरे-धीरे... होले-होले-होले~मत डाल मुझपे डोरे
धीरे-धीरे-धीरे... होले-होले-होले~मत डाल मुझपे डोरे
बेवज़ह क्यों पीछे दौड़े
क्यों तू नयनों के तीर छोड़े~क्यों तू नाता मुझसे जोड़े

F- धीरे-धीरे-धीरे... होले-होले-होले~मत डाल मुझपे डोरे
धीरे-धीरे-धीरे... होले-होले-होले~मत डाल मुझपे डोरे
बेवज़ह क्यों पीछे दौड़े
क्यों तू नयनों के तीर छोड़े~क्यों तू नाता मुझसे जोड़े

M- कली से तू फूल है बनी~धीरे-धीरे धीरे-धीरे
F- भँवरा तू दीवाना बना~धीरे-धीरे धीरे-धीरे
M- दिल में मेरे बस गई तू~कैसे-कैसे कैसे करके
F- जादू मुझपे कर गया तू~बेकल मेरा जिया तड़पे
M- घटा सी जुल्फ़ें सावन तू~ F- आवारा कोई बादल तू
M- हुस्न जवां अदा हंसी~ F- है यार जग में तुझसा नहीं
F- धीरे-धीरे-धीरे... होले-होले-होले~मत डाल मुझपे डोरे
M- धीरे-धीरे-धीरे... होले-होले-होले~मत डाल मुझपे डोरे
F- बेवज़ह क्यों पीछे दौड़े~ M- बेवज़ह क्यों पीछे दौड़े
F- क्यों तू नयनों के तीर छोड़े

F- बन्धन ये कैसा है तेरा-मेरा~मेरा-तेरा
M- धड़कन दिल कहती है, रिश्ता है~मेरा-तेरा
F- कटे न ये तन्हाई~यूँ ही झूठे ख़्वाबों से
M- लेती तू अँगड़ाई~कैसे-कैसे इरादों से
F- अँग से तू अपने लगा ले मुझे
M- तू प्यास दिल की बुझा दे मेरे
F- तू मेरा सागर मैं नदिया तेरी
M- मैं कैसे भुलाऊँ उल्फ़त तेरी
धीरे-धीरे-धीरे... होले-होले-होले~मत डाल मुझपे डोरे
धीरे-धीरे-धीरे... होले-होले-होले~मत डाल मुझपे डोरे
बेवज़ह क्यों पीछे दौड़े
क्यों तू नयनों के तीर छोड़े~क्यों तू नाता मुझसे जोड़े
F- धीरे-धीरे-धीरे... होले-होले-होले~मत डाल मुझपे डोरे

धीरे-धीरे तुझे प्यार हो जायेगा
Based on Odia song Hasa Gote Otha Tala Gaan Ra Naa

M- धीरे-धीरे तुझे प्यार हो जायेगा
दिल ये बेक़रार हो जायेगा
M- धीरे-धीरे तुझे प्यार हो जायेगा
दिल ये बेक़रार हो जायेगा
F- तुझे कैसी ये बीमारी~हरदम ये ख़ुमारी
तुझे कैसी ये बीमारी~हरदम ख़ुमारी है क्या बला
M- जाने जां ना... पास आओ न... पास आओ न
F- जाने जां ना... पास आओ न... पास आओ न

F- बैयाँ मरोड़े हरदम छेड़े क्या ये जताने लगा तू
M- चैन चुराया नींदें उड़ाई ख़्वाब में आने लगी तू
F- चाँद सा मुखड़ा नैन नशीले नाजुक मैं कली हूँ
M- जानम तुझ पर मरने लगा आशिक मैं तेरा हूँ
F- पिया तू है सौदाई~पिया तू है हरजाई
F- पिया तू है सौदाई~पिया तू हरजाई है मुझे गिला
M- जाने जां ना... पास आओ न... पास आओ न

M- महकी-महकी तेरी~शोख़ जवानी
चन्द दिनों की है मेहमां
F- तो फिर ले-ले~मुझे बाहों में
कर दे मुझ पर ये एहसां
M- जुल्फ़ें तेरी नागिन जैसी पतली-पतली कमरिया
F- अन्जाने ही दिल में समाया कैसा बांका साँवरिया
M- आ कसम खा लें ये~एक हम हो जायेंगे
आ कसम खा लें ये~एक हो जायेंगे कुछ हो भला
F- जाने जां ना... पास आओ न... पास आओ न

इन्तज़ार तेरा मैं~जाने कब से
Based on Kannada Song Nanna Aase Hannagi....

(F) इन्तज़ार तेरा मैं~जाने कब से करती हूँ
इन्तज़ार तेरा मैं~जाने कब से करती हूँ
तेरे लिए जाने जिगर आहें मैं भरती हूँ
(M) इन्तज़ार तेरा मैं~जाने कब से करता हूँ
इन्तज़ार तेरा मैं~जाने कब से करता हूँ
तेरे लिए जानेजिगर आहें मैं भरता हूँ
इन्तज़ार तेरा मैं, जाने कब से करता हूँ

(F) दीवानी तेरे प्यार की करती हूँ सज़दे तुझे
जान मसदियों से रखती हूँ दिल में तुझे
(M) जानम दिल खोया पहली मुलाक़ात में
याद में तेरी रोया तन्हा मैं रातों में
(F) ओ बेलिया ! ओ माहिया !
नदिया मैं सागर तू~बिजली मैं बादल है तू
(M) ऐतबार तेरा मैं~जाने कब से करता हूँ
ऐतबार तेरा मैं~जाने कब से करता हूँ
(F) तेरे लिए जानेजिगर आहें मैं भरती हूँ
इन्तज़ार तेरा मैं~जाने कब से करती हूँ

(M) हाले दिल अपना मैं लिखता अफ़सानों में
लिख लिया नाम अपना हमने दिलवालों में
(F) तेरे बिन सारी शब लेती मैं अगड़ाईयाँ
जां ही न ले लें अब~कैसी हैं तन्हाईयाँ
(M) ओ जाने जां ! ओ मेहरबां !
राजा मैं रानी तू~साजन मैं सजनी है तू
(F) इन्तख़ाब तेरा मैं~जाने कब से करती हूँ
इन्तख़ाब तेरा मैं~जाने कब से करती हूँ
(M) तेरे लिए जानेजिगर~आहें मैं भरता हूँ
इन्तज़ार तेरा मैं, जाने कब से करता हूँ

इस जनम तुझे उस जनम
Based on Kannada Song Serithu Mana Serithu

M - इस जनम तुझे उस जनम~दिलरूबा मेरे सनम
तुझे... ही... चाहूँगा मैं~~तुझे... ही... चाहूँगा मैं
F- इस जनम तुझे उस जनम~दिलरूबा मेरे सनम
तुझे... ही... चाहूँगी मैं~~तुझे... ही... चाहूँगी मैं

M- होश में मैं नहीं~जाने क्या हुआ
एक अन्जानी दिल में आ बैठी कर रही इन्तहा
F- देखकर के छबि~मैं दीवानी हुई
आये ख़्वाबों में मुझको तड़पाये ले रहा इम्तहां
M- मेरी जानेमन यही प्यार है~क्यों करती है ऐसे गिला
F- इस जनम तुझे उस जनम~दिलरूबा मेरे सनम
तुझे... ही... चाहूँगी मैं~~तुझे... ही... चाहूँगी मैं

F- भीगा-भीगा समां~आ-जा लग जा गले
जानेजां मुझ पर प्यार बरसा दे हो रही बेख़ुदी
M- चाहता है ये दिल~रस्में ये तोड़ दूँ
जानेमन तेरी माँग मैं भर दूँ कैसी ये बेबसी
F- मुझे भी कब ये इक़रार है~आ करें शुरू सिलसिला
M- इस जनम तुझे उस जनम
F- दिलरूबा मेरे सनम
M- तुझे... ही... चाहूँगा मैं~~तुझे... ही... चाहूँगा मैं
F- तुझे... ही... चाहूँगी मैं~~तुझे... ही... चाहूँगी मैं

फुर-फुर करके उड़-उड़ जाये
Based on Odia Song odhani odhani.......

फुर-फुर करके उड़-उड़ जाये~समझ में न यह आये
गोरी-गोरी मेरी कलाई~बदन को छू कर जाये
लगा मोहे साल सोलहवां~हाय रे मेरी नयी ओढ़नी
लगा मोहे साल सोलहवां~हाय रे मेरी नयी ओढ़नी
जिया ये मेरा कभी तराने कभी रागनीं गाये
चलूँ राह में बिना बात के नैना लड़-लड़ जाये
लगा मोहे साल सोलहवां~हाय रे मेरी नयी ओढ़नी
लगा मोहे साल सोलहवां~हाय रे मेरी नयी ओढ़नी

धीरे-धीरे होले-होले
साँवरिया से दिल लगा बैठी~साँवरिया से दिल लगा बैठी
ऐसे-कैसे चंद लम्हों में
चैन मैं दिल का गंवा बैठी~चैन मैं दिल का गंवा बैठी
धक-धक धड़के दिल घबराये रातों को तड़पाये
रंगी नज़ारे गुलों की शोख़ी न मेरे दिल को भाये
लगा मोहे साल सोलहवां~हाय रे मेरी नयी ओढ़नी
लगा मोहे साल सोलहवां~हाय रे मेरी नयी ओढ़नी

तेरी-मेरी बातों का
बनेगा एक दिन फ़साना~बनेगा एक दिन फ़साना
राज़-ए-दिल तुझसे ही
कहेगा यह दिल दीवाना~कहेगा यह दिल दीवाना
छम-छम करती पायल मोरी गीत प्रेम के गाये
खन-खन करती चूड़ियाँ मेरी रहा न अब जाये
लगा मोहे साल सोलहवां~हाय रे मेरी नयी ओढ़नी
लगा मोहे साल सोलहवां~हाय रे मेरी नयी ओढ़नी

फूल जैसा तेरा मुखड़ा~गोरा-गोरा
Based on Odia Song Aji Mangana Kali Tora Bahaghara...

फूल जैसा तेरा मुखड़ा~गोरा-गोरा महका बदन
ऋतु जैसे सावन की~अलबेला तेरा यौवन
फूल जैसा तेरा मुखड़ा~गोरा-गोरा महका बदन
ऋतु जैसे सावन की~अलबेला तेरा यौवन
मेरी हर सांस में... मेरी हर सांस में, बस है तू ही तू
चले जब तू बन-ठन~लगे जैसे उड़ी पतंग
फूल जैसा तेरा मुखड़ा~गोरा-गोरा महका बदन

बात सुन मेरी, ऐ-छम्मक छल्लो, दिल में मेरे तू आ-जा
काहे शरमाये, तू काहे घबराये, मैं तेरे सपनों का राजा
बात सुन मेरी, ऐ-छम्मक छल्लो, दिल में मेरे तू आ-जा
काहे शरमाये, तू काहे घबराये, मैं तेरे सपनों का राजा
मेरे दिल की लगी, अरे जाने न तू
करता मैं तेरी, कब से जुस्तजू दे न मुझे ऐसी सजा
मखमल सी तेरी बाहें, तीखे-तीखे तेरे नयन
फूल जैसा तेरा मुखड़ा~गोरा-गोरा महका बदन

पलकों पर मैं, तुझे रखूँगा, सज़दे करूँगा बराबर
हलचल सी, मचाई है तूने, दुनिया में मेरी आकर
पलकों पर मैं, तुझे रखूँगा, सज़दे करूँगा बराबर
हलचल सी, मचाई है तूने, दुनिया में मेरी आकर
याद तेरी मुझे, अब सताने लगी
ख़्वाबों में मेरे, तू तो आने लगी बतला मुझे ये वज़ह
तन्हाई में आहें भरूँ, ठण्डी-ठण्डी कैसी अगन
फूल जैसा तेरा मुखड़ा~गोरा-गोरा महका बदन

फूलों की तरह से तेरे गाल बड़े प्यारे
Based on Odia Song Bhuli Mun Paruni Mora Prathama

फूलों की तरह से तेरे~गाल बड़े प्यारे
फूलों की तरह से तेरे~गाल बड़े प्यारे
कारे-कारे गोरी तेरे~नैन कजरारे
कारे-कारे गोरी तेरे~नैन कजरारे
बुझाये बुझे न~दिल की लगी
बुझाये बुझे न~दिल की लगी
घटा से हैं गेसू~तेरे घुँघरालें---------2

किस तरह से माँगूँ मैं~तुझे उस ख़ुदा से
तुझे न यकीं आये~मेरी वफ़ा पे
कदमों में सज़दे तेरे~मैंने किये हैं
तुझे हंसी आये क्यों~मुझको भुला के
समा खूबसूरत~कितना सुहाना
समा खूबसूरत~कितना सुहाना
बड़े खूब गोरी हैं~ये तेरे इशारे---------2

यूँही गुजर जाये न~बहारों का मौसम
तुझे समझ आये न~लबों की सरगम
आयी हैं शबाब पर~बागों में कलियाँ
नज़र ढूँढ़ती है~दिलों का संगम
तेरी है जरूरत~करीब आ मेरे
तेरी है जरूरत~करीब आ मेरे
लम्हें कुछ जानम~संग-संग गुजारें----------2

फूलों की तरह से तेरे~गाल बड़े प्यारे
फूलों की तरह से तेरे~गाल बड़े प्यारे
कारे-कारे गोरी तेरे~नैन कजरारे
कारे-कारे गोरी तेरे~नैन कजरारे
बुझाये बुझे न~दिल की लगी
बुझाये बुझे न~दिल की लगी
घटा से हैं गेसू~तेरे घुँघराले---------------2

गलियों-गलियों ढूँढ़े उसे
Based on Kannada song Andagathi Kanna Thumba

गलियों-गलियों ढूँढ़े उसे~दिल मेरा है बन्जारा
कहना कुछ चाहे उससे~जोगी का एकतारा
दोष ये उसका~न ही है मेरा
जाने कब उस पर~अपना दिल हारा
बात ये है ऐसी~जाने जग सारा
गलियों-गलियों ढूँढ़े उसे दिल मेरा है बन्जारा, कहना~~

द्वार-द्वार चौखट-चौखट~कब तलक मैं दस्तक दूँ
दिल चुराया उसने है~बेक़रार अब तक हूँ
दे गयी मुझको वो~तोहफ़े में इतने ग़म
रोग लगाया ऐसा~बीमार अब तक हूँ
जाने कैसी मेरी किस्मत है~पग-पग पर उलझन है
चैन मुझे पल भर को नहीं~बहका-बहका तन-मन है
बनी प्रीत दुश्मन मेरी~सिलसिला अभी भी जारी
उतरता नहीं अब है ख़ुमार इतना
गलियों-गलियों ढूँढ़े उसे दिल मेरा है बन्जारा, कहना~~

दिन तो गुजरता है~रात मेरी बीते न
हाल मेरे दिल का अब कोई जाने न
पली वो है नाज़ों में~ऐसी है महबूबा
मनाऊँ उसको कैसे माने से माने न
जाने कैसी थी वो घड़ी~टूटी एक-एक जुड़ी कड़ी
बैठे ही बिठलाये~मुश्किल कैसी आ यह पड़ी
भूल गयी सारे वादे~भूल गयी कसमें सारी
खिलौने की तरह~टूट गया सपना
गलियों-गलियों ढूँढ़े उसे दिल मेरा है बन्जारा, कहना~~
दोष ये उसका~न ही है मेरा
जाने कब उस पर~अपना दिल हारा
बात ये है ऐसी~जाने जग सारा

गेसू मेरे घटाओं से चेहरा मेरा
Based on Odia Song Tu Mora

गेसू मेरे घटाओं से~चेहरा मेरा गुलाब सा
सब के... दिल में मचा दूँ मैं हलचल~
मैं तेरी ड्रीम गर्ल....... मैं तेरी ड्रीम गर्ल....... मैं तेरी ड्रीम गर्ल रे!
मैं तेरी ड्रीम गर्ल~मैं तेरी ड्रीम गर्ल
मैं तेरी ड्रीम गर्ल~मैं तेरी ड्रीम गर्ल

तू मेरे सपनों का राजा~बजाये सीटी क्यों आ जा
मैं तेरे सपनों की रानी~बता तेरा क्या इरादा
मुहब्बत करूँगी तुझसे~इनायत करूँगी तुझपे
जैसा तू कहेगा मुझसे~करूँगी वैसा मैं दिल से
जुनून सा मुझ पे है~उठा भी है गुब्बार सा
सब के... दिल में मचा दूँ मैं हलचल~
मैं तेरी ड्रीम गर्ल....... मैं तेरी ड्रीम गर्ल....... मैं तेरी ड्रीम गर्ल रे!
मैं तेरी ड्रीम गर्ल~मैं तेरी ड्रीम गर्ल
मैं तेरी ड्रीम गर्ल~मैं तेरी ड्रीम गर्ल

रंगीला तू तो है साजन~हो जैसे ऋतु मनभावन
दूर क्यों खड़ा है मुझसे~थाम ले आ मेरा दामन
हुई तेरी मैं दीवानी~चढ़ी मुझपे जवानी
मजे आ लूट ले मेरे~हुई हूँ अभी सयानी
ये हुस्न है शराब सा~अंदाज हर माहताब सा
सब के... दिल में मचा दूँ मैं हलचल~
मैं तेरी ड्रीम गर्ल....... मैं तेरी ड्रीम गर्ल....... मैं तेरी ड्रीम गर्ल रे!
मैं तेरी ड्रीम गर्ल~मैं तेरी ड्रीम गर्ल
मैं तेरी ड्रीम गर्ल~मैं तेरी ड्रीम गर्ल

गोरा बदन होंठ गुलाब
Based on Odia song Mana Pakhi Udi gala to chhatire

F- गोरा बदन होंठ गुलाब हुस्न मेरा~लाजबाब
गोरा बदन होंठ गुलाब हुस्न मेरा~लाजबाब
M- हर अंग ही तेरा~मदिरा का प्याला
तू जानी मानी~लगती है शराब
F- गोरा बदन होंठ गुलाब हुस्न मेरा~लाजबाब

M- पलकों की चिलमन में~आ मैं छिपा लूँ तुझे
गाऊँ तेरे वास्ते~नग़में मैं प्यार के
अपना बना लूँ तुझे
F- दुनिया के डर से~क्यों तूने भुलाया है
कैसी दीवानगी~होती ख़त्म है नहीं
क्यों भी सताया है
M- हर अक्षर जिसका~मैं पढ़ना चाहूँ
तू मस्तियों की जानम है किताब
F- गोरा बदन होंठ गुलाब हुस्न मेरा~लाजबाब

F- अफ़साना मेरा सुन~दीवानी तेरी मैं हूँ
जागती रही मैं~तेरे लिये रे
चैन मुझे आया नहीं
M- वादे पे आयी न तू~क्यों घबराई है तू
ढूँढ़ता रहा मैं~तुझे राहों में
नहीं तुझे आया यकीं
F- ये जन्म तो क्या~हर जनम मैं तेरी
तू क्यों नहीं करता इन्तख़ाब
M- गोरा बदन होंठ गुलाब हुस्न तेरा~लाजबाब
F- गोरा बदन होंठ गुलाब हुस्न मेरा~लाजबाब

गोरा-गोरा बदन हुस्न नगीना
Based on Odisa Song Aji Akase ki Ranga Lagila.....

(F) गोरा-गोरा बदन हुस्न नगीना
उम्र सोलह बरस 'ओ' छः महीना
गोरा-गोरा बदन हुस्न नगीना
उम्र सोलह बरस 'ओ' छः महीना
(M) नयन नशीले गेसू कारे-कारे
नयन नशीले गेसू कारे-कारे~बिन्दास तू है हसीना
(F) गोरे गालों पर दिल मेरा आ गया
(M) तेरा मुझपे नशा यार छा गया

(M) आ जा चूमूँ अंग-अंग तेरा~कहीं तन्हाई में
लड़की बड़ी दिलकश है तू~मजा अंगड़ाई में
(F) समझाऊँ कैसे तुझे मैं ये इशारे
ऋतु है हंसी और रंगीन नज़ारे~रंगीन नज़ारे
(M) कटें कैसे तन्हा अब ये रातें
बिन तेरे कहीं अब चैन न आवे
(F) नयन नशीले गेसू कारे कारे-2
(M) गोरे गालों पर दिल मेरा आ गया
(F) तेरा मुझपे नशा यार छा गया
(M) गोरे गालों पर दिल मेरा आ गया
(F) तेरा मुझपे नशा यार छा गया

(F) आऊँगी मै आवाज दे~कहीं भी रहूँ
सहूँगी मैं हर दुःख तेरा~नहीं शिकवा करूँ
(M) ख़त्म न होगी अब ये प्रेम कहानी
जायेंगे ज़हां को देकर कोई निशानी
(F) चोरी-चोरी नहीं खुल के कहेंगे
मिलने वाले ज़हां में मिलते रहेंगे
(M) नयन नशीले गेसू कारे कारे-2
गोरे गालों पर दिल मेरा आ गया-2
(F) तेरा मुझपे नशा यार छा गया
(M) गोरे गालों पर दिल मेरा आ गया

गोरी तेरे गोरे-गोरे गालों का दीवाना
Based on Telugu Song Palakollu Papanee Paita....

M- गोरी तेरे गोरे-गोरे गालों का दीवाना
सुन-सुन-सुन-सुन-सुन गोरिया.. या.. या
लिखूँगा तेरी मीठी-मीठी बातों का अफ़साना
सुन-सुन-सुन-सुन-सुन गोरिया.. या.. या
आगे बढ़ तो~चूम लूँ मैं चितवन को.. ओ.. ओ

F- जानम तेरी मस्त-मस्त अदा की दीवानी
सुन-सुन-सुन-सुन-सुन माहिया.. या.. या
लिखूँगी तेरी मीठी-मीठी बातों का अफ़साना
सुन-सुन-सुन-सुन-सुन माहिया.. या.. या
आगे बढ़ तो~चूम लूँ मैं चितवन को.. ओ.. ओ

F- जानेजिगर तुझपे मरूँ~बन्दगी तेरी करूँ
जागती मैं रात भर तेरी यादों में

M- तेरी ही राह में~बढ़ गये मेरे कदम
हो गया मदहोश मैं ले-ले बाहों में

F- चाँदनी... मैं तेरी चाँदनीं
अरे मैं लाखों में एक हूँ नाजनीं

M- दिलरूबा... दिलरूबा तू मेरी
बड़े अरमान ले तेरी तरफ मैं झुका

M- प्रियतमा~ F- जाने जां~ M- मेरी करिश्मा

M- गोरी तेरे गोरे-गोरे गालों का दीवाना

F- जानम तेरी मस्त-मस्त अदा की दीवानी

M- दिल के दीवाने को तूने न जाना

हरदम तूने समझा बेगाना, ये राज़ तुझको है बतलाना

F- क्यों तू कहता मुझको पराई

तूने बुलाया तब-तब मैं आई, यही तुझको है बतलाना

M- दिल्लगी... न कर तू दिल्लगी

मेरी तकदीर में गर तू नहीं कुछ नहीं

F- मनचली... मैं तेरी मनचली

मेरी तकदीर तू~तू मेरी है हर खुशी

M- मेहरबां~ F- दोनों ज़हां~ M- तू सुखरजनी

M- गोरी तेरे गोरे-गोरे गालों का दीवाना

F- जानम तेरी मस्त-मस्त अदा की दीवानी

गोरे मुखड़े पर मर-मर जाऊँ
Based on Telugu Song Muddula Priyudu...

M- गोरे मुखड़े पर मर-मर जाऊँ, तू कहे जो वो मैं कर जाऊँ
F- तेरे कदमों के पीछे-पीछे आऊँ, तू मिले न तो मैं घबराऊँ
M- उल्फ़त के वास्ते~रस्में मैं तोड़ दूं
F- तेरे लिये यार मैं~गलियाँ ये छोड़ दूं
F- दिलरूबा.. आ.. आ.. आ.. आ.. आ.. आ
M- गोरे मुखड़े पर मर-मर जाऊँ, तू कहे जो वो मैं कर जाऊँ
F- तेरे कदमों के पीछे-पीछे आऊँ, तू मिले न तो मैं घबराऊँ

M- मुझसे से क्यों इतना शरमाये ऐसे भी प्यार में
मिलने से क्यों इतना घबराये पल भर इक़रार में
F- बड़ी खूब दीवाने प्यार की ये~दास्तां
मिला हमसफर राह में तू~मेहरबां
M- सोते-जगते मेरे दिल के पास तू
है यह नाता नहीं कल का~है ये बंधन तो जन्मों का
M- गोरे मुखड़े पर मर-मर जाऊँ, तू कहे जो वो मैं कर जाऊँ
F- तेरे कदमों के पीछे-पीछे आऊँ, तू मिले न तो मैं घबराऊँ

F- मैंने तुझे मान लिया साजन न कर दिल्लगी
कारे-कारे कजरारे नैनों पर तू कर शायरी
M- कभी तू मुस्कुराये जाने जां दिल-दिल में
कभी तू गुनगुनाये जाने जां नी के सुर में
F- तेरे बिना पतझड़ मौसम सावन
चल मिलकर बाँटें खुशियाँ~चल मिल के उठायें ग़म
M- गोरे मुखड़े पर मर-मर जाऊँ, तू कहे जो वो मैं कर जाऊँ
F- तेरे कदमों के पीछे-पीछे आऊँ, तू मिले न तो मैं घबराऊँ

गोरे-गोरे गाल वाली
Based on Telugu song Akka Ninna Ganda Hengirabeku...

गोरे-गोरे गाल वाली~ज़िंदगी में मेरी आ तू
कजरारे नयनों वाली~बन्दगी में मेरी आ तू
गोरे-गोरे गाल वाली~ज़िंदगी में मेरी आ तू
कजरारे नयनों वाली~बन्दगी में मेरी आ तू

सुन मेरी मधुबाला~खिड़की पर आ जा
मैं तेरे लिये आया मजनूं बन कर
झुकाया ये सिर~है सज़दे में मैंने
तू मेरे लिये आ-जा लैला बन कर
याद करूँ तुझको रात 'ओ' दिन
फ़ासला कम ये कर~आ मुझे बाहों में भर ले
आया मौसम है अलबेला
रंग सभी सच्चे~ज़िंदगी में मेरी भर दे
जानेमन अन्जानों सी~बातें ऐसी करती क्यों है तू
साथिया जग वालों से~इतना क्यों डरती है रे तू
गोरे-गोरे गाल वाली~ज़िंदगी में मेरी आ तू
कजरारे नयनों वाली~बन्दगी में मेरी आ तू

डोली तेरी उठने में अभी तो देरी है
लगेंगे अभी जाने कितने दिन
इतने दिन तन्हा मैं रह नहीं पाऊँगा
रहूँगा मैं कैसे तेरे बिन
चैन तूने छीना~नींदें उड़ायी
होश नहीं मुझको~लब पे है तेरी ही सरगम
कौन हूँ मैं और कौन है तू
याद नहीं मुझको~हो जाने दे आज ही संगम
अब अगर दिल न देगी मुझको जानम सोच ले ये तू
लौटकर जाऊँगा मैं~मुझको फिर से रोकना न तू
गोरे-गोरे गाल वाली~ज़िंदगी में मेरी आ तू
कजरारे नयनों वाली~बन्दगी में मेरी आ तू

घटा सी जुल्फ़ें हसीन चेहरा
Based on Kannada song Suma Samana

M- घटा सी जुल्फ़ें हसीन चेहरा
क्या खूब है जानम... जानम
F- अदा में तेरी ग़ज़ब की चाहत
रंगीला तू हमदम... जानम

M- बातें तेरी मिस्री सुना लगा ग़ज़ल
आँखें प्यारी ऐसी झील में कमल
F- हीरो जैसी तेरी हर दिलकश अदा
जानेजां जानेमन तू सबसे जुदा
M- निखरा बदन तू है खिलती कली
महफ़िल में कोई शमा हो जली
F- जुड़ गया तुझसे ये कैसा सिलसिला
गुल हंसी कैसा गुलशन में खिला
M- चन्द लम्हों में कैसी कहानी बन गयी
F- देखा मैंने तुझको दीवानी बन गयी
M- घटा सी जुल्फ़ें हसीन चेहरा
क्या खूब है जानम... जानम

M- अधरों के ये प्याले मुझे सौंप दे सनम
छोड़ूँगा तुझे न गोरे गालों की कसम
F- सदियों से मेरे इस दिल में है तू
करती रही मैं सदा तेरी ही आरजू
M- लागी है मुझे अब तेरी ही लगन
रहता मैं तेरे ख़्वाबों में मगन
F- मजनूं तू है मेरा मैं तेरी लैला
चिकना गोरा-गोरा अलबेला छोरा
M- कब तेरी यादों में दिन ढल गया
F- कब तेरी बाहों में रात हो गयी
M- घटा सी जुल्फ़ें हसीन चेहरा
क्या खूब है जानम... जानम
F- अदा में तेरी ग़ज़ब की चाहत
रंगीला तू हमदम... जानम

घटा सी मेरी ज़ुल्फ़ें चाँद सा मुख
Based on Telugu Song Alluda Ammayi Nadha

F- घटा सी मेरी जुल्फ़ें~चांद सा मुख है मेरा
तू मेरे सपनों का राजा... हाय राम
लब पे है तेरा नाम... लब पे है तेरा नाम
M- कुड़ी तू चिकनी गोरी~कर गयी दिल की चोरी
तू मेरे सपनों का रानी... हाय राम
लब पे है तेरा नाम... लब पे है तेरा नाम

F- ऋतु अलबेली महका समां यार तुझसे
लगा ये रोग कैसा~दिल बेक़रार है
M- कमल सा मुख नैन शराबी गाल ये गोरे
कि सदियों से मुझको~तेरा इंतज़ार है
F- इन्तहा है तूने की इन्तज़ार की
M- ख़त्म कब होगी घड़ी इम्तहान की
F- रोग ये पहले न था~ऐसा कुछ दिल में न था
तू मेरे सपनों का राजा... हाय राम
लब पे है तेरा नाम... लब पे है तेरा नाम

M- जी करता है तुझको देखूँ यूँ ही दिन-रात
अक्ल से काम ले~दिल का मामला
F- आते-जाते मुझको छेड़े तू तो पल छिन
कैसे यकीं करूं~लड़का तू भला
M- साथ मेरे रहने की मुझे कसम दे
F- अपने ही रंग पिया मुझे रंग दे
M- जहां दो दिल मिले हैं~हुआ वहीं सबेरा
तू मेरे सपनों का रानी... हाय राम
लब पे है तेरा नाम... लब पे है तेरा नाम

हद से ज्यादा प्यार मैं हमदम
Based on Telugu Song Avunantava Kadantava Evantavu

M- हद से ज्यादा प्यार मैं हमदम तुझसे करता
F- सोते-जगते याद मैं हरदम तुझको करती
M- हद से ज्यादा प्यार मैं हमदम तुझसे करता
F- सोते-जगते याद मैं हरदम तुझको करती
M- ये दर्द घटता नहीं जाने जां दे ना~दर्दे दिल की दवा
F- अब वक़्त कटता नहीं जाने जां~जाने क्या है हुआ
M- हद से ज्यादा प्यार मैं हमदम तुझसे करता
F- सोते-जगते याद मैं हरदम तुझको करती

M- छोड़ ये शरम जान ले मुझे बाहों में तुझको ले लूँ
F- लोग देखते घूर-घूर के कैसे तुझ संग खेलूँ
M- ख़्वाबों में आये मुझको सताये करती दिल्लगी.
M- हद से ज्यादा प्यार मैं हमदम तुझसे करता
F- सोते-जगते याद मैं हरदम तुझको करती

F- आहें मैं भरूँ कब तलक यूँ मिलन है ये अधूरा
M- सपना जो कभी हमने देखा था मिलकर करेंगे पूरा
F- ये जन्म तो क्या हर जन्म में रहूँगी सदा तेरी
M- हद से ज्यादा प्यार मैं हमदम तुझसे करता
F- सोते-जगते याद मैं हरदम तुझको करती
M- ये दर्द घटता नहीं जाने जां दे ना~दर्दे दिल की दवा
F- अब वक़्त कटता नही जाने जां~जाने क्या है हुआ
M- हद से ज्यादा प्यार मैं हमदम तुझसे करता
F- सोते-जगते याद मैं हरदम तुझको करती

हम तुम्हीं से प्यार करते हैं
Based on Tamil Song _Maagha Maasam.........._

हम तुम्हीं से प्यार करते हैं~प्यार का इज़हार करते हैं
करते हैं, करते हैं, तुम ही पर मरते हैं, कब से इंतज़ार करते हैं
हम तुम्हीं से प्यार करते हैं~प्यार का इज़हार करते हैं
करते हैं, करते हैं, तुम ही पर मरते हैं, कब से इंतज़ार करते हैं

धड़कनों के आस-पास~रहते हो हरदम तुम
हर गली हर मोड़ पर~मिलते हो हमदम तुम
यूँ बेक़रार कर~दिल मेरा तोड़ो ना
प्यार का रंगी समा~तन्हा छोड़ो ना
ओ साजना... ओ सजना, ओ सजना, तुम पर ऐतबार करते हैं
हम तुम्हीं से प्यार करते हैं~प्यार का इज़हार करते हैं
करते हैं, करते हैं, तुम ही पर मरते हैं, कब से इंतज़ार करते हैं

इस ज़हां से दूर कहीं~होगा एक आशियाँ
बाँट लेंगे मिल के हम~ग़म 'ओ' खुशियाँ
पास आओ मेरे तुम~लगी बेकाबू है
जिस्मोजां पर मेरे अब~तेरा ही जादू है
ओ साजना... ओ सजना, ओ सजना, आ इक़रार करते हैं
हम तुम्हीं से प्यार करते हैं~प्यार का इज़हार करते हैं
करते हैं, करते हैं, तुम ही पर मरते हैं, कब से इंतज़ार करते हैं

कर ही लेंगे बन्द आज~तुमको निग़ाहों में
हर कदम हम भटकते~ले लो पनाहों में
रात भर हम जागते~लेते अँगड़ाईयाँ
जान ही ले लें न अब~प्यार की रुसबाईयाँ
ओ साजना... ओ सजना, ओ सजना, आ उस पार चलते हैं
हम तुम्हीं से प्यार करते हैं~प्यार का इज़हार करते हैं
करते हैं, करते हैं, तुम ही पर मरते हैं, कब से इंतज़ार करते हैं

हट बेक़रार लड़के नहीं तुझसे प्यार
Based on Tamil Song Gum Gumainchu..........

(F) हट बेक़रार लड़के नहीं तुझसे प्यार करती
मुझे देखकर बदले मौसम
(M) हट बद गुमान लड़की नहीं तुझसे प्यार करता
किसे देखकर बदले तू रंग
(F) क्यों ऐसे मुस्कुराये (M) तन्हा मुझे बुलाये
(F) है हुस्न ये बेकाबू (M) क्यों आग तू लगाये
(F) समझे न, करती क्यों है मेरी~पायलिया छम-छम
(F) हट बेक़रार लड़के नहीं तुझसे प्यार करती
मुझे देखकर बदले मौसम
(M) हट बद गुमान लड़की नहीं तुझसे प्यार करता
किसे देखकर बदले तू रंग

(F) देखे छिप-छिप के अरे कैसा दीवाना है तू
(M) झांके खिड़की से हुई अब सयानी है तू
(F) बदरी मैं बदरी कभी यहाँ तो कभी वहाँ
(M) सपने तू देखे नहीं संगम होगा यहाँ
(F) सपनों में आऊँगी~तुझको तड़पाऊँगी
(M) मुझे सोच के पगली~तू चैन न पायेगी
(F) मैं बिजली कड़की~मैं तितली उड़ती
(M) क्यों गिरह खोलूँ~मैं भँवरा डोलूँ
अफ़साना लिखूँ मैं क्यों तुझे हरदम
(M) हट बद गुमान लड़की~ नहीं तुझसे प्यार करता
किसे देखकर बदले तू रंग

(M) कब तक संभाले रखेगी जवानी क़ातिल
(F) जब तक न होगा तू यारा मेरे क़ाबिल
(M) तू है बड़बोली न समझेगी आशिक़ी
(F) जानम मैं तेरी तूने की है दिल्लगी
(M) जन्मों से मैं तेरा~इन्तज़ार करता हूँ
(F) जैसा भी तू है~इक़रार करती है
(M) सुन ए मितवा~अब कैसा शिकवा
(F) दीवाने जानी~मैं तेरा रुतबा
(M) परवाना मैं तेरा तू शमा मेरी हमदम
(M) हट बद गुमान लड़की~नहीं तुझसे प्यार करता
किसे देखकर बदले तू रंग
(F) हट बेक़रार लड़के~नहीं तुझसे प्यार करती
मुझे देखकर बदले मौसम

है बाली तेरी उमरिया
Based on Kannada Song Ee Vesha Nodabeda

M- है बाली तेरी उमरिया~पतली-पतली कमरिया
है बाली तेरी उमरिया~पतली-पतली कमरिया
आ... प्यार से चूम लूं~आ... प्यार से चूम लूं

F- हैं कैसी ये ख़ामोशियां~मैं जानम तेरी चंदनिया
हैं कैसी ये ख़ामोशियां~मैं जानम तेरी चंदनिया
आ... प्यार से चूम ले~आ... प्यार से चूम ले

M- आ पास आ जानेजां~दिलकश बड़ा ये समा
मस्ती भरा है आलम~बिन्दास तू प्रियतमा
चन्द दिनों का है मेला~उम्र प्यार की थोड़ी जरा
रूठ कर न जा.......
ये सरकी-सरकी चुनरिया~तू हो न जाये बाबरिया
आ... प्यार से चूम लूं~आ... प्यार से चूम लूं

F- सिलसिला तेरी यादों का~साथ-साथ रखूँगी
हर मोड़ पर हमदम मेरे~साथ-साथ चलूँगी
ये दिल तो क्या जान भी~नाम तेरे लिखूँगी
मान भी अब जा......
आ... प्यार से चूम लूं~आ... प्यार से चूम लूं

M- है बाली तेरी उमरिया~पतली-पतली कमरिया

F- हैं कैसी ये ख़ामोशियां~मैं जानम तेरी चंदनिया
आ... प्यार से चूम लूं~आ... प्यार से चूम लूं
आ... प्यार से चूम ले~आ... प्यार से चूम ले

है प्यार का ये फ़लसफ़ा
Based on Kannada Song O Bomebye Dalimbiye....

M- है प्यार का ये फ़लसफ़ा है प्यार का~ये फ़लसफ़ा
कभी हंसाये~कभी रुलाये... जानम
रोग दिल का बुरा ये...... हमदम
छोड़ झमेला, करें आ उल्फ़त~अहा... अहा... अ.. हा..

F- है फ़लसफ़ा ये प्यार का~है फ़लसफ़ा ये प्यार का
कभी हंसाये~कभी रुलाये... जानम
रोग दिल का बुरा ये...... हमदम
छोड़ झमेला, करें आ उल्फ़त~अहा... अहा... अ.. हा..

M- तेरे लिये गाऊँगा~तेरे लिये नाचूँगा
ज़माने की सारी नेमत~तेरे लिये लाऊँगा

F- हर हाल में तेरे साथ मैं~कभी तुझको भूलूँ न
हम दूर हों एक दूजे से~कभी ऐसा होगा न

M- है फ़लसफ़ा ये प्यार का~है फ़लसफ़ा ये प्यार का
कभी हंसाये~कभी रुलाये... जानम
रोग दिल का बुरा ये...... हमदम
छोड़ झमेला, करें आ उल्फ़त~अहा... अहा... अ.. हा..

F- देना खुशी या ग़म~अमानत तेरी हूँ
ज़िंदा मैं दुनिया में~बदौलत तेरी हूँ

M- जानेजिगर नूरेनज़र सज़दों में तू ही तू
मेरी यादों में मेरी सांसों में धड़कन में तू ही तू

M- है फ़लसफ़ा ये प्यार का~है फ़लसफ़ा ये प्यार का
कभी हंसाये~कभी रुलाये... जानम
रोग दिल का बुरा ये...... हमदम
छोड़ झमेला, करें आ उल्फ़त~अहा... अहा... अ.. हा..

F- है फ़लसफ़ा ये प्यार का~है फ़लसफ़ा ये प्यार का
कभी हंसाये~कभी रुलाये... जानम
रोग दिल का बुरा ये...... हमदम
छोड़ झमेला, करें आ उल्फ़त~अहा... अहा... अ.. हा..

है ये छोरी चुलबुली मच गयी
Based on Odia Song Aei Jhiati Bada chulbuli

M- है ये छोरी चुलबुली~मच गयी दीवानों में खलबली
ख़्वाब में आकर नींदें चुराये~सामने आये तो शरमाये
नज़रें चुराकर है चली

F- है ये छोरा चुलबुला~आवारा बादल मनचला
राहों में मिले छेड़े सताये~नज़दीक आये तो इतराये
दिल चुराकर है चला

M- काली-काली आँखें तेरी~मुख तेरा चिकना गोरा
अधर तेरे फूल गुलाबी

F- इधर-उधर तू भागे~गुन-गुन गुन-गुन करता लागे
तू है किसी बाग का भँवरा
बंशी बजाई के मन मेरा मोहे
बैंयां पकड़ कर क्यों मझको रोके
बिन्दास मैं फुलझड़ी

M- है ये छोरी चुलबुली~मच गयी दीवानों में खलबली

F- सिवा तेरे कुछ न चाहूँ~दिल तेरा मैं माँगूँ
मैं हूँ तेरे ख़्वाबों की रानी

M- लगी दिल की कैसी लगी~बुझाये से बुझे नहीं
कैसी है रे प्रेम कहानी

F- बेताब दिल है प्यासी अँखियाँ~कैसे कटेंगी लंबी रतियाँ
करीब आ हुई देर बड़ी

M- है ये छोरी चुलबुली~मच गयी दीवानों में खलबली
ख़्वाब में आकर नींदें चुराये~सामने आये तो शरमाये
नज़रें चुराकर है चली

हो गयी हो गयी हो गयी~रे मैं सयानी
Based on Kannada song Mummy Mummy Nanna Muddu....

(F) हो गयी हो गयी हो गयी~रे मैं सयानी
चन्द लम्हों में हो गयी तेरी दीवानी
हो गयी हो गयी हो गयी~रे मैं सयानी
चन्द लम्हों में हो गयी तेरी दीवानी
देख तुझे मन डोला~सुन मेरे राजा
कैसे कह दूँ मैं तुझसे~दिल 'ओ' जिगर में तू
दुनिया में जानेजिगर, कोई नहीं है तुझ जैसा

(M) हो गयी हो गयी हो गयी~रे तू सयानी
चन्द लम्हों में हो गयी नयी कहानी
देखा तुझे मन डोला~सुन मेरी रानी
कैसे कह दूँ मैं तुझसे~दिल 'ओ' जिगर में तू
समझा दे जानेमन अफ़साना~इन आंखों का

(F) दिल लगी है ये बुरी यार मेरे~तू जान ले
क्या मैं करूं क्या न करूं एक तेरी आरजू

(M) जानेमन दिलरूबा हमसफर~तड़पा हूँ
रातों कोआहें भरूं है तेरी जुस्तजू

(F) सपनों में ए-पिया आता है रोज़ तू

(F) हो गयी... हो गयी हो गयी हो गयी~रे मैं सयानी

(M) हो गयी हो गयी हो गयी~रे तू सयानी

(M) क्या तुझे मैं कहूं नूरे नज़र~चाँदनी
गोरा बदन, लबों पे मय खुद ही हैरान हूँ

(F) दिल तेरा, जां तेरी हो गयी~मैं तेरी
आ मुझे गले लगा कब से बेताब हूँ

(M) खुशियों का सनम लायी पैग़ाम तू

(M) हो गयी... हो गयी हो गयी हो गयी~रे तू सयानी

(F) हो गयी हो गयी हो गयी~रे मैं सयानी

होंठ गुलाबी नैन नशीले चाल शराबी
Based on Kannada Song Thandeyu Neene Thayiyu Neene...

(M) होंठ गुलाबी नैन नशीले चाल शराबी~नादां तू
इन्तज़ार में... बेक़रार मैं... #इन्तज़ार में... बेक़रार मैं...
(F) छैल छबीला रंग रंगीला मस्त-मस्त~छोरा तू
इन्तज़ार में... बेक़रार मैं... #इन्तज़ार में... बेक़रार मैं...

(F) प्यार न समझे.... इक़रार न समझे....
पायलिया की.... झन्कार न समझे....
(M) तेरे ख़्वाबों में डूबा.... तेरे ख़्यालों ने लूटा....
(F) तेरी ही राह में बैठी.... दिल तुझे मैं दे बैठी....
(M) सांसों से सांसों को....
(F) होंठों से होंठों को.... छू-ले... छू-ले.... छू-ले... छू-ले
(F) मैं हूँ तेरे दिल की रानी #मेरे दिल का राजा तू
(M) इन्तज़ार में... बेक़रार मैं... #इन्तज़ार में... बेक़रार मैं...

(M) मदहोश हैं.... अदाऐं तेरी....
दिन-रात.... सदायें मेरी....
(F) मैं हूँ फूलों की डाली~जानेमन हरियाली
(M) झूमा भी सावन है~आ मेरे हमजोली
(F) आँखों में आँखें
(M) बाहों में बाहें... झूलें... झूलें... झूलें... झूलें
(F&M) हर खुशी अब है हमारी कर ले मुझसे वादा तू
(M) इन्तज़ार में... बेक़रार मैं... #इन्तज़ार में... बेक़रार मैं...
(M) होंठ गुलाबी नैन नशीले चाल शराबी~नादां तू
(F) छैल छबीला रंग रंगीला मस्त-मस्त~छोरा तू
(F&M) इंतज़ार में... बेक़रार मैं... #इन्तज़ार में... बेक़रार मैं..

जब-जब लगाये तू ठुमका
Based on Telugu Song Gorinta Poosindi....

(M) जब-जब लगाये तू~जब-जब लगाये तू
जब-जब लगाये तू ठुमका~जब-जब लगाये तू ठुमका
कानों का झूले तेरा झुमका~कानों का झूले तेरा झुमका
(F) जब-जब लगाऊँ मैं~जब-जब लगाऊँ मैं
जब-जब लगाऊँ मैं ठुमका~जब-जब लगाऊँ मैं ठुमका
कानों का झूले मेरा झुमका~कानों का झूले मेरा झुमका

(M) मतवाला मन तेरा~क्या खूब चितवन है
(F) जनमों से तू मेरे~सपनों का मधुबन है
(M) आँखें है मय जैसी~बातें हैं मिस्री सी
मुझको लगा रोग दिल का~मुझको लगा रोग दिल का
कानों का झूले तेरा झुमका~कानों का झूले तेरा झुमका
(F) जब-जब लगाऊँ मैं~जब-जब लगाऊँ मैं

(F) दीवाना कर दूँ मैं~क़ातिल है अँगड़ाई
(M) काटेगी तू कैसे~रातों की तन्हाई
(F) सपनों में तू ही तो~अब मेरे आता है
क्या है इलाज इस ग़म का~क्या है इलाज इस ग़म का
कानों का झूले मेरा झुमका~कानों का झूले मेरा झुमका
(M) जब-जब लगाये तू~जब-जब लगाये तू
(F) जब-जब लगाऊँ मैं ठुमका~जब-जब लगाऊँ मैं ठुमका
M- कानों का झूले तेरा झुमका~कानों का झूले तेरा झुमका

जहाँ मैं जाऊँ, गिरा दूँ बिजली
Based on Kannada Song Mudduku Muddostundi Nee...

जहाँ मैं जाऊँ, गिरा दूँ बिजली~उम्र है नादां, कमर पतली
न करना पंगा, करूँगी मन का, न करना पंगा, करूँगी मन का
हाल बराबर जानूँ मैं तेरे दिल का... आ.. आ.. आ
जहाँ मैं जाऊँ, गिरा दूँ बिजली~उम्र है नादां, कमर पतली

पल में शोला बनूँ~मैं हूँ वो चिन्गारी
अंग-अंग में मेरे जादू~तू बिल्कुल अनाड़ी
दिलवालों को हर भाषा~मैं समझा दूँ
अपने ही साँचे में~आ तुझको ढलवा दूँ
ऐसे न रोक-रोक~~मुझको न छेड़ तू
ऐसे न रोक-रोक मुझको न छेड़ तू
बाँध के डोर कभी तोड़ना ना... तोड़ना ना
जहाँ मैं जाऊँ, गिरा दूँ बिजली~उम्र है नादां, कमर पतली
न करना पंगा, करूँगी मन का, न करना पंगा, करूँगी मन का
हाल बराबर जानूँ मैं तेरे दिल का... आ.. आ.. आ
जहाँ मैं जाऊँ, गिरा दूँ बिजली~उम्र है नादां, कमर पतली

यौवन अगर दिखाऊँ~आहें भरेगा ठण्डी
किस्मत उसकी बदले~जिसे दिखाऊँ झण्डी
मैं प्यासी हूँ बदरिया~आवारा तू है बादल
देखेगा मेरे जल्वे~हो जायेगा तू पागल
चुपके से गर मेरी~~बात तू मानेगा
चुपके से गर मेरी बात तू मानेगा
साथी मेरे साथ कभी छोड़ना ना... छोड़ना ना
जहाँ मैं जाऊँ,गिरा दूँ बिजली~उम्र है नादां, कमर पतली
न करना पंगा, करूँगी मन का, न करना पंगा, करूँगी मन का
हाल बराबर जानूँ मैं तेरे दिल का... आ.. आ.. आ
जहाँ मैं जाऊँ, गिरा दूँ बिजली~उम्र है नादां, कमर पतली

जनम-जनम तुझे मैं तो चाहूँगा
Based on Odia Song Lagila Ranga Golapi Golapi

M- जनम-जनम तुझे~मैं तो चाहूँगा
कोरे कागज पर तू तो लिखा
जनम-जनम तुझे~मैं तो चाहूँगा
कोरे कागज पर तू तो लिखा
चढ़ा है रंग... चढ़ा है रंग प्रेम का जानेजां-जानेजां
जानेजां-जानेजां~जानेजां-जानेजां
जानेजां-जानेजां~जानेजां-जानेजां

F- जनम-जनम तुझे~मैं तो चाहूँगी
कोरे कागज पर तू तो लिखा
जनम-जनम तुझे~मैं तो चाहूँगी
कोरे कागज पर तू तो लिखा
चढ़ा है रंग... चढ़ा है रंग प्रेम का जानेजां-जानेजां
जानेजां-जानेजां~जानेजां-जानेजां
जानेजां-जानेजां~जानेजां-जानेजां

M- सांसों में मेरी तू~धड़कन में मेरी तू
यादों में मेरी बसी है

F- दिन रात सपनों में~तेरे ही खोयी हूँ
बस एक तेरी कमी है

M- पलकों की चिलमन में~तुझको बिठाया है
सज़दा मैं तुझको हूँ करता

F- उल्फ़त का सागर तू~प्यासी मैं नदिया हूँ
सदियों से तुझपे मैं मरती

M- डोली बिठा तुझे मैं ले जाऊँगा
कोरे कागज पर तू तो लिखा

F- चढ़ा है रंग... चढ़ा है रंग प्रेम का जानेजां-जानेजां

M- जानेजां-जानेजां F- जानेजां-जानेजां

F- मस्त नज़ारे हैं~मचलती बहारें हैं
दिलकश है मौसम सुहाना

M- नज़दीक आ मेरे~ऋतु अलबेली है
ऐसे में न दूर जाना

F- अधरों के प्याले~तेरे लिये हैं
मुझको तू मुझसे चुरा ले

M- बाहों में आ मेरी~जानेजां जानेमन
पाठ ये उल्फ़त सिखाऊँ

F- दुआओं में तुझे~रब से माँगूँगी
कोरे कागज पर तू तो लिखा

M- चढ़ा है रंग... चढ़ा है रंग प्रेम का जानेजां-जानेजां

F- जानेजां-जानेजां M- जानेजां-जानेजां

F- जानेजां-जानेजां M- जानेजां-जानेजां

M- जानेजां-जानेजां F- जानेजां-जानेजां

जान मेरी जाये कर तू कोई उपाय
Based on Odia Song Baude Pheri Jaae..............

जान मेरी जाये~कर तू कोई उपाय
जान मेरी जाये~कर तू कोई उपाय
साजना... साजना... तूने क्या कर दिया
साजना... साजना... तूने क्या कर दिया
तेरे लिये मैं तड़पूँ... तड़पूँ... तड़पूँ... तड़पूँ
तू लगी दिल की ये कैसे जाने ना
तू लगी दिल की ये कैसे जाने ना

रोज़-रोज़ नये-नये सपने दिखाये
किये कई वादे तूने कोई न निभाये
शोलों सी दहकी-दहकी मेरी जवानी
उस पर तू भी और आग लगाये
घड़ी-घड़ी शरमाये, चैन मुझे न आये
घड़ी-घड़ी शरमाये, चैन मुझे न आये
साजना... साजना... तूने क्या कर दिया
साजना... साजना... तूने क्या कर दिया
तेरे लिये मैं तड़पूँ... तड़पूँ... तड़पूँ... तड़पूँ
तू लगी दिल की ये कैसे जाने ना
तू लगी दिल की ये कैसे जाने ना

कटती नहीं हैं अब तन्हा रातें
चोरी-चोरी कब तक ये मुलाक़ातें
सदियों-सदियों से है तन्हाई
परेशां मैं रहती सुन तेरी बातें
बदरा घिर-घिर आये सावन भी न भाये
बदरा घिर-घिर आये सावन भी न भाये
साजना... साजना... तूने क्या कर दिया
साजना... साजना... तूने क्या कर दिया
तेरे लिये मैं तड़पूँ... तड़पूँ... तड़पूँ... तड़पूँ
तू लगी दिल की ये कैसे जाने ना
तू लगी दिल की ये कैसे जाने ना

ज़ालिम ये दुनिया जीने नहीं देती
Based on Telugu Song Emaindho Emo naa madilo.....

F- ज़ालिम ये दुनिया जीने नहीं देती
दिल के दीवानों को मिलने नहीं देती
बदरी ये है काली-काली ले अब बरसेगी-2
M- ज़ालिम ये दुनिया जीने नहीं देती
दिल के दीवानों को मिलने नहीं देती
बदरी ये है काली-काली ले अब बरसेगी-2

M- दीवाना आशिक मैं ऐसा कर जाऊँगा
नाम तेरे ज़िंदगानी अपनी लिख जाऊँगा
F- जब-जब भी जानेजां मैंने ली अँगड़ाई
भूली मैं जग सारा जब तेरी याद आई
M- जनमों का प्यार तुझे पल भर मैं दूँगा
जब साथ तेरे मैं हूँ फिर काहे का ग़म
F- पलकों की छाँव पिया मैं तुझको दूँगी
सात जनम गर मैं लूँ न होगा प्यार कम
M- लब के पैमाने तू पीने नहीं देती
F- तुझसे ये कैसा इक़रार कर बैठी

F- सुने हैं मैंने जब से तेरे प्रेम तराने
नाजुक-नाजुक जिया मेरा लगा है घबराने
M- रखेगी संभाले कब तक ऐसे अपने मन को
कब तक न मानेगी तू पाना है तेरे दिल को
F- अम्बर में तारे हैं सागर में हैं मोती
करूँगी तेरे वास्ते रब से मैं सदा
M- मैं आवारा बादल हूँ तेरे पीछे-पीछे मैं
करूँगा तेरे वास्ते हरदम मैं दुआ
F- दूर-दूर रहूँ कब तक पास आ बैठी
M- बुझी-बुझी ये शमा जल-जल कहती
ज़ालिम ये दुनिया जीने नहीं देती
M- दिल के दीवानों को मिलने नहीं देती
F/M- बदरी ये है काली-काली ले अब बरसेगी

जानेजिगर जां तेरी जानेमन दिल तेरा
Based on Telugu Song O Chilakaa Raa chilakaa....

जानेजिगर... जां तेरी~जानेमन... दिल तेरा
जानेजिगर...जां तेरी~जानेमन... दिल तेरा
बोल तेरी मर्जी क्या है बेक़रार क्यों?
जानेजिगर... जां तेरी~जानेमन... दिल तेरा
बोल तेरी मर्जी क्या है बेक़रार क्यों?
जानेजिगर... जां तेरी~जानेमन... दिल तेरा

होंठों पे तेरे हैं गीत~दिल में है तेरी लगन
रूहों का जाने जां~हो जाने दे मिलन
ऐसे क्या ढूँढ़े मुझे~बाग की खिलती कली
रातों की मैं चाँदनीं~नाज़ों में मैं पली
एक से आज हैं~तेरे-मेरे रास्ते
फूल ले आयी मैं~देख तेरे वास्ते
दिन-रात करता इन्तज़ार क्यों?
जानेजिगर... जां तेरी~जानेमन... दिल तेरा

काहे को डरता है तू~आ पास आ-जा मेरे
है क्या छिपा-छिपा~दिल में अरमां तेरे
कमसिन जवानी मेरी~आ मैं तुझे सौंप दूँ
दिल से लगा मुझे~जन्मों का मैं प्यार दूँ
पलकें बिछाये हूँ~मैं तेरी राह में
मर ही न जाऊँ कहीं~मैं तेरी याद में
कर नहीं लेता मेरा~ऐतबार क्यों?
जानेजिगर... जां तेरी~जानेमन... दिल तेरा
बोल तेरी मर्जी क्या है~बेक़रार क्यों?
जानेजिगर... जां तेरी~जानेमन... दिल तेरा

जानेजिगर मैं कैसे ये कह दूँ
Based on Telegu Song Enni Talapulu Ennenni Tapanalu...

M- जानेजिगर मैं~कैसे ये कह दूँ
F- ऐसे मैं कैसे~दिल तुझे दे दूँ
M- जाने जिगर मैं~कैसे ये कह दूँ
F- ऐसे मैं कैसे~दिल तुझे दे दूँ
M- दिलवाली की जुस्तजू F- दीवाना है मस्त तू
M- जानेजिगर मैं~कैसे ये कह दूँ
F- ऐसे मैं कैसे~दिल तुझे दे दूँ

M- नागिन सी लहरायें ज़ुल्फ़ें तेरी
भँवरे के जैसी उल्फ़त मेरी
F- लब पे हरदम सनम गीत तेरा
मुझको तो भाये मनमीत मेरा
M- अरे रे.. रे.. रे.. प्रेम रोग मुझको लागा
रब से तुझको है माँगा
F- राज़ ये दिल का~कैसे मैं कह दूँ
M- जानेजिगर मैं~कैसे ये कह दूँ
F- ऐसे मैं कैसे~दिल तुझे दे दूँ

F- सच-सच बता तेरे दिल में है क्या
लख़्तेजिगर ऐसा मुझ में है क्या
M- दिलकश बड़ी खूबसूरत है तू
तड़पते जिगर की जरूरत है तू
F- अरे रे.. रे.. रे.. दिल से मैं तुझको चाहूँ
ख़्वाबों में तुझको देखूँ
M- हूँ तेरे लिए मैं~खुल के कह दूँ
F- जानेजिगर मैं~कैसे ये कह दूँ
M- ऐसे मैं कैसे~दिल तुझे दे दूँ
F- दिलवाले की जुस्तजू F- दीवानी है मस्त तू

जानेमन जाने जां धड़कनें हैं जवां
Based on Telugu Song ANR... ANR

M- जानेमन... जाने जां~धड़कनें... हैं जवां
चल कहीं... तन्हाई में~ऐ मेरे... साथिया
गायें आ नग़मा~हम प्यार का
आ भी मजा लें इस रात का इस रात का
F- जानेमन... जाने जां~धड़कनें... हैं जवां
चल कहीं... तन्हाई में~ऐ मेरे... साथिया
गायें आ नग़मा हम प्यार का
आ भी मजा लें इस रात का इस रात का
M- जानेमन... जाने जां F- धड़कनें... हैं जवां

M- जब से आँख लड़ाई~मुश्किल जां पर आयी
देखूँ तुझे मैं बार बार~पलकों में तू आ गयी
हलचल दिल में हुयी~हलचल दिल में हुयी
F- याद तेरी जब मुझे आयी~रातों को नींद न आयी
तेरी हर एक अदा~मुझको पसन्द आ गयी
बैचेन पल-पल हुयी~बैचेन पल-पल हुयी
M- मौसम जवां और ऋतु हंसी
आ भी मजा लें लम्हात का... लम्हात का
F- जानेमन... जाने जां M- धड़कनें... हैं जवां

F- कमसिन मदहोश जवानी~उस पर यह प्रेम कहानी
तू मेरा है क़रार~तू मेरा दिलजानी
बुझे न दिल की लगी~बुझे न दिल की लगी
M- नयनों से छलकाये मय~हिरनी सी चाल तेरी
करता इन्तज़ार~दिल है बेक़रार
तुझसे मुहब्बत हुई~तुझसे मुहब्बत हुई
F- दिल दे दिया जब दिलदार को
डर है मुझे किस बात का... किस बात का
M- जानेमन... जाने जां~धड़कनें... हैं जवां
F- चल कहीं... तन्हाई में~ऐ मेरे... साथिया
M- गायें आ नग़मा~हम प्यार का
M+F- आ भी मजा लें इस रात का इस रात

जिद ये तुम करो न
Based on Telugu song Kalise Kallalona..............

(F) जिद ये तुम करो न~आगे तुम बढ़ो न
तुम संग प्यार का~बंधन बांधा है
जिद ये तुम करो न~आगे तुम बढ़ो न
तुम संग प्यार का~बंधन बांधा है
जिद ये तुम करो न~आगे तुम बढ़ो न

(M) दीवाना ये दिल मेरा तुझे चाहता है
फ़साना ग़म का ये तुझे क्या पता है
मैं खोया दिन-रात तेरी चाहतों में
किताबों में ठहरी मेरी दास्तां
ये दिल तुम्हारा~ये जां भी तुम्हारी
जिद ये तुम करो न~आगे तुम बढ़ो न
तुम संग प्यार का~बंधन बांधा है
जिद ये तुम करो न~आगे तुम बढ़ो न

(F) चुराया है दिल मेरा ख़्वाबों में आकर
चुराया चैन मेरा सांसों में समाकर
तेरे नाम लिख दी मैंने ज़िंदगानी
दु:खाया है दिल मेरा मुझको भुलाकर
समझ में न आयें मुझे तेरी बातें
जिद ये तुम करो न~आगे तुम बढ़ो न
तुम संग प्यार का~बंधन बांधा है
जिद ये तुम करो न~आगे तुम बढ़ो न

(M) बहाने न कर मेरी बाहों में आ जा
(F) वादा किया गर निभाने तू आ जा
(M) करूँगा मैं सज़दे मेरी जाने जां ना
(F) बनूँगी मैं दुल्हन डोली ले के आ जा
(F+M) बनायेंगे मिलकर नया आशियाना
जिद ये तुम करो न~आगे तुम बढ़ो न
तुम संग प्यार का~बंधन बांधा है
जिद ये तुम करो न~आगे तुम बढ़ो न

जिसको मैं चुनता हूँ
Based on Arunachal Hindi song OMG

M- जिसको मैं चुनता हूँ~वही दिलकश गुलाब तू
F- जिसको मैं पढ़ती हूँ~वही दिलकश किताब तू
M- कहाँ चली रुक जा ना F- शमा मैं हूँ तू परवाना
F- जानेजां... आई लव यू M- जानेमन... आई लव यू
M- जिसको मैं चुनता हूँ~वही दिलकश गुलाब तू
F- जिसको मैं पढ़ती हूँ~वही दिलकश किताब तू

M- रोग लगा है कैसा मुझे
तुझको न ये ख़बर~तुझको न ये ख़बर
F- बातें करें चन्द आ हम
फुरसत में बैठ कर~फुरसत में बैठ कर
F- जानेजां... आई लव यू M- जानेमन... आई लव यू

M- रूप तेरा ये खिला-खिला
तुझसा न कोई हंसी~तुझसा न कोई हंसी
F- रूठा-रूठा रहता है तू
कभी तो कर यकीं~कभी तो कर यकीं
F- जानेजां... आई लव यू M- जानेमन... आई लव यू
F- जिसको मैं पढ़ती हूँ~वही दिलकश किताब तू
M- जिसको मैं चुनता हूँ~वही दिलकश गुलाब तू
M- कहाँ चली रुक जा ना F- शमा मैं हूँ तू परवाना
F- जानेजां.... आई लव यू M- जानेमन... आई लव यू
M- जिसको मैं चुनता हूँ~वही दिलकश गुलाब तू
F- जिसको मैं पढ़ती हूँ~वही दिलकश किताब तू

जिस पर मैं मरता हूँ
Based of Kannada Song Endendu Ninnanu-Eradu Kanasu...

(M) जिस पर मैं मरता हूँ~वह लड़की तू
(F) जिस पर मैं मरती हूँ~वह लड़का तू
(M) देख तुझे मन मचला~क़ातिल अदायें
(F) तेरे लिये रात 'ओ' दिन~करती सदायें
(M) जिस पर मैं मरता हूँ~वह लड़की तू
(F) जिस पर मैं मरती हूँ~वह लड़का तू

(M) बादल घन-घन गरजा~सावन रिमझिम बरसा
ऐसे इस मौसम में क्यों~धक-धक दिल करता
(F) जुल्फ़ों की छाँव में~आ मेरे साँवरे
लिख दूँगी दिल मैं पिया~तेरे नाम... तेरे नाम... तेरे नाम
(M) जिस पर मैं मरता हूँ~वह लड़की तू
(F) जिस पर मैं मरती हूँ~वह लड़का तू

(F) तन्हा-तन्हा मैं तड़पूँ~हो जब रात अंधेरी
बेदर्दी तू साजन~सुने न अरज मेरी
(M) तेरे ही प्यार में~दीवाना मैं हुआ
करता रहूँगा मैं सनम~इन्तज़ार... इन्तज़ार... इन्तज़ार
(F) जिस पर मैं मरती हूँ~वह लड़का तू
(M) जिस पर मैं मरता हूँ~वह लड़की तू

(F) ले-ले तू नज़राना~दिल का तन्हाई में
(M) है कुछ बात अलग~तेरी अँगड़ाई में
(M+F) मस्ती में प्यार की खो हम जाये
अब न ऐसे हों ए-सनम, बेक़रार... बेक़रार... बेक़रार
(M) जिस पर मैं मरता हूँ (F) जिस पर मैं मरती हूँ
(M) वह लड़की तू (F) वह लड़का तू.......

जितनी खुशियाँ उतने ग़म
Based on Telugu Movie Devi Sridevi Song

M- जितनी खुशियाँ उतने ग़म~जीवन सुख दुःख का संगम
जितनी खुशियाँ उतने ग़म~जीवन सुख दुःख का संगम
F- जिसने सच यह जान लिया~उसको फिर है क्या ग़म
मिल-जुल कर आ सह लें हम
M+F- जितनी खुशियाँ उतने ग़म जीवन सुख दुःख का...

F- पल भर में रोये और पल भर में मुस्काये
माटी के हम सब खिलौने हैं न्यारे
मिली गर हैं खुशियाँ इतना क्यों इतराये
किसी न किसी के दीवाने हम सारे
M- कुछ दिन का मेला ये इतना न समझे
किस-किस की... है चिन्ता तुझे
ये सब तो कर्मों का फल~दुश्वार है सरगम
बदलेगा फिर मौसम~अफ़सोस क्या करना
F- आँधी हो या तूफां~किस बात से डरना
M- जितनी खुशियाँ उतने ग़म~जीवन सुख दुःख का संगम
M+F- जितनी खुशियाँ उतने ग़म जीवन सुख दुःख का...

M- कल तक जो अपने थे अब हैं बेगाने
क़ुदरत के ये सब खेल निराले
आकर इस दुनिया में कोई बचा न
सब के लिये ही हैं अद्भुत झमेले
F- जग में जो आया है अलबेला बनकर
किस रास्ते... है चलना उसे
ये शोहरत ये दौलत~उसके पास जिसमें दम
हद से ज्यादा बढ़कर के अरमान क्या करना
M- मिला अगर कुछ ज्यादा अभिमान क्या करना
F- जितनी खुशियाँ उतने ग़म जीवन सुख दुःख का... (२)
M- जिसने सच यह जान लिया~उसको फिर है क्या ग़म
F+M- मिल-जुल कर आ सह लें हम

जी चाहता है तुझको मैं पाऊँ
Based on Odia Song Ajana Baate

जी चाहता है~तुझको मैं पाऊँ~सज़दे मैं तुझको करूँ
जुल्फ़ों में तेरी~गजरा सजाऊँ~हाले दिल तुझसे कहूँ
कई जनमों से बैचेन हूँ~तुझे नग़मे सुनाता रहूँ
कई जनमों से बैचेन हूँ~तुझे नग़मे सुनाता रहूँ
यूँ ही प्यारे मैं नज़राने लाता रहूँ
जी चाहता है~तुझको मैं पाऊँ~सज़दे मैं तुझको करूँ

सारा-सारा दिन तेरी ही बातें
याद तुझे करके ही गुजरती रातें
सारा-सारा दिन तेरी ही बातें
याद तुझे करके ही गुजरती रातें
तेरे जलवों का मैं हूँ दीवाना
तन्हाई में आ के कर मुलाक़ातें
तेरी यादों में कब तलक~आसूँ यूँ बहाता रहूँ
तेरी यादों में कब तलक~आसूँ यूँ बहाता रहूँ
तुझे देख-देख मैं मुस्कुराता रहूँ
जी चाहता है~तुझको मैं पाऊँ~सज़दे मैं तुझको करूँ

आशिक़ मैं हूँ कज़रारी आँखों का
दीवाना मैं मस्त इन अदाओं का
आशिक़ मैं हूँ कज़रारी आँखों का
दीवाना मैं मस्त इन अदाओं का
मीठी तेरी बातों में कोई जादू है
परवाना मैं शमा सी निग़ाहों का
तेरे बिन जिया न लगे~जीवन ये अधूरा लगे
तेरे बिन जिया न लगे~जीवन ये अधूरा लगे
जो किये तुझसे वादे मैं निभाता रहूँ
जी चाहता है तुझको मैं पाऊँ सज़दे मैं तुझको करूँ
जुल्फ़ों में तेरी~गजरा सजाऊँ~हाले दिल तुझसे कहूँ
कई जनमों से बैचेन हूँ~तुझे नग़मे सुनाता रहूँ
कई जनमों से बैचेन हूँ~तुझे नग़मे सुनाता रहूँ
यूँ ही प्यारे मैं नज़राने लाता रहूँ
जी चाहता है~तुझको मैं पाऊँ~सज़दे मैं तुझको करूँ

जीने नहीं देती तन्हाईयाँ
Based on Kannada Song Jie Mote Athaya Karichi......

(M) जीने नहीं देती तन्हाईयाँ~ज़ालिम जानम अँगड़ाईयाँ
जीने नहीं देती तन्हाईयाँ~ज़ालिम जानम अँगड़ाईयाँ
चलूँ तेरे, आगे पीछे~जाने जां ना, जानेजिगर
तुझसे नयनवा मोरे~ना-ना ना-ना करके यार लड़ गये
ना-ना ना-ना करके यार लड़ गये
(F) जीने नहीं देती तन्हाईयाँ~ज़ालिम जानम अँगड़ाईयाँ
जीने नहीं देती तन्हाईयाँ~ज़ालिम जानम अँगड़ाईयाँ
चलूँ तेरे, आगे पीछे~जाने जां ना, जानेजिगर
तुझसे नयनवा मोरे~ना-ना ना-ना करके यार लड़ गये
ना-ना ना-ना करके यार लड़ गये

(F) तुझे देखा मैं शरमाई मनवा का चैन-वैन खोया
न मैं ये जानी~कर गई नादानी
छोड़ आयी गलियाँ तेरी हुई दीवानी
(M) बिन सोचे बिन समझे, कर बैठा तुझसे मुहब्बत
न मैं ये जाना~बना फ़साना
रंग गया रंग में तेरे हुआ दीवाना
(F) तेरे बिना जीना नहीं जाना कहाँ~आना यहीं
तुझसे करमवा मोरे~ना-ना ना-ना करके यार मिल गये
(M) ना-ना ना-ना करके यार मिल गये

(M) कैसे तुझे समझाऊँ लगी ये दिल की बुरी
गोरा ये मुखड़ा~नैनों में काजल
कर गयी मुझको तू पल में घायल
(F) तन-मन मेरा तेरे लिये तेरा है सब कुछ सनम
गालों की शोख़ी~होंठ रसीले
मस्तानी ऋतु आयी है आया है सावन
(M) मैं दीया तू है बाती~दोनों जीवन साथी
रहेगा मिलन अधूरा~कदम अगर पीछे हट गये
(F) कदम अगर पीछे हट गये
(M) कदम अगर पीछे हट गये
(M) ना-ना ना-ना करके यार मिल गये

जुड़ गया तुझसे बंधन
Based on Tamil Song Gum Gumainchu..........

(M) जुड़ गया तुझसे बंधन~बजी-बजी कैसी सरगम
दो मुलाकातों में ही हमदम
(F) लगी तुझे चाहने मैं~बैठी तेरी राह में मैं
सिला मुझे प्यार का दे हमदम
(M) आयी है मिलन की बेला (F) तू आशिक है अलबेला
(M) आयी है मिलन की बेला (F) तू आशिक है अलबेला
(M) मिलने दे जानेमन~बेक़रार है बड़ा तन-मन
(M) जुड़ गया तुझसे बंधन~बजी-बजी कैसी सरगम
दो मुलाकातों में ही हमदम
(F) लगी तुझे चाहने मैं~बैठी तेरी राह में मैं
सिला मुझे प्यार का दे हमदम

(M) मेरे हवाले तू कर दे अपना यह दिल
(F) वर्षों संभाला तुझे कैसे दे दूँ यह दिल
(M) तुझ संग बांधी है मैंने प्रीत की ये डोर
(F) बुद्धू अनाड़ी तू कैसा है चित चोर
(M) ख़्वाबों में आये तू~हरदम तड़पाये तू
(F) भंवरा है तू पगला~क्यों उड़-उड़ जाये तू
(M) बिन मेरे तेरा दिल कहीं लग न पायेगा
(F) बिन मेरे तू भी कहीं चैन न पायेगा
बदरी है तू कैसी बेमौसम ही बरसे रिमझिम
(M) जुड़ गया तुझसे बंधन~बजी-बजी कैसी सरगम
दो मुलाकातों में ही हमदम
(F) लगी तुझे चाहने मैं~बैठी तेरी राह में मैं
सिला मुझे प्यार का दे हमदम

(F) सजना... सुन सजना~तेरे कदमों के संग-संग चलूँ
(M) सजनी... सुन सजनी~तेरे कदमों में सज़दे करूँ
(F) तुझे... मैंने चाहा~तुझे माना है मैंने पिया
(M) तूने... चोरी-चोरी~चुराया है मेरा जिया
(F) तेरे प्यार में बेकल~सुबह-शाम रहती हूँ
(M) तू है बन्दगी मेरी~तुझे चाँद मैं कहता हूँ
(F) कैसे दिल से~मैं तुझको भुला दूँ
(M) आ मेरे हमदम~गले से लगा लूँ
(F) जां तेरी दिल अपना तुझे कर दिया अरपन
(M) जुड़ गया तुझसे बंधन~बजी-बजी कैसी सरगम
दो मुलाकातों में ही हमदम
(F) लगी तुझे चाहने मैं~बैठी तेरी राह में मैं
सिला मुझे प्यार का दे हमदम
(M) आयी है मिलन की बेला (F) तू आशिक है अलबेला
(M) आयी है मिलन की बेला (F) तू आशिक है अलबेला
(M) मिलने दे जानेमन~बेक़रार है बड़ा तन-मन
(M) जुड़ गया तुझसे बंधन~बजी-बजी कैसी सरगम
दो मुलाकातों में ही हमदम
(F) लगी तुझे चाहने मैं~बैठी तेरी राह में मैं
सिला मुझे प्यार का दे हमदम

जो तू चाहे साजन लिख दूँ
Based on Kannada song Mohideen sha

F- जो तू चाहे साजन~लिख दूँ कोरे कागज पे
पलकें बिछाये बैठी~मैं हूँ तेरी आहट में
दिलबर तुझे याद करूँ~जन्मों की चाहत मैं
आना है मेरे सनम~तेरे ही आँगन में
आना है मेरे सनम~तेरे ही आँगन में

F- दिन-रात आये मेरे ख़्यालों में तू
हलचल मचाये मेरी साँसों में तू
M- मीठा-मीठा कैसा दर्दे जिगर
कैसे नहीं तुझको ये ख़बर
F- दिल भी तेरा-जां भी तेरी-तेरी मैं हूँ
सौंप दिया दिल-तुझको ले-न कर देरी
M- बंधन सारे-तोड़ दिये ले-मैंने जानम
जनम-जनम-के लिये आ-बन जा मेरी
F- संग तेरे वहीं चलूँगी जहाँ कहेगा तू
M- जो तू चाहे सजनी~लिखू दूँ कोरे कागज पे
F- पलकें बिछाये बैठी~मैं हूँ तेरी आहट में
M- दिलबर तुझे याद करूँ F- जन्मों की चाहत मैं

M- गोरे हैं गाल तेरे होंठ कमल
चंदन बदन जैसे शीशमहल
F- ए-दिलदार तेरी बातें ग़ज़ब
बन्दा तू है कछ अलग-अलग
M- मेरी दुनिया में तू आयी होले-होले
तन-मन में भड़के हैं कैसे शोले
F- बातों से ऐसे न बहला~हमदम मुझे अपना तू ले बना
M- मचल रहा दिल यार मेरे दूर खड़ी क्यों तू
F- जो तू चाहे साजन~लिख दूँ कोरे कागज पे
F- पलकें बिछाये बैठी~मैं हूँ तेरी आहट में
M- दिलबर तुझे याद करूँ F- जन्मों की चाहत मैं

झील सी गहरी-गहरी अँखियाँ
Based on Odia Song Chanda na Tame Tara

M- झील सी गहरी-गहरी अँखियाँ
फूल सा नाज़ुक-नाज़ुक चेहरा
F- धीरे-धीरे तूने किया बेकाबू
तेरे लिये तन-मन प्यासा-प्यासा
M- पहले तो ये बेताबी न थी
पहले तो ये बेताबी न थी
ये मुझको क्या हो गया
दीवाना... मैं तेरा हो गया
दीवाना.... मैं तेरा हो गया

M- दिलकश तेरी, हर एक अदा, पसन्द आ गयी
पल-पल बढ़ती,जाती दीवानगी
F- दस्तक तेरी, मैं सुनते ही, यूँ ही शरमा गयी
छम-छम नगमें, गाती पायल मेरी
M- रसभरी मीठी-मीठी तेरी बतियाँ
गोरी तेरे रूप का है ये जलवा
F- पहले तो ये बेताबी न थी
पहले तो ये बेताबी न थी
ये मुझको क्या हो गया
M- दीवाना... मैं तेरा हो गया
दीवाना... मैं तेरा हो गया

F- आज ये कली, बनी फूल है, बना है अफ़साना
छूने चली, तेरे लिये, मैं सनम आसमां
M- जीना है अब, तेरे लिये, संग तेरे मर जाना
बनायें आ कहीं, हम सनम आशियाँ
F- तन्हा तेरे संग गुजरें रतियाँ
टूटे ने भी प्रेम की लड़ियाँ
M- पहले तो ये बेताबी न थी
पहले तो ये बेताबी न थी
ये मुझको क्या हो गया
दीवाना... मैं तेरा हो गया, दीवाना... मैं तेरा हो गया

झुकी-झुकी तेरी निग़ाहें
Based on Kannada Song Prema Chandrama Kaige Siguvude....

झुकी-झुकी तेरी निग़ाहें
रोज़ तड़पायें~मुझे रोज तड़पायें
बिन्दास ये चेहरा~जुल्फ़ें घटाओं सी
कारे नैनों का काजल~मेरा चैन चुराये
झुकी-झुकी तेरी निग़ाहें, रोज़ तड़पायें, मुझे रोज तड़पायें

देखूँ तुझे लगे सुबह हुई~न देखूँ तुझे सांझ ढली
गोरा बदन फूलों सी महक~अभी-अभी कोई कली खिली
चेहरा जैसे शबनम~परियों से जैसे तेवर
रोज दिखलाये~मुझे रोज दिखलाये
झुकी-झुकी तेरी निग़ाहें, रोज़ तड़पायें, मुझे रोज तड़पायें

उल्फ़त से अन्जान है तू~कमसिन है नादान है तू
अपना ही तुझे होश नहीं~खुद ही में परेशान है तू
पाठ प्रेम का पगली~कुछ खट्टा कुछ मीठा
कौन समझाये~तुझे कौन समझाये
झुकी-झुकी तेरी निग़ाहें, रोज़ तड़पायें, मुझे रोज तड़पायें

जलवों पर तेरे गीत लिखूँ~अधरों पर लिखूँ ग़ज़ल
ए-सुखरजनी नाज़नीं यौवन पर लिखूँ ग़ज़ल
बदले उसका मुकद्दर~नाज़ करे ख़ुद पर
पास जो आये~तेरे पास जो आये
झुकी-झुकी तेरी निग़ाहें, रोज़ तड़पायें, मुझे रोज तड़पायें

झुमका मैं लाऊँगा तेरे वास्ते
Based on Odia Song Tora Tana Tana Akhi

झुमका मैं लाऊँगा तेरे वास्ते
नथ मैं पहनाऊँगा अपने हाथ से, तोहफ़े मैं लाऊँगा बेशुमार
जानेमन तेरे लिये~जानेमन तेरे लिये
जानेमन तेरे लिये~जानेमन तेरे लिये
चेहरा कमल तेरा बदन चाँदनीं
बोले तो लगे ऐसा कोई रागनी, दिल हुआ है बेक़रार
जानेमन तेरे लिये~जानेमन तेरे लिये
जानेमन तेरे लिये~जानेमन तेरे लिये

नाम तेरा लिख लिया मैंने जिगर पे
जहाँ पड़े तेरे कदम चला उधर मैं
मर गया यार मैं अन्दाज पे तेरे
लग गये हैं सनम परवाज़ अब मेरे
धक-धक करे दिल तेरे वास्ते
मुझको गुजरना हर इम्तहान से, कैसा ये मुझपे ख़ुमार
जानेमन तेरे लिये~जानेमन तेरे लिये
जानेमन तेरे लिये~जानेमन तेरे लिये

बुझाये से बुझेगी न दिल की लगी
तू है मेरी जानेजिगर तू ज़िंदगी
रफ़्ता-रफ़्ता बनी तू जीने की वज़ह
आ करीब मेरे ले-ले जीने का मजा
वाक़िफ़ नहीं तू मेरे नाम से
दिल तेरा बहलाऊँगा नग़मा गाये के, कब तक करूँ इंतज़ार
जानेमन तेरे लिये~जानेमन तेरे लिये
जानेमन तेरे लिये~जानेमन तेरे लिये

झूठी-झूठी बातें तेरी जानेमन
Based on Asamia Song Aagumbaya Prema Sanjeya....

(M) झूठी-झूठी बातें तेरी जानेमन
झूठे-झूठे वादे तेरे जानेमन
झूठी-झूठी कसमें तेरी जानेमन
सूनी-सूनी रातें मेरी जानेमन
ये भी झूठा वो भी झूठा सारा ही ये जग झूठा
दर्द मुझे ऐसा दिया, दर्द मुझे ऐसा दिया
तेर प्यार में दीवाना,
हो के रह गया, हो के रह गया हो के रह गया

(F) दर्द मुझे ऐसा दिया, दर्द मुझे ऐसा दिया
तेरे प्यार में दीवानी
हो के रह गई, हो के रह गई हो के रह गई

(F) आता सपने में~गले से लग जाता है
आये सामने तो~क्यों शरमाता है

(M) गोरा है मुखड़ा~घटाओं से गेसू
कर इशारे तू~छिप-छिप जाती है

(F) अरमां हैं जो दिल में~कह दे आज खुल के

(M) मुसाफिर दो हम~दोनों एक मन्जिल के

(F) भीगा-भीगा मौसम है जानेमन
समां है नशीला ए-जानेमन

(M) लगी दिल की बुझे न जानेमन
कश्ती प्यार की रुके न जानेमन

(F) ये भी झूठा वो भी झूठा सारा ही ये जग झूठा

(F) दर्द मुझे ऐसा दिया, दर्द मुझे ऐसा दिया

(M) दर्द मुझे ऐसा दिया, दर्द मुझे ऐसा दिया
तेरे प्यार में दीवाना
हो के रह गया, हो के रह गया, हो के रह गया

(M) बन जा, बन जा~तू मेरी महबूबा
कहना क्या तेरा~ए मेरी दिलरुबा
(F) छेड़ेगा मुझको~तू दिन और सारी रात
समझेगा कैसे~इस दिल के जज़्बात
(M) न टूटे ये बन्धन~जतन कोई कर ले
(F) न छोड़ूँ ये दामन~आ बाहों में भर ले
(M) लम्बी-लम्बी रातें कटती नहीं
तन्हा ज़िन्दगी गुजरती नहीं
(F) रोग बुरा दिल का लगा मुझे
तुझसा दूजा कोई मिलता नहीं
(M) ये भी झूठा वो भी झूठा सारा ही ये जग झूठा
(M) दर्द मुझे ऐसा दिया, दर्द मुझे ऐसा दिया
(F) दर्द मुझे ऐसा दिया, दर्द मुझे ऐसा दिया
(M) तेरे प्यार में दीवाना
हो के रह गया, हो के रह गया हो के रह गया
(F) तेरे प्यार में दीवानी
हो के रह गई, हो के रह गई हो के रह गई

क्या भी तेरा नाम ए-सुन्दरी
Based on Kannada song Naavaduva Nudiye

आ... आ हा, आ हा, हा-हा-हा, ओ हो हो, हो-हो-हो-हो-हो
क्या भी तेरा नाम ए-सुन्दरी चन्द्रमुखी मन मन्चली
कुछ दे पैग़ाम ए-नाज़नीं महज़बीं मनमोहनी
क्या भी तेरा नाम ए-सुन्दरी~कछ दे पैग़ाम ए नाज़नीं
चन्द्रमुखी मनमन्चली महज़बीं~मनमोहनी
अहा.. हा अहा.. हा आ-आ-आ ओ.. ओ.. ओ
अहा.. हा अहा.. हा आ-आ-आ ओ.. ओ.. ओ

नयन नशीले नटखट तू~सुन्दरता की है मूरत तू
बदन महकता चन्दन सा~दीवानों की है जन्नत तू
तुझ बिन पगला मैं फिरूँ~दिन-रात सज़दे मैं करूँ
कुछ याद मुझको और नहीं~शब भर आहें मैं भरूँ
क्या भी तेरा नाम ए-सुन्दरी~कछ दे पैग़ाम ए नाज़नीं
चन्द्रमुखी मन मन्चली महज़बीं~मनमोहनी
अहा.. हा अहा.. हा आ-आ-आ ओ.. ओ.. ओ
अहा.. हा अहा.. हा आ-आ-आ ओ.. ओ.. ओ

गुलों सा कोमल हर अंग-अंग~बढ़ाये दिल की मेरे धड़कन
कमल से खिलते तेरे दो लब~उड़े दुपट्टा हवा के संग
तुझे न देखूँ न दिन ढले~तुझे मैं पाऊँ जिगर कहे
आ बन जा मेरी तू ज़िंदगी~उधर मैं चल दूँ जिधर कहे
क्या भी तेरा नाम ए-सुन्दरी~कछ दे पैग़ाम ए नाज़नीं
चन्द्रमुखी मन मन्चली महज़बीं~मनमोहनी
अहा.. हा अहा.. हा आ-आ-आ ओ.. ओ.. ओ
अहा.. हा अहा.. हा आ-आ-आ ओ.. ओ.. ओ

क्यों याद तुझे दिन-रात मैं करता
Based on Malyalam song Poomaname...

क्यों याद तुझे दिन-रात मैं करता
क्यों याद तुझे दिन-रात मैं करता
तन्हा-तन्हा तड़पा~उलझा यहाँ तक हूँ
क्यों याद तुझे दिन-रात मैं करता

उल्फ़त में तन 'ओ' मन~जीवन का हर एक रंग
सौंप दिया तुझको
देख तुझे मैं झूम उठा~खुशियों का एक-एक पल
मान लिया तुझको
चैन मिला सकून मिला साथिया~मनमीत मिला
पा कर के तुझको
क्यों याद तुझे दिन-रात मैं करता

नज़रें मिलीं नज़रों से~अधर मिले अधरों से
मिलन हुआ कैसा
सांसें मिली सांसों से~कदम मिले कदमों से
ग़ज़ब हुआ कैसा
दो बदन फिर एक हुए फ़ासले~बेदम हुए
फिर क्या हुआ ऐसा
क्यों याद तुझे दिन-रात मैं करता
तन्हा-तन्हा तड़पा~उलझा यहाँ तक हूँ
क्यों याद तुझे दिन-रात मैं करता

कब से इन्तज़ार करता
Based on Telugu song Cheluve Nanage Neenu

M- कब से इन्तज़ार करता~दिल ये बेक़रार करता
जगता रातों-रातों को मैं~तुझ से ही प्यार करता
कब से इन्तज़ार करता~दिल ये बेक़रार करता
जगता रातों-रातों को मैं~तुझ से ही प्यार करता
बन्दगी तू मेरी~तू मेरी है सदा
ज़िंदगी तू मेरी~तू मेरी है वफ़ा
तुझको ऐतवार है न~हमदम मुझे बता
कब से इन्तज़ार करता~दिल ये बेक़रार करता
जगता रातों-रातों को मैं~तुझ से ही प्यार करता

M- दिल में आस-पास तू है~जानम ख़ास-ख़ास तू है
मेरी जानेमन चाँदनीं~आहें क्यों भरे
F- झूठी हैं तेरी कसमें~झूठी हैं सभी बातें
मुझसे रोज़-रोज़ जानेजां वादे क्यों करे
M- करती है दिल्लगी तू~दिल पे गिराये बिजली
कैसे गिनाऊँ यार मैं~तुझमें अदाऐं कितनी
F- तेरे नाम लिख दी मैंने उम्र सारी
M- कब से इन्तज़ार करता~दिल ये बेक़रार करता
जगता रातों-रातों को मैं~तुझ से ही प्यार करता

F- मेरे अँग-अँग को छू~मुझको दे क़रार तू
अब ये दूरियाँ किस लिये हैं मेरे सनम
M- जीना तेरे नाम पर है~मरना तेरी याद में है
अब ये दौलतें नेमतें सब कुछ तेरी सनम
F- जिधर नज़र घुमाऊँ मैं~तुझको ही देखूँ
कैसे मगर मनाऊँ मैं~इतना ही सोचूँ
M- बेताब आँखें मुझ पर कर गयी जादू
कब से इन्तज़ार करता~दिल ये बेक़रार करता
जगता रातों-रातों को मैं~तुझ से ही प्यार करता

कजरा है आँखों में गजरा है बालों में
Based on Odia Song _Bajiba Lo jodi Mahuri.....

कजरा है आँखों में~गजरा है बालों में
अँग-अँग से छलके जवानी
ऐसा अजूबा देखा न पहले जी भर के देखूँ मैं रानी
क्या है नाम तेरा ए-मेरी मनचली ए-मेरी फुलझड़ी
गोरे-गोरे मुखड़े पे~मेरा दिल आ गया
गोरे-गोरे मुखड़े पे~मेरा दिल आ गया

नींद न रातों में आये मुझे रामा
कैसा किया जानम तूने हंगामा
आग सी कैसी दिल में लगी
जालिम बड़ा तेरा है शरमाना
हर एक रंग के तू साँचे में ढली~है नाज़ों में पली
गोरे-गोरे मुखड़े पे~मेरा दिल आ गया
गोरे-गोरे मुखड़े पे~मेरा दिल आ गया

चाँद से यौवन पे मर-मर गया मैं
ऐसा-कैसा ये क्या कर गया मैं
दिल की बैचेनी बस में नहीं
तुझको मैसेज क्या कर गया मैं
यूँही तू मेरा दिल, चोरी कर चली~बड़ी लगती भली
गोरे-गोरे मुखड़े पे~मेरा दिल आ गया
गोरे-गोरे मुखड़े पे~मेरा दिल आ गया

कजरा है आँखों में~गजरा है बालों में
अँग-अँग से छलके जवानी
ऐसा अजूबा देखा न पहले जी भर के देखूँ मैं रानी
क्या है नाम तेरा ए-मेरी मनचली ए-मेरी फुलझड़ी
गोरे-गोरे मुखड़े पे~मेरा दिल आ गया
गोरे-गोरे मुखड़े पे~मेरा दिल आ गया

कहना कुछ है मुझको
Based on Kannada Song Baanu Kempadanthe

कहना... कुछ है मुझको~नैना... लड़ गये तुझसे
आजा मेरे राजा~इक़रार का मौसम है
चेहरा... है नूरानी~मस्ती... में यौवन है
आ जा मेरे राजा~बेक़रार ये तन-मन है
हुई तुझसे मुहब्बत~कर थोड़ी इनायत
मुद्दत से तेरी~~मुझे है आरज़ू
कहना... कुछ है मुझको~नैना... लड़ गये तुझसे
आ जा मेरे राजा~इक़रार का मौसम है

नींदें चुरा कर मेरी~किया तूने मुझे बेकाबू
दुनिया भुलाकर सारी~तुझको अपना मैं मानूँ
है पलकों में बन्द तू~जाने जां मेरी जान तू
न तू कर यूं क़यामत~मैं हूँ तेरी ही अमानत
मुद्दत से तेरी~~मुझे है आरज़ू
कहना... कुछ है मुझको~नैना... लड़ गये तुझसे
आ जा मेरे राजा~इक़रार का मौसम है

सौंप दूँ तुझे आ मैं~जुल्फ़ों का अपनी सावन
तोड़ दूं तेरे लिये मैं~रस्में कसमें 'ओ' उलझन
उल्फ़त को नाम दे~न ऐसा इल्जाम दे
रंग मुझको अपने रंग तू~सिखला दे अपने ढंग तू
मुद्दत से तेरी~~मुझे है आरज़ू
कहना... कुछ है मुझको~नैना... लड़ गये तुझसे
आ जा मेरे राजा~इक़रार का मौसम है
चेहरा... है नूरानी~मस्ती... में यौवन है
आ जा मेरे राजा~बेक़रार ये तन-मन है
हुई तुझसे मुहब्बत~कर थोड़ी इनायत
मुद्दत से तेरी~~मुझे है आरज़ू

कजरारी आँखें दीवाना कर गई
Based on Tamil Song Oka Laila Kosam song.......

(M) कजरारी आँखें~दीवाना कर गई (२-बार)
आँखों ही आँखों में तू काम क्या कर गई
जानम... जानम... जानम
(F) अन्जाने में ही~तुझसे आँख लड़ गई (२-बार)
बातों ही बातों में हाय राम मैं मर गई
जानम... जानम... जानम
(M) कजरारी आँखें~दीवाना कर गई

(M) नेमत दे-दे, प्यार की मुझको, तुझसे और मैं, क्या चाहूँ
मेरी फुलझड़ी... मेरी फुलझड़ी
इतनी सी बस, अरज है मेरी, तुझसे और मैं, क्या माँगूँ
मेरी फुलझड़ी... मेरी फुलझड़ी
(F) मुझसे ये तू क्या माँगे~इतनी बात पर दिल मांगे
सूरत अपनी देख जरा~बन्दर जैसा तू लागे
दिल तुझको जा जंगली कभी ऐसे~नहीं दूँगी
जानम... जानम... जानम
(M) कजरारी आँखें दीवाना कर गई

(M) ख़ुद पर क्यों गुमान करे बड़ी नादां तू लड़की
है तू मन्चली... है तू मन्चली
बाली उमर ढल न जाये बन्द रखती तू खिड़की
है तू मन्चली... है तू मन्चली
(F) आ गई ले तेरी बाहों में~मुझे समा ले सांसों में
जां तेरी ये दिल तेरा~मुझे बसा ले यादों में
फुरसत में मिल मुझको दिल तुझको दे दूंगी
(F) अन्जाने में ही~तुझसे आँख लड़ गई
बातों ही बातों में हाय राम मैं मर गई
जानम... जानम... जानम
(M) कजरारी आँखें~दीवाना कर गई
आँखों ही आँखों में तू काम क्या कर गई
जानम... जानम... जानम

कजरारी दो आँखें मेरी
Based on Malyalam song Ponnumane

कजरारी दो आँखें मेरी~दर्दे जिगर की मैं हूँ दवा
चंदन जैसा मेरा बदन~दिलकश मैं तेरी महबूबा
कभी मैं शोला हूँ~कभी मैं शबनम
मुझसा सा कोई न है दूजा
मुखड़ा गुलाबी अधर कमल~देख पलट मेरा दिल टूटा
जो कुछ चाहा है रब से सनम~मैंने देखा है सब तुझमें
कजरारी दो आँखें मेरी~दर्दे ग़म की मैं हूँ दवा
चंदन जैसा मेरा बदन~दिलकश मैं तेरी महबूबा

नींद उड़ाये चैन चुराये~साजन है मेरा सबसे जुदा
देखा जो तुझको खोने लगी मैं~धक-धक धड़के दिल सदा
आँखों में मेरी तेरा ही सपना~समझा नहीं तूने अपना
कब तक रहेगा तू बेदर्दी~मैंने देखा है रब तुझमें
कजरारी दो आँखें मेरी~दर्दे जिगर की मैं हूँ दवा
चंदन जैसा मेरा बदन~दिलकश मैं तेरी महबूबा

तू मेरा आशिक सबको पता~जानम सारे ज़हां को ख़बर
दिन-रात मुझको रहा तू नचा~देखी नहीं अभी तीरेनज़र
ऐसा क्या मुझपे कर डाला जादू
देगा क्या मुझको ऐसे दगा तू
सांसों में मेरी तू जब से समाया~मैं रंगी रे तेरे रंग में
कजरारी दो आँखें मेरी~दर्दे जिगर की मैं हूँ दवा
चंदन जैसा मेरा बदन~दिलकश मैं तेरी महबूबा

कर गयी जादू कब तेरी कजरारी आँखें
Based on Odia Song Malka Malka O baby O baby

(M) कर गयी जादू कब तेरी कजरारी आँखें
दिल का मेरे चैन चुरायें मतवाली बातें
आँखों में नींद नहीं है~मनवा बैचेन कहीं है
निकले जो तू सँवर के~जलवों का तेरे...
दीवाना-दीवाना-दीवाना~दीवाना-दीवाना-दीवाना

(F) रंग रंगीला छैल छबीला दिलवाला तू
मैं ये जानूं दिल का मेरे रखवाला तू
मुड़-मुड़ मैं तुझको देखूँ~सज़दों में तू है मेरे
बन्दा तू है अलबेला~जलवों की तेरे...
दीवानी-दीवानी-दीवानी~दीवानी-दीवानी-दीवानी

(M) रास्ते हैं प्यार के~होने दे नज़दीकियाँ
जानेजां आ पास में~न कर नादानियाँ

(F) काँटों सी है डगर~मैं कहीं गिर न जाऊँ
हाथ ले मेरा हाथ में~ए-दिल जानिया

(M) बिन तेरे तन्हा हैं~ये अंधियारी रातें
मुझसे क्या राज़ छिपाये~कर ले दो बातें

(F) मुश्किल हुआ है अब तो~जानम दिल समझाना
मेरे सपनों के राजा~जलवों की तेरे....

(F) दीवानी-दीवानी-दीवानी~दीवानी-दीवानी-दीवानी

(F) मंजिलें हैं नयी~और नये जज़्बात हैं
मिल रहे दो दिल~जवां चांदनीं रात में

(M) लूट ले आ मजा~जानेमन तन्हाई का
कह रही आशिकी~हुई जवां अंगड़ाईयाँ

(F) प्रेमनगर की गलियों से अन्जाना तू
शमा के पास न आये कैसा परवाना तू

(M) मुखड़ा चाँद सा तेरा~रंसबन्ती होंठ नशीले
मखमल तेरी बाहें~जलवों का तेरे...
दीवाना-दीवाना-दीवाना~दीवाना-दीवाना-दीवाना

कर बैठा तुझसे क्यों मैं मुहब्बत
Based on Malyalam song Oru Vallam Ponnum Poovum

कर बैठा तुझसे क्यों, मैं मुहब्बत (सुन.. सुन.. सुन.. सुन.. सुन)
हो गयी कैसे मुझसे, ये शरारत (सुन.. सुन.. सुन.. सुन.. सुन)
मतवाली तेरी चाल, लड़की है तू क़माल
मुखड़ा है गोरा-गोरा, बिखरे हैं तेरे बाल(सुन.. सुन.. सुन..)
कर बैठा तुझसे क्यों, मैं मुहब्बत (सुन.. सुन.. सुन.. सुन.. सुन)
हो गयी कैसे मुझसे, ये शरारत (सुन.. सुन.. सुन.. सुन.. सुन)

गोरी तू हो गयी बाबरिया~छमाछम बाजे पैजनियां
लगा मुझे गले आ-जा~तेरी उड़-उड़ जाये चुनरिया
बेक़रार मैं बेक़रार तू दोनों दीवाने
बेक़रार मैं बेक़रार तू दोनों दीवाने
तूने मुझे-मुझे देखा~मैंने तुझे-तुझे देखा दिल कहीं खो गया
(सुन.. सुन.. सुन.. सुन.. सुन)कर बैठा तुझसे क्यों, मैं मुहब्बत
(सुन.. सुन.. सुन.. सुन.. सुन)हो गयी कैसे मुझसे, ये शरारत

चाँद सा गोरा मुखड़ा~ले फुरसत ख़ुदा ने बनाया है
मस्त अदाओं पे तेरी~जाने क्यों दिल मेरा आया है
अधर ये तेरे लगते ऐसे छलके पैमाने
अधर ये तेरे लगते ऐसे छलके पैमाने
मैंने कुछ कहा नहीं तूने कुछ कहा नहीं कैसे ये हो गया
(सुन.. सुन.. सुन.. सुन.. सुन) कर बैठा तुझसे क्यों, मैं मुहब्बत
(सुन..सुन..सुन..सुन..सुन)हो गयी कैसे मुझसे,ये शरारत

कर बैठी तुझसे क्यों, मैं मुहब्बत (सुन.. सुन.. सुन.. सुन.. सुन)
हो गयी कैसे मुझसे, ये शरारत (सुन.. सुन.. सुन.. सुन.. सुन)
मतवाली मेरी चाल, लड़की मैं हूँ क़माल
मुखड़ा है गोरा-गोरा, बिखरे हैं मेरे बाल(सुन.. सुन.. सुन..)
कर बैठी तुझसे क्यों, मैं मुहब्बत (सुन.. सुन.. सुन.. सुन.. सुन)
हो गयी कैसे मुझसे, ये शरारत (सुन.. सुन.. सुन.. सुन.. सुन)

कटे न तन्हाई रातों लूँ अंगड़ाई
Based on Tamil Song Jum Jum Maya......

(F) कटे न तन्हाई~रातों लूँ अंगड़ाई
दीवानी हो गयी मैं~कैसी ये ऋतु आई
(दिल बेक़रार~दिल बेक़रार~कब तक करूँ मैं इन्तज़ार)-2

(M) दीवाना तेरा हूँ~तुझे ही चाहूँ मैं
शब भर ख़्वाबों में~तुझे ही देखूँ मैं
तुझसे है प्यार~तुझसे है प्यार~कब तक करूँ मैं इन्तज़ार

(F) पास तेरे आऊँ घबराये जिया
(M) वादे पर तेरे ऐतबार कर लिया
(F) तंग मुझे करता दिन रात क्यों तू
(M) तुझे मैंने पलकों में बन्द कर लिया
(F) जान मेरी तेरी और दिल भी तेरा
(M) पूरा मैं करूँगा हर ख़्वाब तेरा
(F) चुपके से, चोरी से, जानेजां मैं तुझको, देऊँगी छल्ला
दिल बेक़रार~दिल बेक़रार~कब तक करूँ मैं इन्तज़ार
(M) बाहों में आजा मेरी~जानेमन चोरी-२
कब तक करूँ मैं इन्तज़ार

(M) याद तेरी जाने जां आने लगी

(F) चिलमन से मैं भी शरमाने लगी

(M) सारे ज़माने में हुई ये ख़बर

(F) सपने मैं तेरे ही संजोने लगी

(M) यार तेरे जलवों पे मैं मर गया

(F) कौन सा मुझपे तू जादू कर गयी

(M) रूप की रानी तू चढ़ती जवानी तू दिल की मेरे मल्लिका

(F) दिल बेक़रार~दिल बेक़रार~कब तक करूँ मैं इन्तज़ार

(M) तुझसे है प्यार~तुझसे है प्यार~कब तक करूँ मैं इन्तज़ार

(F) कटे न तन्हाई~रातों लूँ अंगड़ाई
दीवानी हो गयी मैं~कैसी ये ऋतु आई
दिल बेक़रार~दिल बेक़रार~कब तक करूँ मैं इन्तज़ार

(M) दीवाना तेरा हूँ~तुझे ही चाहूँ मैं
सब भर ख़्वाबों में~तुझे ही देखूँ मैं
तुझसे है प्यार~तुझसे है प्यार~कब तक करूँ मैं इन्तज़ार

काहे मचाया तुने ज़िंदगी में
Based on Arabic song Lewjah Tani

M1- काहे मचाया तूने ज़िंदगी में उलट-फेर
किया इन्कार तूने और क्यों लगायी देर
बनी क्यों ज़िंदगी में यार मेरी कारवां
बनी एक याद तेरी-मेरी ये दास्तां
M2- गयी भी ख़ाक़ में सदियों की बन्दगी
दफ़न हुई गर्त में एक-एक मेरी खुशी
चाहा जैसा मैंने वैसा कभी नहीं हुआ
दीवानेपन को समझा तूने आवारगी
M1- आई-आई-आई जानेमन याद तेरी-2
M2- आई-आई-आई जानेमन याद तेरी-2

M1- समा था प्यार का और दिल दिलशाद था
बड़ा ही खूबसूरत यार का अन्दाज था
बदन से झाँकती थी नर्म-नर्म बदलियाँ
गिराती राहगीरों पर वो तो बिजलियाँ
M2- मिले दो दिल जुवां गुलशन गुलजार हुआ
अज़ब सा मुझपे दिलदार का ख़ुमार हुआ
ज़माने भर में फ़साने बड़े मशहूर हुए
आया वो वक़्त जब दोनों मजबूर हुए
M1- आई-आई-आई जानेमन याद तेरी-2
M2- आई-आई-आई जानेमन याद तेरी-2

M2- ग़ज़ब शबाब था और नैन थे कजरारे
घटाऐं गेसू और पीछे-पीछे दिलवाले
हंसी वो देखकर पल में दिल मैं खो बैठा
हाले दिल ज़िंदगी का मैं तो कह बैठा
M1- लिखा तकदीर में क्या ये मेरा रब जाने
पड़ी क्यों पैरों में जंजीर ऐसा ये रब जाने
दो ही पल में बदले गये आशिकी के पैमाने
दिये जो भूल गयी वो सभी तो नज़राने
M1- आई-आई-आई जानेमन याद तेरी-2
M2- आई-आई-आई जानेमन याद तेरी-2

काहे मेरे पीछे पड़ा
Based on Telugu song Vaangadi Chittukkala

काहे मेरे पीछे पड़ा~छुए मेरे गोरे अँग-अँग को
काहे मेरे पीछे पड़ा~छुए मेरे गोरे अँग-अँग को
कैसा है दीवाना तू~दिल है एक दूँ मैं किस-किस को
कैसा है दीवाना तू~दिल है एक दूँ मैं किस-किस को

न ही तन्हा मैं मिलूँगी~न ही तेरे साथ चलूँगी
छोरा बस नाम का तू है~न मैं तेरे रंग रंगूँगी
छेड़ता है क्यों तू मुझको~इन लफड़ों से दूर रहूंगी
तू मुझे जानता नहीं~~चाल मैं ऐसी चलूँगी
काहे मेरे पीछे पड़ा~छुए मेरे गोरे अँग-अँग को
कैसा है दीवाना तू~दिल है एक दूँ मैं किस-किस को

हिरनी सी चाल मेरी~मैं रुकूँ गिराऊँ बिजली
मुझको क्या पकड़ेगा तू~मैं उड़-उड़ जाऊँ तितली
नयनों में मय सी मस्ती~मैं सब तेरा हाल समझती
फंस तेरे जाल में जाऊँ~~मैं नहीं हूँ ऐसी मछली
काहे मेरे पीछे पड़ा~छुए मेरे गोरे अँग-अँग को
कैसा है दीवाना तू~दिल है एक दूँ मैं किस-किस को

कारे-कारे कजरारे नैनों वाली
Based on Odia song Chori Chori Chandini...

M- कारे-कारे कजरारे नैनों वाली तू, है तेरी आरज़ू
ज़िंदगी में तू नहीं तो कुछ नहीं
जानेमन ए-मेरी जानेमन...
जानेमन ए-मेरी जानेमन...

F- रंग रंगीला छैल छबीला दिलवाला तू,
है तेरी आरज़ू
ज़िंदगी में तू नहीं तो कुछ नहीं
जानेमन ए-मेरे जानेमन...
जानेमन ए-मेरे जानेमन...

M- गोरा-गोरा मुखड़ा है, तू लगे चाँदनीं
शीशे जैसा तेरा यौवन, तू मनमोहनी

F- चोरी-चोरी चोरी-चोरी दिल में तू आने लगा
ऐसा क्या तुझमें है मुझको तू भाने लगा

M- काले-काले घुंघराले बालों वाली तू
ज़िंदगी में तू नहीं तो कुछ नहीं
जानेमन ए-मेरी जानेमन...
जानेमन ए-मेरी जानेमन...

F- जानेमन ए-मेरे जानेमन...
जानेमन ए-मेरे जानेमन...

F- दिल में छिपा रखी तस्वीर-ए-यार
ऐसे न कर मुझे तू बेक़रार

M- लगी-लगी लगी-लगी ये आग कैसी है लगी
जितनी बुझायी और बढ़ने लगी

F- मीठे-मीठे ख़्वाबों में आने लगा तू
ज़िंदगी में तू नहीं तो कुछ नहीं
जानेमन ए-मेरे जानेमन...
जानेमन ए-मेरे जानेमन...

M- ज़िंदगी में तू नहीं तो कुछ नहीं
जानेमन ए-मेरी जानेमन...
जानेमन ए-मेरी जानेमन...

कारे नयनों वाली सनम
Based on Telugu Rakhta Sambandalu Movie Song

कारे नयनों वाली सनम मधुबाला
आशिक हूँ मैं तेरा सनम दिलवाला
कारे नयनों वाली सनम मधुबाला
आशिक हूँ मैं तेरा सनम दिलवाला
तू है रूप की रानी मस्त-मस्त जवानी
मान या ना मान तेरा रखवाला
कारे नयनों वाली सनम मधुबाला आशिक हूँ मैं तेरा~~

तेरी रग-रग से मैं हूँ बावस्ता~तुझे पाऊँगा मैं तो आहिस्ता
तेरी रग-रग से मैं हूँ बावस्ता~तुझे पाऊँगा मैं तो आहिस्ता
तेरे कदमों में सज़दे सौ बार करूँगा
तुझपे जां अपनी जानम निसार करूँगा
ले कोरे-कोरे कागज पे लिख डाला
उम्र तेरी कमसिन मैं हूँ रंगीला
तू है रूप की रानी मस्त-मस्त जवानी
मान या ना मान तेरा रखवाला
कारे नयनों वाली सनम मधुबाला आशिक हूँ मैं तेरा~~

कभी आ के मिल~मुझे फुरसत में
मेरी जां अटकी~तेरी चाहत में
कभी आ के मिल मुझे फुरसत में~मेरी जां अटकी तेरी...
हंसी तुझको मैं दूँगा उठा के सारे ग़म
कभी होने न दूँगा मैं आँख तेरी नम
मैं गाऊँगा तराने हो के मतवाला
जादू तूने मुझपे कैसा कर डाला
मैं गाऊँगा तराने हो के मतवाला~जादू तूने मुझपे कैसा...
तू है रूप की रानी मस्त-मस्त जवानी
मान या ना मान तेरा रखवाला
कारे नयनों वाली सनम मधुबाला आशिक हूँ मैं तेरा~

काश! मेरी ज़िंदगी में तुझसा कोई
Based on Telugu Song Gadhilona Gajula Motha

(Female)
काश! मेरी ज़िंदगी में~तुझसा कोई लड़का होता
हर बात में लुत्फ़ होता~पल भर न ग़म होता
पायलिया छम-छम-छम~करती अदा से
मैं भी गलियों में अपनी~चलती अदा से
काश! मेरी ज़िंदगी में~तुझसा कोई लड़का होता
हर बात में लुत्फ़ होता ~पल भर न ग़म होता

रात-दिन इन्तहा मुझ पर वो मरता
रोक कर राह में~सज़दे वो करता
रात-दिन इन्तहा मुझ पर वो मरता
रोक कर राह में~सज़दे वो करता
कभी वो मुझको किस करता~कभी वो मुझको मिस करता
कभी वो मुझको किस करता~कभी वो मुझको मिस करता
पहले मैं करती ना हंसती हाँ हरदम मेरे संग होता
(Male)
काश! मेरी ज़िंदगी में~तुझसी कोई लड़की होती
हर बात में लुत्फ़ होता~पल भर न ग़म होता

बातें कुछ उससे में खुलकर कर लेता
नाम मैं अपना उसके दिल पर लिख देता
बातें कुछ उससे में खुलकर कर लेता
नाम मैं अपना उसके दिल पर लिख देता
शरारत मुझसे वो करती~इनायत फिर भी तो करती
शरारत मुझसे वो करती~इनायत फिर भी तो करती
वो मेरी कटरीना लवलीना~जीवन में उसका रंग होता
(Female)
काश! मेरी ज़िंदगी में~तुझसा कोई लड़का होता
हर बात में लुत्फ़ होता~पल भर न ग़म होता
(Male)
काश! मेरी ज़िंदगी में~तुझसी कोई लड़की होती
हर बात में लुत्फ़ होता~पल भर न ग़म होता

कि पास हो या दूर हो क़रार हो
Based on Asamia song Rangdhali

M- कि पास हो या दूर हो क़रार हो तुम्हीं
कि पास हो या दूर हो क़रार हो तुम्हीं
लिखे अफ़साने तुम्हें याद होंगे
दिये नज़राने अभी पास होंगे
झुकी-झुकी सी नजर शबाब हो तुम्हीं

F- दबे-दबे सवाल का जबाब हो तुम्हीं
दबे-दबे सवाल का जबाब हो तुम्हीं
कैसे-कैसे दिखाये तुमने सपने
संग उल्फ़त में खायी कितनी कसमें
दीवाना कर दिया मुझे हो वज़ह तुम्हीं

M- खिले-खिले हुस्न की किताब हो तुम्हीं
खिले-खिले हुस्न की किताब हो तुम्हीं
सारी ज़िंदगानी तेरे नाम लिख दी
लबों की मेहरबानी तेरे पास रख दी
यादों में हो सांसों में हो धड़कन हो तुम्हीं

F- ग़ज़ल में हो गीतों में हो दिल में हो तुम्हीं
ग़ज़ल में हो गीतों में हो दिल में हो तुम्हीं
दिल के अरमां संजो कब तक रखती
तुम्हारे कारन दर-दर मैं भटकी
कि कजरा हो गजरा हो बिन्दिया हो तुम्हीं
M- कि पास हो या दूर हो क़रार हो तुम्हीं
F- कि पास हो या दूर हो क़रार हो तुम्हीं

कितना प्यारा-प्यारा दिल का अफ़साना
Based on Kannada song Paadam Pootha Kaalam-

कितना प्यारा-प्यारा~दिल का अफ़साना
कितना प्यारा-प्यारा~दिल का अफ़साना
मुझको क़रार आ जाये~दे दिल नज़राना
कितना प्यारा-प्यारा~दिल का अफ़साना

गलियों-गलियों तुझको मैं ढूँढूँ~ख़ुद को कैसे संभालूँ
तिरछी नज़र करे तेरी घायल~अरमां कैसे मैं बता दूँ
अरे ओ चाँदनी तेरे हुस्न का कब से मैं तलबगार हूँ
कितना प्यारा-प्यारा~दिल का अफ़साना

ज़िंदगानी में गर तू आये~हर खुशी मैं पा जाऊँ
मेरा सब कुछ है तेरे हवाले~हाल दिल का सुनाऊँ
बस गई है मेरी नस-नस में तू~मैं तेरा गुनाहगार हूँ
कितना प्यारा-प्यारा~दिल का अफ़साना
मुझको क़रार आ जाये~दे दिल नज़राना
कितना प्यारा-प्यारा~दिल का अफ़साना
कितना प्यारा-प्यारा~दिल का अफ़साना

कुछ-कुछ होता है दिल में
Based on Telugu song Thottu Thottu Pakkanum

M- कुछ-कुछ होता है दिल में साजनी-3 बार
होंठ गुलाबी~बदन चाँदनीं

F- मुझ पर न जादू तेरा सजन चलेगा
तुझपे ख़ुमार ये कुछ दिन रहेगा

M- उफ क्या चाल ओ रब्बा~उफ क्या गाल ओ रब्बा
जा-जा मेरी जां ओ रब्बा~मुझसे न पंगा ले

F- कुछ-कुछ होता है दिल में साजना
मुझको न तंग कर ओ मेरे बालमा

M- दूजा कोई चुन लूँगा जिगर चलेगा
इसका अफसोस तुझे सदा रहेगा

F- तू है गुलफ़ाम ओ रब्बा~अभी नादान ओ रब्बा
नहीं कुछ तुझको पता~मुझसे न पंगा ले

M- दिलरूबा मुझसा कोई~बड़ी मुश्किल से मिले
जानेमन यूँ न कर~मुझसे तू दिल्लगी
तू है नादान अभी~अभी खिलती है कली
अभी तो हुई है शुरू~तेरी-मेरी दोस्ती

F- सूनी इन राहों में~तन्हा मुझे छोड़ दिया
नादां मुझे जानकर~दिल मेरा तोड़ दिया

M- मुझे अब रातोदिन जानेजां तेरी धुन

F- हाय करूँ क्या रामा-रामा~हाय करूँ क्या रामा-रामा

M- कुछ-कुछ होता है दिल में साजनी, होंठ गुलाबी~

M- चलाया तीरे नज़र~मुझे बदनाम किया
फ़साना ऐसा ये~यार मुझे माफ़ कर
कभी नदिया के तीर~कभी अम्बुआ के तले
जा भी जा मान जा~न मुझे याद कर
F- दिलबर तुझे मान ख़ुदा~करूँ तेरी बन्दगी
मुझ पर सितम ऐसे~यार अब और नहीं
M- बुरी है जानेजिगर~अरे ये दिल की लगी
F- हाय करूँ क्या रामा-रामा~हाय करूँ क्या रामा-रामा
M- कुछ-कुछ होता है दिल में साजनी, होंठ गुलाबी~

कुछ कहना~है तुमसे~मुझे मिलना~है तुमसे
Based on Kannada song Jotheyaagi Hithavaagi Seri......

(M) कुछ कहना~है तुमसे~मुझे मिलना~है तुमसे
कुछ कहना है तुमसे मुझे मिलना~है तुमसे
चन्द लम्हों में ही प्यार हो जायेगा
चन्द लम्हों में ही प्यार हो जायेगा, ये तो सोचा नहीं था कभी
(F) कुछ कहना~है तुमसे~मुझे मिलना~है तुमसे
चन्द लम्हों में ही प्यार हो जायेगा
चन्द लम्हों में ही प्यार हो जायेगा, ये तो सोचा नहीं था कभी

(M) लम्हों में याराना~सज़दे में झुक जाना
पास आकर मेरे~दिल से लग जाना
पलकें झुकाकर के~ये तेरा शरमाना
(F) मेरे ही जलवों का~तू दीवाना है
मेरी अदाओं का~आशिक पुराना है
मेरी निग़ाहों का~तू ठिकाना है
(M) मनचाही हर खुशी (F) मिल गयी है हमें
(M) मनचाही हर खुशी (F) मिल गयी है हमें
(F&M) ये तो सोचा नहीं था कभी
(F) कुछ कहना~है तुमसे (M) मुझे मिलना है तुमसे

(F) सोचा न समझा~तू तो है परदेसी
नज़रें मिलाकर के~की मैंने अनदेखी
बैठे बिठलाये~प्यार मैं कर बैठी
(M) तेरे इशारों पर~चलता रहा मैं भी
छिप-छिप तुझसे~मिलता रहा मैं भी
रातों को तारे~गिनता रहा मैं भी
(F) लगता है सपना (M) अपना मिलन होगा
(F) लगता है सपना (M) अपना मिलन होगा
(F&M) ये तो सोचा नहीं था कभी
(F) कुछ कहना है तुमसे (M) मुझे मिलनाहै तुमसे

कुछ पाया मैंने तुझमें
Based on Tamil Song Onnanam Kunninmele.......

(M) कुछ पाया मैंने तुझमें~कुछ पाया तूने मुझमें
जानेजां दीवाना मैं तेरा हो गया

(F) कुछ पाया मैंने तुझमें~कुछ पाया तूने मुझमें
जानेमन दीवानी मैं तेरी हो गयी

(M) दूर-दूर-दूर तुझसे कब तलक रहूँ
ग़म ये प्यार का बता कब तलक सहूँ

(F) तेरा ग़म मेरा ग़म दोनों का ग़म एक है
जानेमन दीवानी मैं तेरी हो गयी

(M) कुछ पाया मैंने तुझमें~कुछ पाया तूने मुझमें
जानेजां दीवाना मैं तेरा हो गया

(F) आवारा गलियों में फिरता तू (M) दीवानी मुझको लगती तू

(F) अरमां दिल के न होंगे पूरे (M) मैं नहीं पड़ता पीछे तेरे

(M) गोरी ये फ़साना अधूरा लगे (F) तेरे बिन सजना दिल न लगे

(F+M) प्यार बिना ये जीवन~राधा बिन मनमोहन
कलियों पर निखार नहीं~बदरा बिन है सावन

(M) जानेजां कजरारी आँखों में मैं खो गया

(F) जानेमन दीवानी मैं तेरी हो गयी

(M) कुछ पाया मैंने तुझमें~कुछ पाया तूने मुझमें
जानेजां दीवाना मैं तेरा हो गया

(F) कुछ पाया मैंने तुझमें~कुछ पाया तूने मुझमें
जानेमन दीवानी मैं तेरी हो गयी

(F) दिलवाला होगा तू अपने लिये (M) नाज़ों सी लड़की तू अपने लिये

(F) पलकों की डोली में बन्द कर (M) आ भी इरादे बुलन्द तू कर

(M) दुनिया की तुझको लगे न नज़र (F) थोड़ा ज़माने से यारा डर

(F+M) एक ही डाल के पंछी हम~मस्त-मस्त आ गायें
बांध के प्रेम बन्धन~दुनिया पर छा जायें

(M) जानेजां कब कैसे दिल ये तेरा हो गया

(F) कुछ पाया मैंने तुझमें~कुछ पाया तूने मुझमें

(M) कुछ पाया मैंने तुझमें~कुछ पाया तूने मुझमें

(M) जाने जां, दीवाना, मैं तेरा हो गया (F) जानेमन दीवानी...

कुछ तो सिला मिले
Based on Telugu Song July Malargale

M- कुछ तो सिला मिले~ए-मेरी जानेजिगर
ठण्डी हवा चली~तन्हा ये कैसा सफर
दिल को~चैन आये न~कब वो~दिन आयेगा
हमदम~नज़दीक आ~कल का~क्या भी पता
F- कुछ तो सिला मिले~ए-मेरी जानेजिगर
ठण्डी हवा चली~तन्हा ये कैसा सफर
दिल को~चैन आये न~कब वो~दिन आयेगा

M- बे धड़क दो दिल मिले~जुड़े कब ये सिलसिले
मुश्किल हुआ~दिल को रोकना
F- मुझको भाने लगे~प्यार में शिकवे-गिले
तुम बन गये.... मेरे कारवां
M- जानम..... क्या ये फ़साना
F- जानम..... दे नज़राना

F- दिल रहा मेरा मचल~कुछ तो होगा इसका हल
करूँ मैं सदा किस तरह
M- दिलरूबा मेरे सनम~और न अब कर सितम
जिऊँ मैं भला किस तरह
F- अब न..... कर दिल्लगी
M- बन जा..... मेरी ज़िन्दगी
F- कुछ तो सिला मिले~ए-मेरी जानेजिगर
ठण्डी हवा चली~तन्हा ये कैसा सफर
M- कुछ तो सिला मिले~ए-मेरी जानेजिगर
ठण्डी हवा चली~तन्हा ये कैसा सफर
F- दिल को~चैन आये न
M- कब वो~दिन आयेगा
F- हमदम नज़दीक आ M- कल का क्या भी पता

कैसा आशिक है तू~कैसा शायर
Based on Asamia Song Olume Siriya Kando.................

(F) कैसा आशिक है तू~कैसा शायर है तू
प्रीत से बेख़बर~कैसा हमदम है तू
(M) करती है दस्तक तू~जाने न चाहत तू
प्रीत से बेख़बर~कैसी हमदम है तू

(F) हर मोड़ पर मैं हूँ खड़ी मेरे सनम
(M) सज़दे में मैं ले झुक गया मेरे सनम
(F) रोज़-रोज़ तड़पाये~रोज़-रोज़ तड़पाये
कैसा मौसम है तू
(M) करती है दस्तक तू~जाने न चाहत तू
(F) प्रीत से बेख़बर~कैसा हमदम है तू

(M) बेताब हूँ पाने को मैं तेरा जिगर
(F) ख़्वाबों में मैं खोयी रही हूँ रात भर
(M) मैं चाँद हूँ-तू चाँदनीं~मैं चाँद हूँ-तू चाँदनीं
कैसी उलझन है तू
(F) कैसा आशिक है तू~कैसा शायर है तू
(M) प्रीत से बेख़बर~ कैसी हमदम है तू

(F) गुस्ताख़ियां करता जिया है बस में नहीं
(M) नादानियाँ तू जो करे मुश्किल बड़ी
(F) जानेजिगर मैं हूँ तेरी~जानेजिगर मैं हूँ तेरी
मेरा प्रियतम है तू
(F) कैसा आशिक है तू (M) प्रीत से बेख़बर
(F) कैसा हमदम है तू

कैसी ये तन्हाईयाँ
Based on Tamil Song jiba Jadi Jaa Tame Dukha Karibi Nahin

कैसी ये तन्हाईयाँ~लिखी नसीब में हैं
कैसी ये तन्हाईयाँ~लिखी नसीब में हैं
मीलों सी हैं दूरियाँ~फिर भी करीब में हैं
दिलरूबा दिलरूबा दिलरूबा~दिलरूबा
क्यों लम्हा-लम्हा~आये तू ही याद
क्यों लम्हा-लम्हा~आये तू ही याद
कैसी ये तन्हाईयाँ~लिखी नसीब में हैं
मीलों सी हैं दूरियाँ~फिर भी करीब में हैं

शरारतें हमने जो की भूले से हम न भूले
निग़ाह फेर तूने क्यों ली ऐसे क्यों तुम रूठे
आवारगी हद से बढ़ी दोनों पे मस्ती छायी
जाने भी कब हुई सहर घटा वो ऐसी छायी
दिलरूबा दिलरूबा दिलरूबा~दिलरूबा
क्यों लम्हा-लम्हा आये तू ही याद
क्यों लम्हा-लम्हा आये तू ही याद
कैसी ये तन्हाईयाँ~लिखी नसीब में हैं
मीलों सी हैं दूरियाँ~फिर भी करीब में हैं

आंसू मैंने आँखों में ले लिखा तुझे अफ़साना
चेहरा तेरा हाथों में था कहाँ गया वो ज़माना
दीवाना मैं ऐसा न था ऐसे न थे नज़ारे
आँधियाँ ऐसी चली डूबे सभी सितारे
दिलरूबा दिलरूबा दिलरूबा~दिलरूबा
क्यों लम्हा-लम्हा~आये तू ही याद
क्यों लम्हा-लम्हा~आये तू ही याद
कैसी ये तन्हाईयाँ~लिखी नसीब में हैं
मीलों सी हैं दूरियाँ~फिर भी करीब में हैं

कैसे कह दूँ मैं इक़रार है
Based on Kannada Song Bhoomi Thayaane......

(M)	कैसे कह दूँ मैं इक़रार है~क्या भी तेरा ऐतबार है न तू कोई चमत्कार है~न तू मेरी तलबगार है जा जानम... जा जानम....	
(F)	न ही अच्छा दीवाना तू~न ही सच्चा परवाना तू न ही सजना दिलवाला न~न तू मेरा तलबगार है जा जानम... जा जानम...	
(M)	इतराये बलखाये पतली-पतली कमरिया तू काहे दिलवाली तू न जाने क़त्ल कर दें न ज़ालिम निग़ाहें	
(F)	शरमाऊँ घबराऊँ है ये ज़ालिम ज़माना बेदर्दी कहीं आग न लग जाये जिस्म मेरा है शोलों की गर्मी	
(M)	कैसे कह दूँ सही बात है	(F) पहली-पहली मुलाकात है
(M)	न तू मेरी तलबगार है	(F) न तू मेरा तलबगार है
(M)	उम्र बाली नहीं संभले तन्हा-तन्हा कटे न जवानी कोई साथी संग ले-ले बर्षों-बर्षों की है ज़िंदगानी	
(F)	तू अनाड़ी तू है बुद्धू तुझे ऐसे मैं दिल न दूंगी कर सज़दे पड़ पैय्यां तब जा के यह एहसास दूँगी	
(M)	कैसे कह दूँ यही प्यार है	(F) हाँ-हाँ जानेमन यही प्यार है
(M)	न तू मेरी तलबगार है	(F) न तू मेरा तलबगार है
(M)	जा जानम........	(F) जा जानम..........

कैसे समझाऊँ मैं ये तुझको
Based on Telugu song sollappur Raja

M- कैसे समझाऊँ मैं ये तुझको हर सांस में मेरी तू
कैसे समझाऊँ मैं ये तुझको हर सांस गें गेरी तू
दिल दीवाना तुझको चाहे क्या करूँ मैं
रखती बन्द खिड़की को तू
F- कैसे भुला दूँ मैं भी तुझको हर याद में मेरी तू
बेवज़ह ही साँझ-सबेरे दिल तू माँगे
चक्कर काटे रोज गलियों में तू
मनचला तू चंचल भंवरा पल-पल घूमा करता है तू
M/F- क्या करूँ... क्या करूँ...

M- रंग निखरा गेसू बिखरे
F- चाल हिरनी जैसी मेरी
M- मुझको पहचाने तो~दिखलाती नख़रा है क्यों
F- हर सिला मैं तुझको दूँगी सज़दे तुझको~मैं करूँगी
M- सपनों की मन्जिल तू~क्या करूँ... क्या करूँ...

M- धड़कनों में तू बसी है
F- कैसी जानम बेबसी है
M- आ नज़दीक तू ए-मेरी दिलरूबा
F- बन्दगी में तू है मेरी~हर खुशी में तू है मेरी
M- धड़कती दिल में है तू~क्या करूँ... क्या करूँ...
कैसे समझाऊँ मैं ये तुझको हर सांस में मेरी तू
F- कैसे भुला दूँ मैं भी तुझको हर याद में मेरी तू

कोई रोको छुरी चली गई
Based on Odia Song Mora mana udi jayere...........

कोई रोको छुरी चली गई~जब मैंने ली अँगड़ाईयाँ
कोई रोको छुरी चली गई~जब मैंने ली अँगड़ाईयाँ
कोई कहे दीवानी~कोई कहे दिलजानी
आयी उमरिया सोलह~मुझपे चढ़ी जवानी
कारे-कारे-कारे~नयन ये कज़रारे
अंग-अंग नशीला~अधर मेरे अंगारे
कोई रोको छुरी चली गई~जब मैंने ली अँगड़ाईयाँ
कोई रोको छुरी चली गई~जब मैंने ली अँगड़ाईयाँ

गोरा है मुखड़ा~नाज़ों में पली
मैं तो हुस्न के~साँचे में ढली
नीली है कुर्ती~धानी चुनर
चली में जिधर~बिजुरी गिरी
बेक़रार दीवाने~लोहा मेरा माने
यूँ ही चन्द लम्हें~मुझको पाना चाहें
रोक-रोक पूछें~किस शहर से आयी
हुस्नलोक मुझसे~आसमां से आयी
कोई रोको छुरी चली गई~जब मैंने ली अँगड़ाईयाँ
कोई रोको छुरी चली गई~जब मैंने ली अँगड़ाईयाँ

नैनों में कज़रा~बालों में गजरा
चम-चम चमके~माथे पे बिंदिया
कानों में बाली~हाले-डोले
कैसी चुस्त-चुस्त~मेरी अंगिया
सारी-सारी रात~नींद नहीं आये
क्या भी मैं करूं`जिया घबराये
कोई आ मुझे छेड़े~दिल मेरा करता
पास आके आग बुझाये~नहीं ऐसा मिलता
कोई रोको छुरी चली गई~जब मैंने ली अँगड़ाईयाँ
कोई रोको छुरी चली गई~जब मैंने ली अँगड़ाईयाँ

लबों पर तेरा नाम सांसों में नाम तेरा
Based on Asamia song Milise Milibo Diya

M- लबों पर तेरा नाम~साँसों में तेरा नाम
ऐसा क्यों लगता है~मेरी जन्नत तुझसे
F- पलकों में बन्द तू~बस तेरी आरज़ू
ऐसा क्यों लगता है~मेरी जन्नत तुझसे
M- एक बार एक बार आ मुझे दिल से लगा
F- मेरे यार मेरे यार बाहों में अपनी समां
M- कानों ने ये क्या सुन लिया~नज़रों ने तुझको चुन लिया
कदमों पे तेरे चल दिया ओ दिलबर
F- मन तूने मेरा मोह लिया~किस्मत को ऐसा मोड़ दिया
दिलवाले तेरा शुक्रिया~ओ दिलबर

M- यह बन्धन है जानम जनम-जनम का
F- तुझसे गिला नहीं हमदम
M- आँखों की मस्ती ये चेहरा खिला
F- सब तेरा मेरे हमदम
M- एक बार एक बार आ मुझे दिल से लगा
F- मेरे यार मेरे यार बाहों में अपनी समां
M- कानों ने ये क्या सुन लिया~नज़रों ने तुझको चुन लिया
कदमों पे तेरे चल दिया~ओ दिलबर
F- मन तूने मेरा मोह लिया~किस्मत को ऐसा मोड़ दिया
दिलवाले तेरा शुक्रिया~ओ दिलबर

M- तितली सी तेरी मचलती अदायें
F- निग़ाहों का तेरी है ये सरूर
M- चलते दीवानों पर बिजली गिराये
F- इसमें मेरा क्या क़सूर
M- एक बार एक बार आ मुझे दिल से लगा
F- मेरे यार मेरे यार बाहों में अपनी समां
M- कानों ने ये क्या सुन लिया~नज़रों ने तुझको चुन लिया
कदमों पे तेरे चल दिया~ओ दिलबर
F- मन तूने मेरा मोह लिया~किस्मत को ऐसा मोड़ दिया
दिलवाले तेरा शुक्रिया~ओ दिलबर

लबों से मैं ऐसे कैसे तेरा नाम लूँ
Based on Odia Song Sindura Pindhichu Boli Bhari...

लबों से मैं ऐसे-कैसे~तेरा नाम लूँ... तेरा नाम लूँ
लबों से मैं ऐसे-कैसे~तेरा नाम लूँ... तेरा नाम लूँ
क्यों ख़्वाबों में मेरे तू आये~क्यों रातों मुझे तड़पाये
क्यों ख़्वाबों में मेरे तू आये~क्यों रातों मुझे तड़पाये
कैसे भुलाऊँ तुझे~कैसे भुलाऊँ तुझे~बेक़रार हूँ~बेक़रार हूँ
लबों से मैं ऐसे-कैसे~तेरा नाम लूँ... तेरा नाम लूँ

तन्हा-तन्हा यहाँ-वहाँ (फिरता ये बन्जारा)-२
नाक़ामियाँ मुझे मिली (तुझ पे दिल हारा)-२
मैंने खुशी तुझे जो दी (हुई न तुझे गवारा)-२
गर्दिश में ऐसे-कैसे पैग़ाम दूँ तुझे
राज़-ए-दिल सनम कैसे कहूँ मैं तुझे
कैसे भुलाऊँ तुझे~कैसे भुलाऊँ तुझे~बेक़रार हूँ~बेक़रार हूँ
लबों से मैं ऐसे-कैसे~तेरा नाम लूँ... तेरा नाम लूँ

नींद उड़ी रातों की है (चैन दिल का मेरे गया)-२
बातें तेरी सुरमई (जादू तेरा चल है गया)-२
अदा तेरी क़ातिलों सी (मर-मर मैं हूँ गया)-२
इल्तज़ा मेरे दिल की कोई न सुने अब
क्या भी पता है ये किसको तू चुने अब
कैसे भुलाऊँ तुझे~कैसे भुलाऊँ तुझे~बेक़रार हूँ~बेक़रार हूँ
लबों से मैं ऐसे-कैसे~तेरा नाम लूँ... तेरा नाम लूँ

भीगी रातों मे दिल मेरा घबराया
Based on Odia Song Katre Poongatre....

भीगी रातों मे दिल मेरा घबराया
बेदर्दी बलमा मुझे तूने तड़पाया
टूटकर रह गयी~बिन तेरे साजना
जीते जी मर गयी~बिन तेरे साजना
भीगी रातों मे दिल मेरा घबराया बेदर्दी बलमा मुझे~~

बदलते नहीं रिश्ते~मचलते नहीं कदम
हो नहीं सकते कभी~दिल से जुदा
बना फरेबी तू~रिश्तों को तू भूला
खायी थी तूने क्यों~कसमें वफ़ा
करती बातें तुझसे कई~बनायी रस्में नयी
बयां मैं दिल कैसे करूं~उदासियों में खोयी
भूल मैं गयी हूँ वो गली साजना वो गली साजना
वो गली साजना~वो गली साजना
भीगी रातों मे दिल मेरा घबराया बेदर्दी बलमा मुझे~~

खड़ी हूँ दो राहे पर~मैं आज एक ऐसे
घटाओं से बिजली~अलग हो रहे कैसे
नहीं है किनारा~कहीं दूर तक अब
चलती हुई कश्ती~भँवर में डूबी जैसे
ख़ता है मेरी क्या~दिये क्यों इतने ग़म
भुलाना तुझको चाहा~भुला न सके हम
ढूँढ कर क्या करूँ~अब तुझे साजना
अब तुझे साजना~अब तुझे साजना
अब तुझे साजना~अब तुझे साजना
भीगी रातों मे दिल मेरा घबराया बेदर्दी बलमा मुझे~~

लगता है सदियों से
Based on Telugu Song Andala Srimathiki.....

M- लगता है सदियों से~तेरा-मेरा है रिश्ता
लगता है सदियों से~तेरा-मेरा है रिश्ता
अफ़साने मैं दिल के~तुझको लिखता
F- है भी ये दिल तेरा~जां भी ये है तेरी
M- ए-मेरी जाने जां~चाहत है तू मेरी
F- दीवानी तेरी मैं हूँ~इतना ही मैं जानूँ
M- तू मेरी है बन्दगी F- तू मेरी है ज़िंदगी
M- लगता है सदियों से~तेरा-मेरा है रिश्ता
F- अफ़साने मैं दिल के~तुझको लिखती

F- मेरी हर धड़कन~बस तेरी ही है
ख़्वाबों में तू ही तू~तुझे कैसे भूलूँगी
M- मेरी हर सरगम~बस तुझसे है
नग़मों में तू ही तू~तुझे कैसे भूलँगा
F- तेरा हर ग़म है मेरा~तेरी हर खुशी मेरी
M- कदमों में सज़दे तेरे~तू है पलकों में मेरी
F- तू ही अब मंजिल मेरी~रब मैं तुझे मानूँ
M- तू मेरी है ज़िंदगी F- तू मेरी है बन्दगी
M- लगता है सदियों से~तेरा-मेरा है रिश्ता
F- अफ़साने मैं दिल के~तुझको लिखती

M- बड़ी ही कमसिन~तेरी अदायें

चूमूँ आ जी भर~तेरे गोरे गालों को

F- दे-दे मुझे आ~अपनी वफ़ायें

चूम ले जी भर~मेरे महके यौवन को

M- बिन तेरे जीवन सूना~पतझड़ है कोना-कोना

F- छेड़ मुझे न ऐसे~दिल मेरा है खिलौना

M- मैं ही हूँ तेरा हीरो~तू ही मेरी जानूं

F- तू मेरी है ज़िंदगी M-तू मेरी है बन्दगी

M- लगता है सदियों से~तेरा-मेरा है रिश्ता

अफ़साने मैं दिल के~तुझको लिखता

F- है भी ये दिल तेरा~जां भी ये है तेरी

M- ए-मेरी जाने जां~चाहत है तू मेरी

F- दीवानी तेरी मैं हूँ~इतना ही मैं जानूँ

लम्हा-लम्हा याद करता होगा
Based on Kannada Song Huduga Huduga....

लम्हा-लम्हा याद करता होगा, तन्हा-तन्हा वो भी तड़पा होगा
लम्हा-लम्हा याद करता होगा, तन्हा-तन्हा वो भी तड़पा होगा
कैसा ये अफ़साना~राज़ कोई न जाना
कैसा ये अफ़साना, राज़ कोई न जाना, रहती मैं खोयी-खोयी

ऐसा न जाने मुझे हुआ क्या दिल को चैन आये न
दूर-दूर से वो करे इशारे पास मेरे वो आये न
किस अन्जान की बातों में दिल को मैं गंवा बैठी
नींद न आये रातों को उस पर जां लुटा बैठी
लम्हा-लम्हा याद करता होगा, तन्हा-तन्हा वो भी तड़पा होगा
कैसा ये अफ़साना~राज़ कोई न जाना
कैसा ये अफ़साना, राज़ कोई न जाना, रहती मैं खोयी-खोयी

जब-जब आये ऋतु सुहानी धक-धक करता मेरा दिल
ले मेरा मन हिचकोले उसके प्यार में मैं पागल
आयेगा जब सामने वो मुँह से मैं न बोलूँगी
जैसे हूँ बेक़रार मैं उसको मैं न छोड़ूँगी
लम्हा-लम्हा याद करता होगा, तन्हा-तन्हा वो भी तड़पा होगा
कैसा ये अफ़साना~राज़ कोई न जाना
कैसा ये अफ़साना, राज़ कोई न जाना, रहती मैं खोयी खोयी

अच्छी ख़ासी लड़की मैं हो गयी हूँ दीवानी
बस आँखों ही आँखों में बन गयी प्रेम कहानी
जाकर कोई उस दीवाने को दे पैग़ाम मेरा ये
उसके भी लब पर होगा नाम मेरा ही
लम्हा-लम्हा याद करता होगा, तन्हा-तन्हा वो भी तड़पा होगा
कैसा ये अफ़साना~राज़ कोई न जाना
कैसा ये अफ़साना, राज़ कोई न जाना, रहती मैं खोयी-खोयी

लैला मैं बनी तेरे प्यार में
Based on Telugu Song Nalla Rathri....

F- लैला मैं बनी~तेरे प्यार में~बैठी कब से हूँ~इन्तज़ार में
झटपट मेरे को तू अंग लगा~नज़रें न ऐसे तू चुरा
तन-मन मेरा अब ले हिचकोले~दिल में मेरे तू बसा
कैसे रात बिताऊँ तन्हा मैं~और करीब आ-ना
लैला मैं बनी~तेरे प्यार में~बैठी कब से हूँ~इन्तज़ार में

M- बातें करती ज्यादा~क्या है तेरा इरादा
बड़ी नादान है अरे तू
F- लगी को तू न जाने~तू मुझको न पहचाने
कितना अन्जान बलमा तू
M- दिल ये कहीं लगता नहीं~अब मंजिल है तू
F- और न देखूँ और न सोचूँ~दिखता हर सू तू
M- बड़ी है नकचढ़ी तू F- मुहब्बत करेगा क्या तू
M- बड़ी है नकचढ़ी तू F- मुहब्बत करेगा क्या तू
F- लैला मैं बनी~तेरे प्यार में
M- बैठा कब से हूँ~इन्तज़ार में

F- बादल तू आवारा~साजन तू मतवाला
मेरे ख़्वाबों का तू सबब
M- नैना क़ातिल तेरे~ज़ुल्फें नागिन तेरी
मुखड़ा तेरा जैसे कमल
F- जां ये अपनी तुझपे वारूं~जनम-जनम तेरी
M- संग तेरा कभी न छोड़ूँ~मुझे कसम तेरी
F- जुड़ा तुझसे यह बन्धन M- जले तो जले ये दुनिया
F- जुड़ा तुझसे यह बन्धन M- जले तो जले ये दुनिया
M- मजनूं मैं बना~तेरे प्यार में, बैठा कब से हूँ~इन्तज़ार में

मजा ले मजा ले
Based on Arabian son Saad Lamjarred-Ghazali

मजा ले मजा ले~मजा ले मजा ले
मजा ले मजा ले~मजा ले मजा ले
ए-दिलवरों~किसी से न डरो
किसी हंसीन को~दिल में जगह दो
मामला.... बड़ा संगीन है
बड़े ही प्यार से, लड़की पटा लो
दीवाने कहाँ है~मजा ले मजा ले
समां रंगीन है~मजा ले मजा ले
मजा ले मजा ले~मजा ले मजा ले
मजा ले मजा ले~मजा ले मजा ले
कोरस...........

~चूम ले गोरे-गोरे गालों को
चूम ले~रेशमी बालों को
~साथ गर हंसी दिलदार है
चूम ले मचलते शानों को
लड़ा ले लड़ा ले~नैना लड़ा ले
प्यास गर लगी है~जल्द बुझा ले
मामला.... बड़ा संगीन है
बड़े ही प्यार से~लड़की पटा ले
मजा ले मजा ले~मजा ले मजा ले
मजा ले मजा ले~मजा ले मजा ले
कोरस...........
मजा ले मजा ले~मजा ले मजा ले
मजा ले मजा ले~मजा ले मजा ले

सेक्सो फोन म्युजिक शब्दों में
female
नैन कजरारे~बड़ी नमकीन मैं
जानेजां प्यार का~मजा ले मजा ले
भागता है क्यों~मुझसे दूर-दूर
कर इक़रार...... मजा ले मजा ले
रातों मैं लेती~तन्हा अँगड़ाईयाँ
सीने से अपने~लगा ले लगा ले
यौवन हंसीन ये~तेरे ही वास्ते
चुरा ले आ इसे~मजा ले मजा ले
Male
मजा ले मजा ले~मजा ले मजा ले
मजा ले मजा ले~मजा ले मजा ले
मजा ले.... मजा ले~ आ...
मजा ले.... मजा ले~ आ...
रहेगी कब तक~तू अकेली
न कोई साथी~न सहेली
मजा ले मजा ले~मजा ले मजा ले
मजा ले मजा ले~मजा ले मजा ले
मजा ले मजा ले~मजा ले मजा ले
मजा ले मजा ले~मजा ले मजा ले
मजा ले मजा ले~मजा ले मजा ले

मल्लिका-मल्लिका तेरे ख़्वाब की
Based on Kannada Song Madana Madana

F- मल्लिका-मल्लिका~तेरे ख़्वाब की मल्लिका
यार मैं जानूं~सब हाल तेरे दिल का
जब-जब अँगड़ाई लूँ~जले ज़माना
तेरे लिये मैं तो गाऊँ~मस्त तराना
रेशम से बाल मेरे~चाल निराली
शबनम गाल मेरे~आँखें मयख़ाना
मल्लिका-मल्लिका~तेरे ख़्वाब की मल्लिका
यार मैं जानूं~सब हाल तेरे दिल का

M- सूरत तेरी चाँद सी गोरी नाज़ों पली~तू है छोरी
F- मुझ पे तेरी~क्यों है नज़र
छिप-छिप मुझे ताके~क्यों दिल मुझसे माँगे
दिलदार तू है कैसा~है यह बेकार का फ़साना
M- कहना भी क्या~गोरे गाल पे तिल का
हरदम तेरा~अन्दाज़ ग़ज़ब सा

M- लागा तुझे साल सोलहवाँ ऐसा मैं कुछ~कर जाऊँगा
F- कब तक मुझे तड़पायेगा दीवानी मैं~तेरे नाम की
M- दिन-रात करूँगा~कदमों में तेरे सज़दे
ए-जानेजिगर मेरी~संग तेरे अब है चलना
F- रहूँ बनकर अब मैं~जनमों तलक तेरी
न छोड़ूं तेरी बैंया~संग तेरे मुझे है मरना
M- कहना भी क्या~गोरे गाल पे तिल का
हरदम तेरा~अन्दाज़ ग़ज़ब सा
F- यार मैं जानूं~सब हाल तेरे दिल का
जब-जब अँगड़ाई लूँ~जले ज़माना
तेरे लिये मैं तो गाऊँ~मस्त तराना
रेशम से बाल मेरे~चाल निराली
शबनम गाल मेरे~आँखें मयख़ाना
मल्लिका-मल्लिका~तेरे ख़्वाब की मल्लिका
यार मैं जानूं~सब हाल तेरे दिल का

मन चंचल माने ना बस तुझको
Based on Asamia Song Eta Kotha Kua Na

F- मन चंचल माने ना~बस तुझको चाहता
मेरे हृमदम ये बता... ये बता...
M- तू मेरी जाने जां~मेरे ग़म की है दवा
मेरी हमदम दिलरूबा... दिलरूबा...
तू मेरा ख़्वाब है~तू मेरी आस है
अब जीना क्या है तेरे बिना
F- मन चंचल माने ना~बस तुझको चाहता
मेरे हमदम ये बता... ये बता...

M- ए-सनम तेरी~भा गयी सादगी
तू जो मिली... मिली ज़िंदगी
F- है सनम तुझमें~चाहा जो मैंने
नैना मिले तो...खिली ज़िंदगी
M- तू मेरी चाँदनीं~दिलकश है रागनी
अब सुन भी ले मेरे दिल की सदा
F- मन चंचल माने ना~बस तुझको चाहता
मेरे हमदम ये बता... ये बता...

F- कब तलक तेरी~मैं करूँ जुस्तजू
दिल क्यों न करे.. .तेरी आरजू
M- छा रही जाने जां~कैसी बेख़ुदी
बैठें चल करें...कुछ गुफ़्तगू
तू सुख की ओढ़नी~जीने का फ़लसफ़ा
चल आ भी कर लें हम रब से दुआ
F- मन चंचल माने ना~बस तुझको चाहता
मेरे हमदम ये बता... ये बता...

मान भी तू जा ख़्वाब की मल्लिका
Based on Malyalam song Doore Kizhakkudikkum

M- मान भी तू जा~ख़्वाब की मल्लिका
F- जाने न जानम~हाल तू दिल का
M- मान भी तू जा~ख़्वाब की मल्लिका
F- जाने न जानम~हाल तू दिल का
M- मान भी तू जा~ख़्वाब की मल्लिका

F- गजरा सजाया~मैंने तेरे नाम का
मेहंदी रचायी~मैंने तेरे नाम की
कर दे तू मुझ पे सनम कुछ करम
M- मेरे हमदम तेरे ख़ातिर मैं सब कर जाऊँ
घड़ी भर तू मेरे सनम चल संग
F- मुझे रोग ये कैसा लगा तू बता
मुझे नीले गगन में उड़ने दे जरा
M- मान भी तू जा~ख़्वाब की मल्लिका

M- सब कुछ गंवाया~तेरी चाह में
पलकें बिछाये हूँ~तेरी राह में
मुझको क्यों ऐसे दीवाना किया
F- तू अनाड़ी न खिलाड़ी तू बिल्कुल बुद्धू
बिन बातों के तूने फ़साना किया
M- है मौसम सुहाना~क्या खूब समां
मेरे जीवन के साथी~हैं दोनों हम जवां
F- जाने न जानम~हाल तू दिल का
M- मान भी तू जा~ख़्वाब की मल्लिका

मिलने को जी करता
Based on Telugu song Jabilli Pellikoduka Jamantha

F- मिलने को जी करता~दुनिया से तू डरता
मैं एक हसीन छोरी~हूँ बेक़रार थोड़ी
पलकें बिछाये बैठी चाहूँ तुझको
बेदर्दी हरजाई देख मुझको
M- नादां तू है लड़की~मुझ पर तू क्यों मरती
मैं हूँ रंगीन दिल का~है क्या ये राग ग़म सा
मुझसे क़रार न मिलेगा तुझको
रहने दे दूर-दूर ख़ुद से मुझको

F- सुन परदेसी सुन~जानूं मैं तेरे गुन
जब तुझको लिया चुन~तू दिल की सदा सुन
M- नहीं मुझे तेरी धुन~मैं मुसाफिर सुन
जा-जा बंजारन~तू दूजा और चुन
F- लागी ये छूटे न~सब अपना तुझे दे दूं
M- धक-धक दिल धड़का है~क्या लिख तुझे मैं दूं
F- प्यार में तेरे मैं हूँ पागल~डरता काहे को
M- मनवा कर छोड़ेगी तू~अपनी बात को
F- मिलने को जी करता~दुनिया से तू डरता
M- नादां तू है लड़की~मुझ पर तू क्यों मरती

M- नहीं है सयानी तू~अभी है कमसिन तू
घटा सी चंचल तू~बड़ी है नटखट तू
F- मुड़कर देख तो~मेरे हुस्न को
मेरे गोरे जिस्म को~मनमोहक राग को
M- तू चितवन अलबेली~रातों की नींद चुरावे
F- तू साजन अलबेला~हरदम ही तड़पावे
M- लाऊँगा चुन-चुन नज़राने तेरे वास्ते
F- तेरे-मेरे एक हो गये अब ये रास्ते
M- नादां तू है लड़की~मुझ पर तू क्यों मरती
F- मिलने को जी करता~दुनिया से तू डरता

मिलने से डरता है
Based on Tamil song Ellarum chollanu Arnruthan Ga...

कोरस~~~~~~~~
मिलने से डरता है~क्यों मुझ पे मरता है
कब तक करूँ इन्तज़ार~जानम तू तो है मेरा क़रार
जन्मों से प्यासी हूँ~दीवाना तू कैसा
कैसे करूँ ऐतबार~जानम तू तो है मेरा क़रार
करती हूँ दिलरूबा~तेरी मैं बन्दगी
कैसे करूँ अँखियाँ चार~हुई तेरे... हुई तेरे लिये बेक़रार

मैं तेरे वास्ते तू मेरे वास्ते मैंने तुझे चुन लिया
ऐसे काहे... ऐसे काहे करे इन्कार
लम्हा-लम्हा है तेरे लिये दिल में बसा ले पिया
ऐसा कैसा... ऐसा कैसा तू दिलदार
मैं तेरी दीवानी~तू मेरा दिलजानी
करती तुझे मैं याद~जानम तू तो है मेरा क़रार
जन्मों से प्यासी हूँ~दीवाना तू कैसा
कैसे करूँ ऐतबार~जानम तू तो है मेरा क़रार

कोरस~~~~~~~~
(F) फूल से होंठ मेरे चांदी सा तन
घुंघरू की ताल पे नाचे मेरा मन
(M) ए-मेरी जानेवफा~जाने ये क्या हो गया
(M) नैनों के तीर चले~तुझ पे फ़िदा हो गया
(F) ए-मेरे साथिया~जाने न प्रीत तू
कैसे करूँ मैं इक़रार~दिल माँगे... दिल मांगे तुझे बार-बार
ए-मेरे बालमा~पलकों में बन्द तू
मुझ पर तेरा इख़्तयार~दिल माँगे... दिल मांगे तुझे बार-बार
मिलने से डरता है~क्यों मुझ पे मरता है
कब तक करूँ इन्तज़ार~जानम तू तो है मेरा क़रार
जन्मों से प्यासी हूँ~दीवाना तू कैसा
कैसे करूँ ऐतबार~जानम तू तो है मेरा क़रार

मिटा ये फ़ासला दे
Based on Telugu Song, Tanivi teeralege.....

मिटा ये फ़ासला दे, बाहों में थाम मुझे ले
तुझे सौंप दिया ये दिल मैंने
मिटा ये फ़ासला दे, बाहों में थाम मुझे ले
तुझे सौंप दिया ये दिल मैंने, सजना... ओ सजना

हर सू हसीन मौसम है, कितना ये मस्त आलम है
हर सू हसीन मौसम है, कितना ये मस्त आलम है
सांसें महकी-महकी हैं, बेताब दिल की धड़कन है
कैसा ये शरमाना, काहे का घबराना
कैसा ये शरमाना, काहे का घबराना
तू मेरा परवाना, मैं तेरी शमा हूँ
मिटा ये फ़ासला दे, बाहों में थाम मुझे ले
तुझे सौंप दिया ये दिल मैंने, सजना... ओ सजना

छू ले आ गोरे गालों को, छू ले चिकने शानों को
छू ले आ गोरे गालों को, छू ले चिकने शानों को
नयनों से आ मदिरा पी, बजने दे दिल के तारों को
जिस्म 'ओ' जां है तेरी, धड़कनें हैं तेरी
जिस्म 'ओ' जां है तेरी, धड़कनें हैं तेरी
तू मेरा मनमोहन, मैं तेरी राधा हूँ
मिटा ये फ़ासला दे, बाहों में थाम मुझे ले
तुझे सौंप दिया ये दिल मैंने, सजना... ओ सजना

मीठी-मीठी बातें ये तेरी
Based on Odia Song Nua Nua Bhalapaiba...

M- मीठी-मीठी बातें ये तेरी~महकी-महकी सांसें ये तेरी
मीठी-मीठी बातें ये तेरी~महकी-महकी सांसें ये तेरी
प्यारी-प्यारी अदायें अनोखी
F- अब लम्हा-लम्हा तेरी मुझे याद आयेगी-2
सीधा-सादा रूप ये तेरा~रंग-रंगीला छैल-छबीला
सीधा-सादा रूप ये तेरा~रंग-रंगीला छैल-छबीला
हलचल सी दिल में है होती
M- अब लम्हा-लम्हा तेरी मुझे याद आयेगी-2

M- नैन ये मिले~शरमा गये~दिल जब मिले~घबरा गये
F- ऐसी चली ठण्डी हवा साथी रे साथी रे
M- दिल की लगी~ऐसी भी लगी
जितनी बुझाई~उतनी लगी
F- तुझसे जुदा होकर के अब~जीना मुझे नहीं रे
M- मीठी-मीठी बातें ये तेरी~महकी-महकी सांसें ये तेरी
प्यारी-प्यारी अदायें अनोखी
F- अब लम्हा-लम्हा तेरी मुझे याद आयेगी
M- अब लम्हा-लम्हा तेरी मुझे याद आयेगी

F- फूलों सी नाज़ुक~जवानी मेरी
किससे कहूँ मैं~कहानी मेरी
M- पतली कमर चाँदी बदन ग़ज़ब हुआ रे
F- कली मैं हूँ खिली~भँवरा तू है
मुझ पे अगर हो~इनायत तेरी
M- दीवाना मैं नहीं था~ये क्या हुआ रे
F- सीधा-सादा रूप ये तेरा~रंग-रंगीला छैल-छबीला
हलचल सी दिल में है होती
M- अब लम्हा-लम्हा तेरी मुझे याद आयेगी
F- अब लम्हा-लम्हा तेरी मुझे याद आयेगी
M- मीठी-मीठी बातें ये तेरी~महकी-महकी सांसें ये तेरी
प्यारी-प्यारी अदायें अनोखी
F+M- अब लम्हा-लम्हा तेरी मुझे याद आयेगी

मुहब्बत है... क्या भी सोचता
Based on Kannada song Tharama Pama Karna......

(F) मुहब्बत है... मुहब्बत है...
क्या भी सोचता~तुझसे तो नहीं-2
ए... आया है दूर से~देखे क्या घूर के
आया है दूर से~देखे क्या घूर के
दिल में नहीं है तेरी कोई आरज़ू

(M) मुहब्बत है... मुहब्बत है...
दिल की दास्तां~तुझसे है शुरू-2
ए आया हूँ दूर से कहना हज़ूर से
आया हूँ दूर से~कहना हज़ूर से
दिल में बसी है मेरे बस तू ही तू

(M) मुहब्बत है~ (F) मुहब्बत है~

(F) न अँखियों में मेरी~न दिल में रहता
मजबूरियों सा ये~फ़साना है कैसा

(M) तेरे नाम है ये जवानी मेरी जानम
तेरे वास्ते है ज़िंदगानी मेरे हमदम, दो ही पल में, हुआ ये क्या

(F) मुहब्बत है... मुहब्बत है... क्या भी सोचता~तुझसे...

(M) आया हूँ दूर से~कहना हज़ूर से-2
दिल में बसी है मेरे बस तू ही तू

(M) मुहब्बत है~~ (F) मुहब्बत

(M) कब तक रखेगी~ये दिल संभाले
आ जानेजां जानम~दिल से लगा ले

(F) तेरी चिकनी-चुपड़ी बातों में न आऊँ
तुझ जैसे लोफर से दिल न लगाऊँ, बेक़रार तूने किया...

(M) मुहब्बत है... मुहब्बत है...
दिल की दास्तां~तुझसे है शुरू

(F) ए... आया है दूर से~देखे क्या घूर के
आया है दूर से~देखे क्या घूर के
दिल में नहीं है तेरी कोई आरज़ू

(M) मुहब्बत है... मुहब्बत है.. (F) मुहब्बत है... मुहब्बत..

मुझको हुआ क्या जाने दिल न लगे
Based on Odia Song Sajani go Sajani mukiye Tumara...

मुझको हुआ क्या जाने~दिल न लगे क्यों जाने
मैं चाहता उसे~दिल माँगता उसे
मैं चाहता उसे~दिल माँगता उसे आ जाये सामने
मुझको हुआ क्या जाने~दिल न लगे क्यों जाने
मैं चाहता उसे~दिल माँगता उसे
मैं चाहता उसे~दिल माँगता उसे आ जाये सामने

चन्द्रमा छिपा ही नहीं~सितारे वहीं के वहीं
होती नहीं है अब सुबह~यादें तेरी आकर जाती नहीं
गेसू लगें उसके घटा~अधर लगें उसके कमल
मस्त-मस्त उसके नयन~कोई शय मुझे अब भाती नहीं
कोई रास्ता नहीं~अब सूझता मुझे
कोई रास्ता नहीं~अब सूझता मुझे लगती पास वो
मुझको हुआ क्या जाने~दिल न लगे क्यों जाने
मैं चाहता उसे~दिल माँगता उसे
मैं चाहता उसे~दिल माँगता उसे आ जाये सामने

वो ही दर्द-ए-जिगर~वो ही है ग़म की दवा
सारी दुआ हुई बेअसर~करूं मैं जाकर किससे दुआ
वो ही मेरे दिल का सकून~वो ही मेरे दिल की लगी
सुहाना-सुहाना रंगी समा~ऐसी क्या मुझसे हुई ख़ता
शमा बुझी ये~कैसे जलेगी
शमा बुझी ये~कैसे जलेगी मैं डूबा याद में
मुझको हुआ क्या जाने~दिल न लगे क्यों जाने
मैं चाहता उसे~दिल माँगता उसे
मैं चाहता उसे~दिल माँगता उसे आ जाये सामने

मुस्कुराकर दिल चुराती तू
Based on Odia Song Chup Chup Chori Chori......

(M) मुस्कुराकर~दिल चुराती तू
दिलकश है तू तो छोरी
जादू ये करती~मुझपे कैसा
चुप-चुप चोरी-चोरी
चुप-चुप चोरी-चोरी... चुप-चुप चोरी-चोरी

(F) गीत सुनाकर~मुझे पटाये तू
समझता मुझको है भोली
बेकाबू करता~मुझको ऐसा
चुप-चुप चोरी-चोरी
चुप-चुप चोरी-चोरी... चुप-चुप चोरी-चोरी

(M) बन्द रखे, तू खिड़की, पतंग ये कैसे उड़ेगी
तेरी और मेरी, प्रेम कहानी, आगे कैसे बढ़ेगी

(F) अन्जाना तू~है लड़का
न जाने क्या-क्या करेगा
तेरा और मेरा, मेल ही क्या, मेरी मुश्किल करेगा

(M) कितना जतन कर, बनकर रहेगी
तेरी-मेरी आखिर जोड़ी
जादू ये करती~मुझपे कैसा
चुप-चुप चोरी-चोरी
चोरी-चोरी... चुप-चुप चोरी-चोरी

(F) गुस्ताख़ी, मैंने कर दी, तुझे ये दिल दे बैठी
तू है हरजाई, तू है सौदाई, लड़का तू है फरेबी

(M) जो चाहे, मुझे कह ले, इल्जाम चाहे जो दे-दे
दिल का रंगीला, छैल छबीला, मंजिल तू~मैं राही

(F) मान गई राजा,तेरा हर इरादा
न कर जोरा-जोरी
बेकाबू करता~मुझको ऐसा
चुप-चुप चोरी-चोरी
चोरी-चोरी... चुप-चुप चोरी-चोरी

(M) चोरी-चोरी... चुप-चुप चोरी-चोरी

(F) चोरी-चोरी... चुप-चुप चोरी-चोरी

मेरी शोहरत तू मेरी चाहत तू
Based on Odia Song Hosa Raagavidu....

M- मेरी शोहरत तू~मेरी चाहत तू
मेरी उल्फ़त की~पहचान है तू
मेरी शोहरत तू~मेरी चाहत तू
मेरी उल्फ़त की~पहचान है तू
अफ़साना मैं लिखूं प्यार का
दिल मेरा है बेक़रार सा
बन जा मेरी तू माशूका... दिलरूबा
मेरा पहला-पहला प्यार तू
मेरे जीवन का है राग तू
जानेजां.. जानेजां.. जानेजां.. जानेजां ये डर कैसा
मेरी शोहरत तू~मेरी चाहत तू
मेरी उल्फ़त की~पहचान है तू

M- बड़ी दिलकश है तू~जानम है मस्त तू
तेरे कजरारे नैनों में जादू
मुझे कर गयी घायल~तेरी पहली नज़र
तूने मुझको किया बेकाबू
गोरा-गोरा बदन~पतली-पतली कमर
जानेजां तुझको रब से मैं माँगूँ
नैना पैमाने दो~होंठ जैसे कमल
तुझे तुझसे मैं चुरा लूँ
F- मेरी मन्नत तू~मेरी जन्नत तू
मेरी उल्फ़त की~पहचान है तू

M- तेरा मैं प्रेम दीवाना~जाने ये सारा ज़माना
मिल के संग आ गायें~प्रेम भरा तराना
F- चोरी-चोरी मिलना तुझसे
यकीं कैसे कर लूँ तुझपे~डर मुझे लगता है
M- मेरी शोहरत तू~मेरी चाहत तू
मेरी उल्फ़त की~पहचान है तू

मैं दीवाना तेरे इन गालों का
Based on Odia Song Lage prema Najar...

M- मैं दीवाना तेरे इन गालों का हूँ पर कैसे ये बताऊँ
F- मैं दीवानी तेरी मस्त बातों की हूँ पर कहते शरमाऊँ
M- इशारा ये तूने कभी भी न समझा-2
कभी कर दे तू इशारा
F- तुझे देखा दीवानी मैं हुई, कैसा है ये नज़ारा
M- मार डाला तेरी इन अदाओं ने, कैसा है ये नज़ारा

M- अच्छा लगे तेरा सँवरना, पल-पल यौवन का निखरना
F- अच्छी लगे आशिकी तेरी, मुझको भाये शायरी तेरी
M- गोरा मुखड़ा होंठ गुलाबी, जानम तेरी ये चाल शराबी
F- पलकों में बंद तू ही तू~बस तेरी ही जुस्तजू है
M- लगा रोग कैसा हमें ये दिल का-2
लगा कितना प्यारा-प्यारा
F- तुझे देखा दीवानी मैं हुई,कैसा है ये नज़ारा
M- मार डाला तेरी इन अदाओं ने, कैसा है ये नज़ारा

F- चाँदनीं मैं रातों की, चाहत तेरी सांसों की
M- होंठों की तू मेरे सरगम, भीगा-भीगा तू है मौसम
F- तुझसे क्या शिकवा-गिला, तू ही मंजिल का निशां
M- हमदम मेरी बाहों में आ,ऋतु सुहानी ले मजा
F- चला है मुझपे तेरा कैसा जादू-2
कब तक रहेगा कुंवारा
M- मार डाला तेरी इन अदाओं ने, कैसा है ये नज़ारा
F- तुझे देखा दीवानी मैं हुई, कैसा है ये नज़ारा

मौसम आशिकाना आ मेरे साँवरिया
Based on Odia Song Rupali Nai Dhaare.....

मौसम आशिकाना~आ मेरे साँवरिया
हवाओं के संग-संग~उड़े मेरी चुनरिया
फ़साना मैं दिल का~लिखूँ कैसे साजन
हुई मैं बाबरिया~तेरे ही कारन
बजा दे न आ के तू~फिर से मुरलिया
मौसम आशिकाना~आ मेरे साँवरिया
हवाओं के संग-संग उड़े मेरी चुनरिया

तन्हा-तन्हा बैठी~प्रेम दीवानी
सुना आ के कोई~प्रेम कहानी
जिया है कब से बेकल~क़रार दिल को दे जा
मैं राह तेरी देखूँ~न सन्देशा कोई भेजा
लुटी जा रही मैं~बदौलत तेरी
तू माने न माने~अमानत हूँ तेरी
बागों में कब से~कूके रे कोयलिया
मौसम आशिकाना~आ मेरे साँवरिया
हवाओं के संग-संग~उड़े मेरी चुनरिया

काहे मुझसे बांधा~प्रेम का बन्धन
रंगी तेरे रंग में~हुई आज बे-रंग
ग़म में तेरे है टूटा~मेरे दिल का आज खिलौना
जीवन का अब मेरे~सूना है कोना-कोना
जो वादा किया तो~क्यों भी न निभाया
बेदर्दी से कैसे मैंने~दिल ये लगाया
इन्तज़ार तेरा~करती ये गुजरिया
मौसम आशिकाना~आ मेरे साँवरिया
हवाओं के संग-संग~उड़े मेरी चुनरिया

फ़साना मैं दिल का~लिखूँ कैसे साजन
हुई मैं बाबरिया~तेरे ही कारन
बजा दे न आ के तू~फिर से मुरलिया
मौसम आशिकाना~आ मेरे साँवरिया
हवाओं के संग-संग उड़े मेरी चुनरिया

मौसम है बरसात का
Based on Malyalam Song _Yuva Dreemzz

मौसम है बरसात का~दिल में लगी आग है
अधरों पर बैचेनियाँ~बुझती नहीं प्यास है
दो रूहों का~मिलन अधूरा
मीठा-मीठा~स्वप्न अधूरा
पलकों में है बन्द तू~जानम आ क़रार दे
मौसम है बरसात का~दिल में लगी आग है
अधरों पर बैचेनियाँ~बुझती नहीं प्यास है

नज़दीक आ प्रिये~बाहों का हार दूँ
बिखरी-बिखरी तेरी~जुल्फ़ संवार दूँ
जन्नत से पार की~दुनिया दिखाऊं तुझे
अपना बना मुझे~जनमों का प्यार दूँ
लबों पर आज भी~कोई छिपी बात है
मौसम है बरसात का~दिल में लगी आग है
अधरों पर बैचेनियाँ~बुझती नहीं प्यास है

रहेगा कब तलक~जानम यह फ़ासला
दिलबर को अपने तू~देगी कब हौसला
लगता है डर मुझे~चलती हैं आँधियाँ
टूट न जाये कहीं~मुद्दत का सिलसिला
मेरे लिये आज भी~तू उतनी ख़ास है
मौसम है बरसात का~दिल में लगी आग है
अधरों पर बैचेनियाँ~बुझती नहीं प्यास है
दो रूहों का~मिलन अधूरा
मीठा-मीठा~स्वप्न अधूरा
पलकों में है बन्द तू~जानम आ क़रार दे
मौसम है बरसात का~दिल में लगी आग है
अधरों पर बैचेनियाँ~बुझती नहीं प्यास है

न आये पिया बड़ी देर भई
Based on Malyalam Song Kadalinnagadhamaan Neeli

न आये पिया बड़ी देर भई
न आये पिया बड़ी देर भई
मुझे नींद न आये~जियरा डोले
न आये पिया बड़ी देर भई
गलियों-गलियों तुझे मैं पुकारूँ
तेरी याद आ दिल तोड़ गयी
न आये पिया बड़ी देर भई
न आये पिया बड़ी देर भई

बहती-बहती मैं नदिया~प्रेम का तू सागर
बदरी हूँ मैं चलती-फिरती~आवारा तू बादल
राह में तू कहीं आये नज़र~नाचूँ बाँध के पायल
न आये पिया बड़ी देर भई
न आये पिया बड़ी देर भई

बिन बाँधे ही बंध गया है~बन्धन कैसा अनोखा
कदमों को अपने बढ़ने से आगे~लाख मैंने था रोका
हुई ख़ता क्या ऐसी मुझसे~दे गया वो है धोखा
अ.. अ.. अ.. अ.. अ.. अ.. अ.. अ...
न आये पिया बड़ी देर भई
न आये पिया बड़ी देर भई
मुझे नींद न आये~जियरा डोले
गलियों-गलियों तुझे मैं पुकारूँ
तेरी याद आ दिल तोड़ गयी
न आये पिया बड़ी देर भई
न आये पिया बड़ी देर भई

न बन्दिशों से जानम न गर्दिशों में
Based on Telugu song Naa Manusukemayindi.....

M- न बन्दिशों से जानम~न गर्दिशों में हमदम
टूटे कभी~ये सिलसिला
F- न बन्दिशों से जानम~न गर्दिशों में हमदम
टूटे कभी~ये सिलसिला
M- दिल तेरे लिये धड़का है~दिन-रात ये तड़पा है
हो चुकी इंतहा~है भी किस बात की जल्दी
M- न बन्दिशों से जानम~न गर्दिशों में हमदम
टूटे कभी~ये सिलसिला

M- बन्दगी... तू है मेरी~प्यार तुझसे ही मैंने किया है
दिल की... धड़कनों में~नाम तेरा ही लिख लिया है
F- भूली मैं... ये दुनिया~याद तुझको ही मैंने किया है
तेरे कदमों... पे चलकर~पाठ उल्फ़त का ये रट लिया है
M- बुझेगी न अब ये~दिल की लगी
F- गुजारेंगे मिल हम~हर एक अब घड़ी
M- कर न दिल्लगी~चल बरस-बरस बदली
न बन्दिशों से जानम~न गर्दिशों में हमदम
टूटे कभी~ये सिलसिला

F- जानेजां... मैं हूँ तेरी~और मुझको न कर बेकाबू
होश में... मैं नहीं~डाला तूने है मुझपे वो जादू
M- साथी रे... जान ले~चन्द लम्हों की है ये जवानी
जाना है... तो जा~मुझे देती जा कोई निशानी
F- न तू ऐसी जिद कर~ए-मेरे सनम
M- चले हैं अगर न रुके~कभी कदम
F- यार बस इतनी समझ मेरी बेबसी
F- न बन्दिशों से जानम~न गर्दिशों में हमदम
टूटे कभी~ये सिलसिला
M- दिल तेरे लिये धड़का है~दिन-रात ये तड़पा है
हो चुकी इंतहा~है भी किस बात की जल्दी

नगीना-नगीना... तू चीज है नगीना
Based on Arabian song Salina Salina

नगीना-नगीना... तू चीज है नगीना
नगीना-नगीना... तू चीज है नगीना
घटायें तेरी जुल्फ़ें.... (कोरस)-घटायें तेरी जुल्फ़ें
नैन कजरारे..... (कोरस)-नैन कजरारे
है जिस्म गोरा-गोरा कमसिन तू हसीना
है जिस्म गोरा-गोरा कमसिन तू हसीना
नगीना-नगीना... तू चीज है नगीना
नगीना-नगीना... तू चीज है नगीना

ये जालीदार कुरती~ये गोटेदार लहंगा
(कोरस)-ये जालीदार कुरती~ये गोटेदार लहंगा
नाक में है तेरी~लौंग का लश्कारा
(कोरस)-नाक में है तेरी लौंग का लश्कारा
उम्र तेरी सोलह साल और छः महीना
(कोरस)-उम्र तेरी सोलह साल और छः महीना
नगीना-नगीना... तू चीज है नगीना
नगीना-नगीना... तू चीज है नगीना
घटायें तेरी जुल्फ़ें.... (कोरस)-घटायें तेरी जुल्फ़ें
नैन कजरारे..... (कोरस)-नैन कजरारे
है जिस्म गोरा-गोरा कमसिन तू हसीना
है जिस्म गोरा-गोरा कमसिन तू हसीना
नगीना-नगीना... तू चीज है नगीना
नगीना-नगीना... तू चीज है नगीना

यौवन तेरा जादू~हुआ मैं बेकाबू
(कोरस)-यौवन तेरा जादू~हुआ मैं बेकाबू
तुझे देखकर जानम दिल मैं हारा
(कोरस)-तुझे देखकर जानम दिल मैं हारा
लगा ले सीने से ए-मेरी मरजीना
(कोरस)-लगा ले सीने से ए-मेरी मरजीना
नगीना-नगीना... तू चीज है नगीना
नगीना-नगीना... तू चीज है नगीना
घटायें तेरी जुल्फ़ें.... (कोरस)-घटायें तेरी जुल्फ़ें
नैन कजरारे..... (कोरस)-नैन कजरारे
है जिस्म गोरा-गोरा कमसिन तू हसीना
है जिस्म गोरा-गोरा कमसिन तू हसीना
नगीना-नगीना... तू चीज है नगीना
नगीना-नगीना... तू चीज है नगीना

नज़दीक आ मेरे दिलजानी
Based on Kannada Song Rangu Rangena Halli

M- नज़दीक आ मेरे दिलजानी~होगी तेरी मेहरबानी
आयी ऋतु अलबेली झूम-झूम के
आया खुशियों का सावन झूम-झूम के
आ-जा नाचें और गायें झूम-झूम के
F- नज़दीक आ गयी ले दिलजानी~ये है तेरी क़द्रदानी
आयी ऋतु अलबेली झूम-झूम के
आया खुशियों का सावन झूम-झूम के
आ-जा नाचें और गायें झूम-झूम के

M- आ तेरे होंठों से लाली चुराऊँ
सांसों में अपनी तुझको बसाऊँ
F- रूठे तू बार-बार कैसे मनाऊँ
यादों से कैसे तुझको भुलाऊँ
M- पलकों में बन्द तू मेरी F- जानेजिगर मैं तेरी
M- लागी ये छूटे ना
F- नज़दीक आ गयी ले दिलजानी~ये है तेरी क़द्रदानी
आयी ऋतु अलबेली झूम-झूम के
आया खुशियों का सावन झूम-झूम के
आजा नाचें और गायें झूम-झूम के

M- नैना दो तेरे सावन और भादो
पल-पल चलाती मुझपे तू जादू
F- तेरी रहूँगी यह सौगन्ध ले-ले
बैचेन कर न बाहों में ले-ले
M- टूटे न ये प्रेम धागा F- जनम-जनम का ये नाता
M- मिलकर बिछड़ें न
M- नज़दीक आ मेरे दिलजानी~होगी तेरी मेहरबानी
आयी ऋतु अलबेली झूम-झूम के
आया खुशियों का सावन झूम-झूम के
आजा नाचें और गायें झूम-झूम के

नज़र मिलायी पलकें झुकायी
Based on Odia Song Pakhare Thai Lagucha Kain...

M- नज़र मिलायी...पलकें झुकायी
नज़र मिलायी... पलकें झुकायी किये बहुत इशारे
F- कभी हंसाया, कभी रुलाया
कभी हंसाया,कभी रुलाया
याद तेरी आई... याद तेरी आई
याद तेरी आई... याद तेरी आई

M- गुजरे वो ज़माने~लौट नहीं आते
मेरे यार कैसी जुदाई
F- तेरे ही तराने~जुवां पर हैं आते
किसने ये आग लगाई
M- दोनों ने मिलकर~कसम उठायी
दोनों ने मिलकर कसम उठायी, गये वो दिन कहाँ रे
F- कभी हंसाया, कभी रुलाया
कभी हंसाया, कभी रुलाया
याद तेरी आई... याद तेरी आई
M- याद तेरी आई...याद तेरी आई

M- तुझसे था जुड़ा~जन्मों का बंधन
जाने जां टूटा पल में
F- जीवन बना ये~उलझी एक पहेली
जानेजां समझ मैं न सकी
M- धड़कनों में तू थी समायी~हुई थी इन्तहा रे
F- कभी हंसाया, कभी रुलाया
कभी हंसाया, कभी रुलाया
याद तेरी आई... याद तेरी आई
M+F- याद तेरी आई... याद तेरी आई

नज़राना दिल का मैं
Based on Telugu song Krishnarjunulu

M- नज़राना दिल का मैं~तुझसे अगर माँगूँ
देगी मुझे क्या भला~मैं तेरा हूँ दिलरूबा
F- कमसिन अभी मैं~चढ़ती जवानी है
दे-दे मुझे कब दगा~क्या है भरोसा तेरा

M- दीवाना तेरा मैं अरमान तेरा~अपना मुझे मान ले
जानेजिगर मेरी इक़रार तुझसे~दिल की सदा जान ले
लगी आग दिल में बुझानी तुझे~है ये बुरी दिल लगी
अन्जाम इसका कुछ भी हो चाहे~कर न यूँ दिल्लगी
हमदम मेरे जनम-जनम चलता रहे ये कारवां
F- कमसिन अभी मैं चढ़ती जवानी है
दे-दे मुझे कब दगा~क्या है भरोसा तेरा

F- मौसम सुहाना ऋतु ये मचलती~साथी तुझे चुन लिया
तूने तो मेरी दुनिया बदल दी~ऐसा तूने क्या किया
देखा तुझे जो हँसते-गाते~बागों में कलियाँ खिली
कुछ पता न मुझको चला~कब तुझसे अँखियाँ मिली
M- समझाने से दिल न माने~कैसा है ये सिलसिला
नज़राना दिल का मैं~तुझसे अगर माँगूँ
देगी मुझे क्या भला~मैं तेरा हूँ दिलरूबा

नजराना दिल मुझे दे सनम
Based on Kannada song Chellu Chellu Nagu

M- नज़राना दिल मुझे दे सनम
F- नज़राना दिल मुझे दे सनम
M- मौसम जवां आज है ऋतु हंसी~अरमान हैं हजारों
F- मौसम जवां आज है ऋतु हंसी~अरमान हैं हजारों
M- कोई पैग़ाम दो मुझे मस्ती भरा ए-रंगी-रंगी नज़ारों
F- नज़राना दिल मुझे दे सनम
M- नज़राना दिल मुझे दे सनम
F- मौसम जवां आज है ऋतु हंसी~अरमान हैं हजारों

F- हमदम मेरे~मन मन्दिर में तू
सज़दों में तू~और सपनों में तू
M- सुन ए-जानेजां~तू है इन्तहा~रहने दे राज़ को
F- जिस तरह भी तू रखेगा मुझे मैं मानूँगी हर बात को
M- नज़राना दिल मुझे दे सनम
F- नज़राना दिल मुझे दे सनम
M- मौसम जवां आज है ऋतु हंसी~अरमान हैं हजारों

M- दिलकश तू~ज़िंदा है ग़ज़ल
झील में दूर~खिलता कमल
F- मुझे तू थाम ले दे बाहों का हार कब से बेताब हूँ
M- मेरी नस-नस में तू समां है हंसी यह मैं कैसे कहूँ
F- नज़राना दिल मुझे दे सनम
M- नज़राना दिल मुझे दे सनम
F- मौसम जवां आज है ऋतु हंसी~अरमान हैं हजारों
M- मौसम जवां आज है ऋतु हंसी~अरमान हैं हजारों
M- कोई पैग़ाम दो मुझे मस्ती भरा ए-रंगी-रंगी नज़ारों
M- नज़राना दिल मुझे दे सनम
F- नज़राना दिल मुझे दे सनम

नज़राने प्यारे-प्यारे कभी तूने दिये
Based on Kannada song Olumeya Kavya neenu

M- नज़राने प्यारे-प्यारे कभी तूने दिये मुझे
रखूँगा मैं इन्हें संभाल के~लिखूँगा अफ़साने प्यार के
F- नज़राने प्यारे-प्यारे कभी तूने दिये मुझे
रखूँगी मैं इन्हें संभाल के~लिखूँगी अफ़साने प्यार के
M- हर सदा में तुझे रब से माँगूँ
रखूँगा मैं इन्हें संभाल के~लिखूँगा अफ़साने प्यार के

M- ज़िंदगी में रंग भर दे बंजारन~कैसी तेरी है ये झूठी प्रीत
F- जुल्फों को आ संवार बंजारे~ऐसी ज़हां की पुरानी रीत
M- नज़दीक आ चाँदनीं~बाहों में तुझको आ भर लूँ अभी
नज़राने प्यारे-प्यारे कभी तूने दिये मुझे
रखूँगा मैं इन्हें संभाल के~लिखूँगा अफ़साने प्यार के

M- तोड़ पिंजड़ा उड़ जायेंगे~प्रेम के प्रेमी दिलवाले होते
F- रंग जमा हम जायेंगे~दीवाने मतवाले होते
M- कुछ ऐसा हम कर जायेंगे~होती बुरी है दिल की लगी
F- नज़राने प्यारे-प्यारे कभी तूने दिये मुझे
रखूँगी मैं इन्हें संभाल के~लिखूँगी अफ़साने प्यार के
M- नज़राने प्यारे-प्यारे कभी तूने दिये मुझे
रखूँगा मैं इन्हें संभाल के~लिखूँगा अफ़साने प्यार के
F- हर सदा में तुझे रब से माँगूँ
रखूँगी मैं इन्हें संभाल के~लिखूँगी अफ़साने प्यार के

नाम तेरे लिख दिया दिल मैंने
Based on Kannada song Mayadari theneteega.......

(F) नाम तेरे लिख दिया दिल मैंने अपना ले सुन
सनम मेरे सुन, सनम मेरे....
(M) नाम तेरे लिख दिया दिल मैंने अपना ले सुन
सनम मेरे सुन, सनम मेरे....
(F) धक-धक धक-धक करे ये दिल बेचारा
पलकों में तेरी डाला मैंने डेरा~तू रुके जहाँ वहीं बसेरा
(F) नाम तेरे लिख दिया दिल मैंने अपना ले सुन
सनम मेरे सुन, सनम मेरे....
(M) नाम तेरे लिख दिया दिल मैंने अपना ले सुन
सनम मेरे सुन, सनम मेरे....

(F) तू रंगीला छैल छबीला आवारा बादल
(M) गोरा मुखड़ा चाल शराबी नैनों में काजल
(F) मोहे तू लागे अनाड़ी (M) हमदम तेरा मैं सवाली#-2
(F) कभी इधर से कभी उधर से मुझे सताये तू
(M) चली गुजरिया बन संवर के मुझको भाये तू
तुझपे फिदा ले मैं हो गया
(F) नाम तेरे लिख दिया दिल मैंने अपना ले सुन
सनम मेरे सुन, सनम मेरे....
(M) नाम तेरे लिख दिया दिल मैंने अपना ले सुन
सनम मेरे सुन, सनम मेरे....

(F) हर खुशी में सारे ग़म में थाम ले दामन
(M) धड़कनों में बसने वाली आ मेरे संग-संग
F- रूठे भले हमसे ज़माना M- चलेगा अब ये फ़साना#-2
(F) आँधियों में न बुझेगी शमा ये प्यार की
(M) मरते दम भी ख़त्म न होगी ये दीवानगी
एक दूजे के हो गये हैं हम
(F) नाम तेरे लिख दिया दिल मैंने अपना ले सुन
सनम मेरे सुन, सनम मेरे....
(M) नाम तेरे लिख दिया दिल मैंने अपना ले सुन
सनम मेरे सुन, सनम मेरे....

न तू आशिक न दीवाना
Based on Odia Song Muttu Muttu mathu Muttu...

F-	न तू आशिक~न दीवाना न शमा का~तू परवाना
	तू है लोफर~तू अनाड़ी~तू कच्चा~है खिलाड़ी
	मुझे कर देगा बदनाम तू
M-	मैं हूँ आशिक~मैं दीवाना मैं शमा का~हूँ परवाना
	न मैं लोफर~न अनाड़ी~न ही कच्चा~मैं खिलाड़ी
	मेरे ख़्वाबों का अन्जाम तू
F-	न तू आशिक, न दीवाना, M-मैं शमा का, हूँ परवाना
M-	तूने जब-जब ली है अँगड़ाई~मैं समझा क़यामत है आई
	उल्फ़त के भड़के हैं शोले~रब जाने क्या किस्मत है पाई
F-	दिल तुझको मैं ऐसे न दूँगी~करता तू शरारत है कैसी
M-	मैं तेरा रखवाला, F- तू नहीं दिलवाला
M/F-	मुझे करता/करती बेक़रार तू
M-	मैं हूँ आशिक, मैं दीवाना, मैं शमा का, हूँ परवाना
F-	न तू आशिक, न दीवाना, न शमा का, तू परवाना
F-	मुझे कर देगा बदनाम तू~ M- मेरे ख़्वाबों का अन्जाम तू
M-	कदमों में मैं सज़दे करूँगा~संग तेरे बराबर चलूँगा
	मुझे लोफर समझने वाली~तुझे जनमों की चाहत मैं दूँगा
F-	जा-जा ऐतबार तेरा क्या है~अन्जाने मेरा दिल लिया है
M-	आ-जा मेरी बाहों में, F- महकी-महकी सांसों में
M/F-	आ-जा कर लें पूरी आरज़ू
F-	न तू आशिक,न दीवाना, न शमा का, तू परवाना
M-	मैं हूँ आशिक, मैं दीवाना, मैं शमा का, हूँ परवाना
F-	मुझे कर देगा बदनाम तू, M- मेरे ख़्वाबों का अन्जाम तू

नादान लड़की क़रार दे-दे
Based on Telugu song... _yettago Vunnadi

M- अरे रे रे... रे रे रे.. रे रे रे.. रे रे रे.. रे रे रे
नादान लड़की करार दे-दे
दिल अपना मुझको उधार दे-दे
F- अरे रे रे... रे रे रे.. रे रे रे.. रे रे रे.. रे रे रे
नादान लड़के करार दे-दे
दिल अपना मुझको उधार दे-दे

M- किस्मत में तू है मेरी~फिर काहे की है देरी
छूने दे गोरे-गोरे इन गालों को
F- लड़का है तू अलबेला~करता काहे झमेला
छू ले आ गोरे-गोरे इन गालों को
M- देख तुझे तो मन मचला~F- लड़का है रे तू पगला
M- बिन तेरे दिल कहीं लगे न
अच्छा सा कोई पैग़ाम दे दे~जाने जां मुझको ईनाम दे-दे
F- अरे रे रे... रे रे रे.. रे रे रे.. रे रे रे.. रे रे रे
नादान लड़के करार दे-दे~दिल अपना मुझको उधार...

F- फूलों सी मेरी जवानी~अभी मैं हुई सयानी
तू है गंवार ठहरा परदेसी
M- अधरों के जाम पिला~रंगीली शाम तू कर दे
तुझसे इक़रार मैं कर बैठा
F- धक-धक धक-धक धड़के दिल
M- सपना तू~तू मंजिल
F- बन्धन ये प्रेम का टूटे न
M- छूटेगी न दिल की लगी~रफ़्ता-रफ़्ता तू दिल में बसी
तन्हा मैं पंछी तू साथ दे दे
थोड़ा सा मुझको तू प्यार दे-दे
अरे रे रे... रे रे रे.. रे रे रे.. रे रे रे.. रे रे रे
नादान लड़की करार दे-दे~दिल अपना मुझको उधार...
F- अरे रे रे... रे रे रे.. रे रे रे.. रे रे रे.. रे रे रे
नादान लड़के करार दे-दे~दिल अपना मुझको उधार...

नैन नशीले होंठ रसीले
Based on Odia Song _Baanallu Neene Bhaviyallu Neene_

नैन नशीले~होंठ रसीले
नैन नशीले~होंठ रसीले
हैं मिस्री से~बोल सुरीले
नैन नशीले~होंठ रसीले

नहीं हैं ख़ुदा से~वो आस तू है
नहीं मैं समझा~वो राज़ तू है
हुई है शामिल~मेरी ज़िंदगी में
दूर है मगर~मेरे साथ तू है
लबों पर टिकी~कोई बात तू है
जानेजिगर~संग-संग जी लें
लबों की मय~लबों से पी लें
चल साथ में~आसमां छू लें
नैन नशीले~होंठ रसीले

गोरा बदन~है चाँदनीं सा
बदला रुख़~तूने ज़िंदगी का
चन्दन जैसी~महकी सांसें
मुझको मिला~सिला आशिकी का
ऐसा दीवाना~पहले नहीं था
बहारों की ये~ ऋतु कैसी आई
मिलन की घड़ी~बजी शहनाई
दिये वक़्त ने~जख़्म ये सी लें
नैन नशीले~होंठ रसीले

नैना कजरारे गाल तेरे गोरे
Based on Odia Song Pagala Karichu....

M- नैना कजरारे~गाल तेरे गोरे
नैना कजरारे गाल तेरे गोरे कब से थी जुस्तजू
F- छैल छबीला~रे रंगरंगीला
छैलछबीला रे रंगरंगीला कब से थी जुस्तजू
M- मीठी-मीठी बातें तेरी सुन के~ऐसा क्या ये हुआ
M- मुझे पागल कर गयी तू * F- मुझे पागल कर गया तू
M- मुझे पागल कर गयी तू * F- मुझे पागल कर गया तू

M- मैंने नहीं देखी, कभी ऐसी छोरी
तू मेरी आशिकी~तू मेरी आशिकी
F- नहीं मैंने देखा, ऐसा दिलवाला
तू मेरी बन्दगी~तू मेरी बन्दगी
M- उफ ये जवानी~ऋतु ये सुहानी
उफ ये जवानी~ऋतु ये सुहानी, दिल में है तू ही तू
F- रंग ले, पिया तू, अपने ही रंग में, ऐसा क्या है गिला
*F- मुझे पागल कर गया तू~ M- मुझे पागल कर गयी तू
*F-- मुझे पागल कर गया तू~ M-मुझे पागल कर गयी तू

F- छोड़ जग सारा, मुहब्बत की है
तुझसे ए-जाने जां~तुझसे ए-जाने जां
M- थोड़ी सी मैंने, शरारत की है
गर तू बुरा माने ना~गर तू बुरा माने ना
F- दीवाने दिलवाले~गले से लगा ले
दीवाने दिलवाले~गले से लगा ले, छोरा है मस्त तू
M- कभी न जानम, बिछुड़े हम तुम, रब से कर लें दुआ
M- मुझे पागल कर गयी तू * F- मुझे पागल कर गया तू
M- मुझे पागल कर गयी तू * F- मुझे पागल कर गया तू

प्यार भरा अफ़साना
Based on Kannada song Aasegala Lokadali

प्यार भरा अफ़साना~कब तक तुझे लिखता
छिप-छिप के मैं तुझसे~कब तक यूँ मिलता
मन के मितवा आ... आ... आ... आ
प्यार भरा अफ़साना~कब तक तुझे लिखता
छिप-छिप के मैं तुझसे~कब तक यूँ मिलता

जीती बाज़ी मैं हारा~गिरी मेरे दिल पर बिजली
रूठा ऐसा भाग्य मेरा~आज मुझसे
जला आशियाँ मेरा~टूटे जो भी देखे सपने
जुदा हुआ साथी मेरा~आज मुझसे
होंठों को अपने मैं कब तक यूँ सिलता
प्यार भरा अफ़साना~कब तक तुझे लिखता
छिप-छिप के मैं तुझसे~कब तक यूँ मिलता

रहा भी ये मेल अधूरा~रहा भी ये खेल अधूरा
लम्हा-लम्हा दूरी हुई कोई न जाना
हुए सारे वादे झूठे~हुईं सारी कसमें झूठी
दीवानों की बातों को~कोई न जाना
टूट गया दिल मेरा~कैसे फिर ये जुड़ता
प्यार भरा अफ़साना~कब तक तुझे लिखता
छिप-छिप के मैं तुझसे~कब तक यूँ मिलता

प्यार में दूरियाँ कब तलक सनम
Based on Telugu song Endhuka Praayamu.....

F- प्यार में दूरियाँ~कब तलक सनम
M- हर घड़ी मजबूरियाँ~कब तलक सनम
F- सावन ये भादो बहारें तुमसे
M- बागों की रौनक नज़ारे तुमसे
F- जानेमन जानेजिगर M- जानेमन जानेजिगर
M- खूब क्या है समां~आ मेरे सनम
F- दो से एक हो जायें~आ मेरे सनम
M- बागों की रौनक नज़ारे तुमसे
F- सावन ये भादो बहारें तुमसे
M- जानेमन जानेजिगर F- जानेमन जानेजिगर

F- बातें ये प्यार की~ख़त्म न हों
बाहों में अपनी~दोनों ज़हां हों
M- हाथों में हाथ जब~तेरा लिया
मस्ती में खो गये~दिल जवां दो
F- होने लगा~ये क्या मुझे M- रब से मैंने~माँगा तुझे
F- मिल के बाँटें~खुशियाँ-ग़म
M- प्यार में दूरियाँ~कब तलक सनम
F- हर घड़ी मजबूरियाँ~कब तलक सनम

M- गाल गुलाबी~चाल शराबी आसमां की~है परी तू
F- भोला-भाला~सीधा-सादा दिल में मेरे~है बसा तू
M- तुझ पर टिकी~है ये नज़र F-- लेकर जिगर~जाता किधर
M- ऐसे लम्हें~मिलते हैं कम
F- प्यार में दूरियाँ~कब तलक सनम
M- हर घड़ी मजबूरियाँ~कब तलक सनम
F- सावन ये भादो बहारें तुमसे
M- बागों की रौनक नज़ारे तुमसे
F- जानेमन जानेजिगर M- जानेमन जानेजिगर

प्यार तुझे मैंने किया दिल तुझे~मैंने
Based on Telugu Song Ottathumbi nettithali.....

(M) प्यार तुझे मैंने किया दिल तुझे~मैंने दिया... जानेमन
(F) खिल गयी कली-कली आ मैं गई~तेरी गली... जानेमन
(M) जानेमन होले-होले~दिल तूने किया चोरी
(F) जानेमन हो गयी तेरी~बस गई पलकों में तेरी
(M) ले तेरी दस्तक पर मैं आ गया
(M) प्यार तुझे मैंने किया दिल तुझे~मैंने दिया... जानेमन
(F) खिल गयी कली-कली आ मैं गई~तेरी गली... जानेमन

(M) आंखें शराबी चेहरा गुलाबी दिलकश बड़ी है तू दीवानी
(F) डाले तू डोरे मतवाले छोरे दिलकश~बड़ा है तू दीवाने
(M) मुलाकात पल की~लगा रोग दिल का
(F) तू जो पास आया~तो फिर ग़म कैसा
(M) जिऊंगा मैं तेरे लिये~मरूँगा में तेरे लिये
(M) प्यार तुझे मैंने किया दिल तुझे~मैंने दिया... जानेमन
(F) खिल गयी कली-कली आ मैं गई~तेरी गली... जानेमन

(F) चुरा लबों की लबों से लाली मैंने तुझे~ये दिल दिया
(M) मौसम सुहाना ऋतु हंसी ऐसे में धड़का~न मेरा जिया
(F) तमन्ना है दिल की~चलूँ तेरे संग-संग
(M) सब कुछ मैं अपना~करूँ तुझे अरपन
(F) अपना बना ले मुझको~पकड़ मेरी बैंया गोरी
(F) खिल गयी कली-कली आ मैं गई~तेरी गली... जानेमन
(M) प्यार तुझे मैंने किया दिल तुझे~मैंने दिया... जानेमन
(F) खिल गयी कली-कली आ मैं गई~तेरी गली... जानेमन

पलकों में बन्द है तू
Based on Kannada Song Kukkukku Kogile............

पलकों में बन्द है तू~सांसों में तू है पिया
पलकों में बन्द है तू~सांसों में तू है पिया
प्रीत का बंधन तोड़ न ऐसे बैचेन है जिया
पलकों में बन्द है तू~सांसों में तू है पिया
पलकों में बन्द है तू~सांसों में तू है पिया

मौसम में हैं मस्तियाँ~ऐसे न तड़पा मुझे
नज़दीक आ प्यार कर~कह हाल दिल का मुझे
बाँटें खुशियाँ बाँटें सारे ग़म बैठें तन्हा~वादें करें हम
दिलकश बड़ा है रे तू~दिल जाने कब ले लिया
प्रीत का बंधन तोड़ न ऐसे बैचेन है जिया
पलकों में बन्द है तू~सांसों में तू है पिया
पलकों में बन्द है तू~सांसों में तू है पिया

जब तूने आवाज दी~दौड़ी चली आई मैं
दिल के हैं अरमां जवां~लेती हूँ अंगड़ाई मैं
तुझमें मैं हूँ मुझमें है तू पूरी कर दे~मेरी आरज़ू
कब से तेरी जुस्तजू~दिलबर तुझे चुन लिया
प्रीत का बंधन तोड़ न ऐसे बैचेन है जिया
पलकों में बन्द है तू~सांसों में तू है पिया
पलकों में बन्द है तू~सांसों में तू है पिया

बेकरारी सनम~अब ये कैसे सहूँ
इन्तज़ार तेरा मैं~कब तलक यूँ करूँ
तन्हा तू भी चल न पायेगा ग़म जुदाई का~सह न पायेगा
है क्या रज़ामन्द तू~इक़रार कर है लिया
प्रीत का बंधन तोड़ न ऐसे बैचेन है जिया
पलकों में बन्द है तू~सांसों में तू है पिया
पलकों में बन्द है तू~सांसों में तू है पिया

पलकों में तुझको मैं बन्द करके
Based on Odia Song Janha Re Tate Punej Rana...

पलकों में तुझको मैं बन्द करके
पलकों में तुझको मैं बन्द करके
सज़दे बराबर करूंगा~सज़दे बराबर करूंगा
फूल सा मुख, गोरा बदन, अंग-अंग में महकी पवन
फूल सा मुख, गोरा बदन, अंग-अंग में महकी पवन
बिन्दास तेरी जवानी... जवानी... जवानी...
अपना बना लूँगा~तुझे दिल में बसा लूँगा
पलकों में तुझको मैं बन्द करके, पलकों में~

हाथों में चूड़ी, पैरों में पायल, कजरारे तेरे नयनों में काजल
गदरायी काया, माथे पे बिन्दिया
है कितनी भोली~है कितनी भोली
कानों में बाली, होंठों पे लाली, देख तुझे तो बदले मौसम
मीठी-मीठी बोली~मीठी-मीठी बोली
चंचल अदा, जैसे पतंग, मनवा भरे नई-नई उमंग
चंचल अदा, जैसे पतंग, मनवा भरे, नई-नई उमंग
बिन्दास तेरी जवानी... जवानी... जवानी...
अपना बना लूँगा~तुझे दिल में बसा लूँगा
पलकों में तुझको मैं बन्द करके, पलकों में~

नैनों के तीर, चलाये तूने, मदहोश तू मुझे कर गयी
सांसों में ऐसे, समायी तू है, मेरी जानेजां, मेरी जानेजां
घर से बाहर, रखे जो कदम, पल-पल तू संवरती गयी
ख़्वाबों में आ, सताती तू है, मेरी जानेजां, मेरी जानेजां
जलवा तेरा, देखूँ जो मैं, तन्हा है क्यों, आ मेरे संग
जलवा तेरा, देखूँ जो मैं, तन्हा है क्यों, आ मेरे संग
बिन्दास तेरी जवानी... जवानी... जवानी...
अपना बना लूँगा~तुझे दिल में बसा लूँगा
पलकों में तुझको मैं बन्द करके, पलकों में~

पास आ-जा जाने जां ना
Based on Kannada Song Yaare Neenu Rosa Hoove

पास आ-जा जानेजां ना पास आकर~दिल से लग जा
भूल कर शिकवे~गिला क्या मुझसे
सुगन्धा आ-जा मैं तेरी पूजा करूँ
ऐश्वर्या दिन-रात तेरी अँखियों में रहूँ
सनरीटा कदमों में तेरे सज़दे करूँ हे.... हे... हे...
पास आ-जा जानेजां पास आकर~दिल से लग जा
भूलकर शिकवे~गिला क्या मुझसे

काली-काली आँखों में तेरी जादू
गोरे तेरे गालों पर मरता मैं हूँ~दिल पर रखूँ मैं कैसे काबू
बिखरे-बिखरे गेसू नागिन तेरे
होंठ नशीले मय के जैसे प्याले~आ एक हो जायें मैं और तू
~~~~~ कैसी दिल की है लगी
सुगन्धा-ऐश्वर्या-सनरीटा~है दिल में तू ही तू
सुगन्धा आ-जा मैं तेरी पूजा करूँ
ऐश्वर्या दिन-रात तेरी अँखियों में रहूँ
सनरीटा कदमों में तेरे सज़दे करूँ हे.... हे... हे...
पास आ-जा जानेजां ना पास आकर~दिल से लग जा
भूल कर शिकवे~गिला क्या मुझसे

कैसे-कैसे रंग तू तो बदले
देखूँ तुझको दिल मेरा ये मचले~क्या बेशुमार हैं जलवे
जानम तू तो रूप की है रानी
चाँदनीं में नहायी तू जवानी~क्या बेहिसाब हैं किस्से
~~~~~ करें प्यार का श्री गणेश
सुगन्धा-ऐश्वर्या-सनरीटा~है दिल में तू ही तू
सुगन्धा आ-जा मैं तेरी पूजा करूँ
ऐश्वर्या दिन-रात तेरी अँखियों में रहूँ
सुन रीटा कदमों में तेरे सज़दे करूँ हे.... हे... हे...
पास आ-जा जानेजां ना पास आकर~दिल से लग जा
भूल कर शिकवे~गिला क्या मुझसे

प्रीत का है ये धागा
Based on Odia Song Batare Chalu chalu Tama Katha Mane...

प्रीत का है ये धागा, जाने जां, टूट जाये कभी~फिर जुड़े न
प्रीत का है ये धागा, जाने जां, टूट जाये कभी~फिर जुड़े न
किसी को किसी से प्यार गर
किसी को किसी से प्यार गर हो जाये
लगी दिल की छूटे न~लगी दिल की छूटे न

मोहनी मूरत तेरी~प्यारी-प्यारी ऐसे
झील में कहीं कोई~खिला कमल हो जैसे
बदन की तेरे खुशबू~कर रही है पागल
खुला मयख़ाना कोई~तेरे अधर हैं ऐसे
नहीं रहा अब जाये~आ-जा जीवन साथी
ऐसे एक हो जायें~जैसे दीपक-बाती
आँखें हैं खोयी-खोयी, सपने तेरे, याद आये तेरी, चैन मिले न
आँखें हैं खोयी-खोयी, सपने तेरे, याद आये तेरी, चैन मिले न
किसी को किसी से प्यार गर
किसी को किसी से प्यार गर हो जाये
लगी दिल की छूटे न~लगी दिल की छूटे न

छम-छम छम-छम गाये~तेरे पैरों की पायल
कैसा ग़ज़ब सा ढाये~तेरे नयनों का काजल
कदम-कदम पर तेरा~बलखा के चलना
कहीं बरस न जाये~ज़ुल्फ़ों का सावन
गुजर कही न जाये~ये ऋतु मस्तानी
अभी है रंग में आयी~तेरी मेरी कहानी
हाल है ये दिल का, कैसे कहूँ, शरमाये तू प्यार करे ना
हाल है ये दिल का, कैसे कहूँ, शरमाये तू प्यार करे ना
किसी को किसी से प्यार गर
किसी को किसी से प्यार गर हो जाये
लगी दिल की छूटे न~लगी दिल की छूटे न

पागल तू आवारा है मजनूं
Based on Odia Song Naa Choope Ninu VetiKinadi nee...

F- पागल तू आवारा है~मजनूं तू दीवाना है
न तू अलबेला है~न कोई परवाना है
(नहीं... नहीं... नहीं है मेरा तू साजन)-2
पागल तू आवारा है~मजनूं तू दीवाना है
न तू अलबेला है~न कोई परवाना है
(नहीं... नहीं... नहीं है मेरा तू साजन)-2

F- पी लेगा मेरी अँखियों से~छलके-छलके जाम तू
छेड़ेगा मुझे देखकर~ऐसे-वैसे राग तू
M- दुनिया के प्यारे-प्यारे~नज़ारे दिखाऊँगा
चुन-चुन तुझको मैं नग़में सुनाऊँगा... नग़में सुनाऊँगा
(मैं हूँ... मैं हूँ... मैं ही हूँ तेरा तो साजन)-2
F- पागल तू आवारा है~मजनूं तू दीवाना है
न तू अलबेला है~न कोई परवाना है
(नहीं... नहीं... नहीं है मेरा तू साजन)-2

F- कमसिन मैं अभी नादां हूँ~कैसे दिल मैं तुझे ये दूँ
अन्जाना किस गाँव का~कैसे चुन मैं तुझे यूँ लूँ
M- कदमों में तेरे सज़दे करूँगा दिन-रात मैं
तू जो कहेगी जानम, मानूंगा हर बात मैं... मानूंगा हर बात मैं
(मैं हूँ... मैं हूँ... मैं ही हूँ तेरा तो साजन)-2
F- पागल तू आवारा है~मजनूं तू दीवाना है
न तू अलबेला है~न कोई परवाना है
(नहीं... नहीं... नहीं है मेरा तू साजन)-2

पिला दूँ इन नयनों से
Based on Kannada Song Bidde Biddi Bathroom Alli...

F- पिला दूँ इन नयनों से, जरा सी तुझे, जरा सी तुझे
पिला दूँ इन नयनों से, जरा सी तुझे, जरा सी तुझे
सावन की बरसात हूँ आ करीब... आ-जा
पिला दूँ इन नयनों से, जरा सी तुझे, जरा सा तुझे

M- नादान है कमसिन अभी बड़ी मस्त-मस्त है तू
F- नाचीज़ है जानेजिगर मेरी चाहतों में तू
M- ये दौलतें सारी नेमतें मैं तेरे नाम लिख दूँ
F-- हर सांस में हर ख़्वाब में मेरे दिल के पास है तू
M- मेरी बात का यकींन कर तेरा चाहने वाला हूँ
F- मेरी बन्दगी में तू ही तू तेरी चाहने वाली हूँ
M- पिला दे इन नयनों से, जरा सी मुझे, जरा सी मुझे
सावन की बरसात तू आ करीब... आ जा
पिला दे इन नयनों से, जरा सी मुझे, जरा सी मुझे

M- बिखरे तेरे ये गेसू जैसे घटायें सावन
F- कैसे तेरा मैं नाम लूँ तू बेक़रार मौसम
M- नैना तेरे कजरारे दो ज़िंदा कोई ग़ज़ल
F- पा लूँ अगर तुझको सनम जीवन हो सफल
M- जैसे मिले हम आज हैं~मिलकर न हो फिर हम जुदा
F- किस बात का शिकवा गिला, रब से करें आ हम सदा
M- पिला दे इन नयनों से, जरा सी मुझे, जरा सी मुझे
सावन की बरसात तू आ करीब... आ जा
पिला दे इन नयनों से, जरा सी मुझे, जरा सी मुझे

रंग तेरा चढ़ गया प्यारे मेरे सजना
Based on Telangana song Mandi Thote Randhi

रंग तेरा चढ़ गया~प्यारे मेरे सजना
कैसे यह बात~बताऊँ तुझे सजना
आधी-आधी रातों~दिल बेक़रार रहता
जानू न मैं ये~तेरा इन्तज़ार रहता
(लगा मुझे कैसा ये रोग~नहीं मुझे अपना है होश)-2
ऐतबार तेरा कैसे मैं करूँ~अरे! ऐतबार तेरा कैसे मैं करूँ
तन्हा-तन्हा आहें मैं भरूँ~अरे! तन्हा-तन्हा आहें मै भरूँ

न दूर हो मेरी नज़रों से~आ लाली चुरा मेरे होंठों से
आ! आ के समा जा बाहों में~गजरा सजा मेरे बालों में
(इज़हार बता कैसे मैं करूं~ये क़रार बता कैसे मैं करूँ)-2
लगा मुझे कैसा ये रोग~नहीं मुझे अपना है होश
करूँ तो कैसे मैं गिला करूँ~बिरहा की आग में जला करूँ
कि रंग तेरा... अरे रंग तेरा... कि....
रंग तेरा चढ़ गया प्यारे मोरे साजना, कैसे यह बात~~
आधी-आधी रातों दिल बेक़रार रहता, जानू न मैं ये~~

हवा में उड़े मेरी चुनरिया~तेरे प्यार में हो गई बाबरिया
लगी आग है मेरे यौवन में~बन जाऊँ कही न जोगनियाँ
(सारी रात-रात करवट मैं लूँ~तुझे दिल तो क्या जां मैं दूँ)-2
लगा मुझे कैसा ये रोग~नहीं मुझे अपना है होश
दिन-रात तेरे लिए दुआ करूं~अंजाम जो हो अब मैं न डरूँ
कि रंग तेरा... अरे रंग तेरा... कि....
रंग तेरा चढ़ गया प्यारे मोरे साजना, कैसे यह बात~~
आधी-आधी रातों दिल बेक़रार रहता, जानू न मैं ये~~

रंग रंगीला छैल छबीला
Based on Kannada Song ...Giri Navilu Ello

F- दिल की सदा... है तू~सबसे जुदा... है तू
रंग रंगीला छैल छबीला~मुद्दत की आस है तू
प्रेम पथ का सिलसिला है तू~कोई मीठा फ़लसफ़ा है तू
M- दिल की सदा...है तू~सबसे जुदा...है तू
चेहरा गुलाब,जुल्फ़ें घटायें~दिलकश सा जाम है तू
प्रेम पथ का सिलसिला है तू~कोई मीठा फ़लसफ़ा है तू

M- लिखा धड़कनों में तेरा नाम~कर दी ज़िंदगी तेरे नाम
तू ही सदियों की जुस्तजू~मेरी आशिक़ी तेरे नाम
F- तुझसे ही है मेरा हर सिला~तू ही आग़ाज़ तू अंजाम
M- तुझ बिन अधूरी ये किताब लिख पैग़ाम दे
प्रेम पथ का सिलसिला है तू~कोई मीठा फ़लसफ़ा है तू
F- दिल की सदा... है तू~सबसे जुदा... है तू

F- यूँ भी शरमाना छोड़ दे~दिल का तड़पाना छोड़ दे
सीने से लगा ले तू मुझे~रस्में ये सारी तोड़ दे
M- हैं भी उलझनों की जो डगर~मैंने वो राहें छोड़ दी
F- अन्जाना सा है ये रिश्ता कुछ तो नाम दे
प्रेम पथ का सिलसिला है तू~कोई मीठा फ़लसफ़ा है तू
M- दिल की सदा... है तू~सबसे जुदा... है तू
F- रंग रंगीला छैल छबीला~मुद्दत की आस है तू
M+F- प्रेम पथ का सिलसिला है तू
कोई मीठा फ़लसफ़ा है तू

रखा है संभाले ये दिल
Based on Odia Song Pritira Pahili chitti.....

रखा है संभाले ये दिल~तेरे लिये जानम
रखा है संभाले ये दिल~तेरे लिये जानम
जब चाहे आ के तू ले-ले~तेरी हूँ मैं हमदम
जानम न जिद कर ऐसी~जानम न जिद कर ऐसी
रखा है संभाले ये दिल~तेरे लिये जानम

देखा तुझे है नज़ारों में~देखा तुझे बहारों में
पढ़ ले तू मन को मेरे~जैसे कोई कथा
मैं तेरी हो जाऊँगी~साथ तेरा निभाऊँगी
भूल हुई है अगर~माफ़ कर दे ख़ता
तू ही तो है मंजिल~मेरे लिये जानम
तू ही तो है मंजिल~मेरे लिये जानम
बैठी हूँ कब से अकेली~तेरी हूँ मैं हमदम
जानम न जिद कर ऐसी~जानम न जिद कर ऐसी
रखा है संभाले ये दिल~तेरे लिये जानम

रातों को नींद नहीं आती~याद तेरी आती है
छोड़ के यूँ तू ना जा~करती रब से दुआ
आता तू मेरे ख़्यालों में~बसा है तू साँसों में
तू ही दर्द-ए-जिगर~तू ही ग़म की दवा
कैसी है ये मुश्किल~मेरे लिये जानम
कैसी है ये मुश्किल~मेरे लिये जानम
सुलझेगी कैसे पहेली~तेरी हूँ मैं हमदम
जानम न जिद कर ऐसी~जानम न जिद कर ऐसी
जानम न जिद कर ऐसी~जानम न जिद कर ऐसी

राहों में रोककर तुझको मनाऊँगा
Based on Odia Song Taraku Pacharili Janha Ku.....

राहों में रोककर~तुझको मनाऊँगा
राहों में रोककर~तुझको मनाऊँगा
जन्नत के जल्वे तुझे~मैं दिखाऊँगा
कभी न कभी मेरी दुल्हन बनेगी
मुझे ए... ए... ए... है ये यकीं~मुझे ए... ए... ए... है ये यकीं

परियों सी तू लगती हंसी
चली-चली कहाँ तू चली
जुल्फें तेरी नागिन लगें
बातें तेरी मिस्री की डली
सदियों तलक तुझे चाहूँगा मैं
रब से दुआओं में माँगूँगा मैं, तुझसा हंसी कोई दूजा नहीं
मुझे ए... ए... ए... है ये यकीं~मुझे ए... ए... ए... है ये यकीं

सूनी-सूनी तेरे बिन हैं रातें
आ मिला मुझसे ये आँखें
दिलकश एक-एक तन की डाली
कसमें खा... कर मुझसे वादे
क्या होगा आगे ए-मेरे सनम
दो से क्यों न एक हो जायें हम
नज़रों को कोई अब जंचता नहीं
मुझे ए... ए... ए... है ये यकीं~मुझे ए... ए... ए... है ये यकीं

राहों में रोककर~तुझको मनाऊँगा
जन्नत के जल्वे तुझे~मैं दिखाऊँगा
कभी न कभी मेरी दुल्हन बनेगी
मुझे ए... ए... ए... है ये यकीं~मुझे ए... ए... ए... है ये यकीं

राज़ कभी ऐसे दिल के
Based on Odia Song Aau Se Kalama Dharibi Nahi...

राज़ कभी ऐसे दिल के छिपाते नहीं
मिला के नज़र फिर चुराते नहीं
बिना तेरे लम्हें ये गुजरते नहीं
बिना तेरे लम्हें ये गुजरते नहीं
जुबां ये प्यार की समझ लीजिये
जुबां ये प्यार की समझ लीजिये

सोचो न कुछ ऐसा-वैसा, बाहों में मेरी समाओ
सुनो कुछ मेरे दिल की, फिर अपने दिल की सुनाओ
प्यार किया है तो शिकवा नहीं
तेरे जैसा जानेमन मिलता नहीं
जुबां ये प्यार की समझ लीजिये
जुबां ये प्यार की समझ लीजिये

फूल सा नाजुक चेहरा, घटा से गेसू निराले
ऐसी है तुझमें मस्ती, होंगे हजारों दीवाने
कर न ऐसे सनम तू दिल्लगी
बन गयी तू मेरे दिल की लगी
जुबां ये प्यार की समझ लीजिये
जुबां ये प्यार की समझ लीजिये

चुरा लूं आ लबों से लाली, चूमूँ बदन गोरा-गोरा
उल्फ़त की राहों से अंजानी, सीख सबक थोड़ा-थोड़ा
आ भी आशिक का कर ले यकीं
मिल के बांटें ग़म बाँटें हर खुशी
जुबां ये प्यार की समझ लीजिये
जुबां ये प्यार की समझ लीजिये

रात भर याद तेरी आयी
Based on Odia song Hai Lo Mora Sharamilata

रात भर याद तेरी आयी~दिल ये धड़कने लगा
रात भर याद तेरी आयी~दिल ये धड़कने लगा
फ़साना है ये सनम~नशीली आँखों का
घटा सी ज़ुल्फ़ तेरी~महकती साँसों का हुआ है दिल बेक़रार
रात भर याद तेरी आयी~दिल ये धड़कने लगा
रात भर याद तेरी आयी~दिल ये धड़कने लगा

कजरारे नैन तेरे~हैं भी अदायें निराली
हिरनी सी चाल तेरी~हैं भी ये होंठ गुलाबी
सिर से जो आँचल सरकने लगा
जादू सा मुझ पर चलने लगा
माथे की बिन्दिया झिल-मिल करे
मन मेरा पापी मचलने लगा
नर्म तेरे गालों को लबों से चूम लूँ
बाहों में तुझको ले दो पल झूम लूँ~हुआ है दिल बेक़रार
रात भर याद तेरी आयी~दिल ये धड़कने लगा
रात भर याद तेरी आयी~दिल ये धड़कने लगा

अँग अँग नशीला तू है बहारों की रानी
पलकें उठाये अगर तू है दरिया तूफानी
जनमों का बन्धन तुझसे कोई
मुझसा दीवाना न दुनिया में कोई
मोहनी मूरत तू फुलझड़ी
कैसे बसे आ के अँखियों में कोई
काहे ना ना तू करे ऐसी क्या बात है
छिपा दिल में तेरे ऐसा क्या राज़ है हुआ है बेक़रार दिल
रात भर याद तेरी आयी~दिल ये धड़कने लगा
रात भर याद तेरी आयी~दिल ये धड़कने लगा

रोज़-रोज़ तुझको सनम
Based on Aadivasi song Laal Laal Lugdo

M- रोज़-रोज़ तुझको सनम~ख़्वाबों में देखूँ मैं
चाहता जी है मेरा~बार-बार देखूँ मैं
आ-जा ये प्यार भरा~पैग़ाम दूँ तुझको
माँगता दिल है तुझे~बेक़रार कब से मैं
छोड़ दे हया शरम~बाहों में आ मेरी
वास्ता तुझसे मेरा~पास तेरे बैठूँ मैं
रोज़-रोज़ तुझको सनम~ख़्वाबों में देखूँ मैं
चाहता जी है मेरा~बार-बार देखूँ मैं

F- दूँगी दिल तुझको राजा~कहाँ तक सँभालूँगी
M- तुझसे ही जनमों की बँधी ये डोर
तुझसे ही जनमों की बँधी ये डोर
F- गोरे-गोरे गालों का~चुम्मा आ ले-ले मेरे
M- काहे ज़हां में मचावे है शोर
काहे ज़हां में मचावे है शोर
M- जानेमन आ-जा तेरी~जुल्फ़ों से खेलूं मैं
चाहता जी है मेरा~बार-बार देखूँ मैं
रोज़-रोज़ तुझको सनम~ख़्वाबों में देखूँ मैं
चाहता जी है मेरा~बार-बार देखूँ मैं

M- प्यार होता है क्या~तुझको मैं सिखाऊँगा
F- प्यार झूठा है तेरा जायेगा तू छोड़कर
प्यार झूठा है तेरा जायेगा तू छोड़कर
M- रातों की नींद मेरी~तूने ही चुरायी है
F- छेड़ेगा तू मुझे राजा रास्ते में रोककर
छेड़ेगा तू मुझे राजा रास्ते में रोककर
M- तू कहीं खोयी सनम~फूलों की खुशबू में
चाहता जी है मेरा~बार-बार देखूँ मैं
रोज़-रोज़ तुझको सनम~ख़्वाबों में देखूँ मैं
चाहता जी है मेरा~बार-बार देखूँ मैं

रात दिन तेरी यादों में खोयी
Based on Kannada Song Hrudaya Haadithu.....

रात-दिन तेरी यादों में खोई
तेरे बिन इस दिल में न कोई
साजन तेरे बिन मुझे चैन अब आता नहीं
दर्द कैसा मैंने लिया~अपना तुझे मान लिया
रात-दिन तेरी यादों में खोई, तेरे बिन इस दिल में न कोई

तन्हा यूँ ऐसे मुझे~छोड़ के न जा
तन्हा यूँ ऐसे मुझे~छोड़ के न जा
धड़का है मेरा दिल~तोड़ के न जा
नशीला मेरा यौवन तेरे लिये है
गालों की शोख़ी जानम तेरे लिये है
मीठी-मीठी तेरी बातें~कि कोई अब भाता नहीं
दर्द कैसा मैंने लिया~अपना तुझे मान लिया
रात-दिन तेरी यादों में खोई, तेरे बिन इस दिल में न कोई

तड़पती हैं तेरे लिये~मेरी ये बाहें
तड़पती हैं तेरे लिये~मेरी ये बाहें
महकती हैं तेरे लिये~मेरी ये सांसें
बाली उमरिया हुई अब सयानी
दूँगी तुझे तोहफ़े में अपनी जवानी
दिल मेरा घबराये~तू अच्छी ख़बर लाता नहीं
दर्द कैसा मैंने लिया~अपना तुझे मान लिया
रात-दिन तेरी यादों में खोई, तेरे बिन इस दिल में न कोई

साजन तेरे बिन मुझे चैन अब आता नहीं
दर्द कैसा मैंने लिया~अपना तुझे मान लिया
रात-दिन तेरी यादों में खोई, तेरे बिन इस दिल में न कोई

रातों को ठण्डी-ठण्डी आहें मैं भरूँ
Based on Odia Song Tate Bhala Pauchhi Boli...

M- रातों को ठण्डी-ठण्डी~आहें मैं भरूँ
आँखों में तेरी सूरत~बयाँ क्या करूँ
F- रातों को ठण्डी-ठण्डी~आहें मैं भरूँ
आँखों में तेरी सूरत~बयाँ क्या करूँ
M- देखा कहीं न~ऐसा तो अजूबा
आज तक ऐसा न हुआ
जानम.... ऐसा तूने क्या कर दिया
जानम.... ऐसा तूने क्या कर दिया

M- याद आयें बार-बार~वही तेरी बातें
F- चाहूं तुझे घड़ी-घड़ी~दिन हो या रातें
M- चैन चुराये मेरा~गोरी तेरी बिन्दिया
F- तूने है चुरायी मेरी~रातों की निन्दिया
M- रुक तेरे कदमों में~सज़दा करूं
F- फरमा जरा तू~क्या मैं करूं
दीवानी तेरी हूँ बेकल हूँ बड़ी देख तो हुई मैं जवां
जानम.... ऐसा तूने क्या कर दिया
जानम.... ऐसा तूने क्या कर दिया

F- करूंगी मैं जनम-जनम~तुझसे ही उल्फ़त
M- ख़त्म न होगी कभी~मेरी मुहब्बत
F- बनेगा हमारा प्यार~नया एक फ़साना
M- रखेगा इसे याद~सदियों ज़माना
F- तेरे लिए हमदम बाहें मेरी
तुझ पे हैं कुरबां सांसें मेरी
M- तुझसा ज़हां में~नहीं कोई दूजा
और अब दिल न दुःखा
M- जानम.... ऐसा तूने क्या कर दिया
F- जानम.... ऐसा तूने क्या कर दिया

रोग कैसा लगा
Based on Odia Song Pata Pata Haro

F- रोग कैसा लगा~नहीं जिसकी दवा
काम करती नहीं~अब कोई दवा
दर्द कैसा बेदर्द हुआ
जरा-जरा जानेमन जरा-जरा~जरा-जरा जानेमन जरा
M- लगी कैसी है ये~ख़त्म होती नहीं
दवा इसकी कोई~कहीं मिलती नहीं
दिल दीवाना बेकल हुआ
जरा-जरा जानेमन जरा-जरा~जरा-जरा जानेमन जरा

F- तू छोरा नमकीन~दिल का रंगीन है राजा
M- मुखड़े पे है नूर~तुझे कितना ग़रूर ए-रानी
F- चन्द लम्हों को ही~पास आ-जा मेरे
तुझे सज़दे करूँ~पड़ूँ पईयाँ तेरे
जीना मुश्किल मेरा हुआ
जरा-जरा जानेमन जरा-जरा~जरा-जरा जानेमन जरा
M- लगी कैसी है ये~ख़त्म होती नहीं
F- काम करती नही~अब कोई दवा
M- दर्द कैसा बेदर्द हुआ
जरा-जरा जानेमन जरा-जरा~जरा-जरा जानेमन जरा

M- मेरे सपनों में रोज~आती है~तू काहे
F- गदराया बदन~बाली उम्र~तुझे चाहे
M- मेरी महबूबा तू~तू है जानेजिगर
मुझे पल-पल की है~तेरी ख़बर
M- दिल में मेरे कुछ-कुछ हुआ
जरा-जरा जानेमन जरा-जरा~जरा-जरा जानेमन जरा
F- रोग कैसा लगा~नहीं जिसकी दवा
काम करती नही~अब कोई दवा
दर्द कैसा बेदर्द हुआ
जरा-जरा जानेमन जरा-जरा~जरा-जरा जानेमन जरा

सदियों से रहते हैं दिल में तुम्हारे
Based on Telugu Song Kala Anuko Kaladanuko....

F- सदियों से रहते हैं दिल में तुम्हारे
चाहत में करते हैं कितने इशारे
ए-मेरे साथिया! ए-मेरे हमसफर!
ए-मेरे साथिया! ए-मेरे हमसफर!
साथ में गाओ न संग-संग हमारे
M- सदियों से रहते हैं दिल में तुम्हारे
चाहत में करते हैं कितने इशारे
ए-मेरे साथिया! ए-मेरे हमसफर!
ए-मेरे साथिया! ए-मेरे हमसफर!
साथ में गाओ न संग-संग हमारे
F- सदियों से रहते हैं दिल में तुम्हारे
M- चाहत में करते हैं कितने इशारे

M- किये वादे जो~मैंने तुझसे हैं वो सब निभाऊँगा मैं...जानेमन
F- तेरी राह में~खुशी-खुशी पलकें बिछाऊँगी मैं... जानेमन
M- गालों को चूम लूँ~नज़दीक़ आ सनम
F- मौसम है प्यार का~न दूर जा सनम
समां क्या खूब है~दिलकश नज़ारे
M- सदियों से रहते हैं दिल में तुम्हारे
F- चाहत में करते हैं कितने इशारे

F- कोई प्यार का~पैग़ाम दे मुद्दत से तेरी हूँ... महबूबा
M- दिल में मुझे~अपने बसा जन्मों का प्यासा हूँ... दिलरूबा
F- बैठी हूँ जानेजां~तेरी मैं आस में
M- भटका कहाँ-कहाँ~तेरी तलाश में
जल्वे तू प्यार के~मुझको दिखा रे
F- सदियों से रहते हैं दिल में तुम्हारे
M- चाहत में करते हैं कितने इशारे
F- ए-मेरे साथिया! ए-मेरे हमसफर!
M- ए-मेरे साथिया! ए-मेरे हमसफर!
F+M~ साथ में गाओ न संग-संग हमारे

सातों जनम इन्तज़ार तेरा
Based on Odia Song.... Ketedina Manhan Poli Bata chaluthiba

सातों जनम इन्तज़ार तेरा मैं करूँगा
सातों जनम इन्तज़ार तेरा मैं करूँगा
दिल ये देकर तुझे दर्द लिया है
सातों जनम ऐतबार तेरा मैं करूँगा
~~ऐतबार तेरा मैं करूँगा
सातों जनम इन्तज़ार तेरा मैं करूँगा
सातों जनम इन्तज़ार तेरा मैं करूँगा

सातों जनम लबों पे है नाम नहीं दूजा, नाम नहीं दूजा
सिवा तेरे सोचा नहीं साथी मैंने दूजा, साथी मैंने दूजा
सातों जनम... चिठिया तुझे मैं लिखूँगा
सातों जनम चिठिया तुझे मैं लिखूँगा
यादों में आकर तूने सब कह दिया है
सातों जनम.... इम्तहान देता मैं रहूँगा
~~~इम्तहान देता मैं रहूँगा
सातों जनम इन्तज़ार तेरा मैं करूँगा
सातों जनम इन्तज़ार तेरा मैं करूँगा

चाहा जिसे नहीं मिला, कैसा है नसीबा, कैसा है नसीबा
मैंने लिये जिस-जिस के ग़म, उसी ने है लूटा, उसी ने है लूटा
सातों जनम कदम पे तेरे मैं चलूँगा
सातों जनम कदम पे तेरे मैं चलूँगा
एक-एक याद तेरी भूला नहीं मैं
सातों जनम.... मैं तो संजोकर रखूँगा
~~~मैं तो संजोकर रखूँगा
सातों जनम इन्तज़ार तेरा मैं करूँगा
सातों जनम इन्तज़ार तेरा मैं करूँगा

सिवा तेरे कोई नहीं मेरे दिल में दूजा
Based on Odia Song Chirideba Aagaru Chithi thare....

सिवा तेरे कोई~नहीं मेरे दिल में दूजा
मिली तू न जानम~करूँ तेरे बुत की पूजा
सुबह-शाम इसके सज़दे मैं करूँ
सुबह-शाम इसके सज़दे मैं करूँ
नहीं कुछ और सूझा~करूँ तेरे बुत की पूजा
सिवा तेरे कोई~नहीं मेरे दिल में दूजा
मिली तू न जानम~करूँ तेरे बुत की पूजा

जाने कैसी तूने~खींची लक्ष्मन-रेखा
गयी तू जो जानम~नहीं पीछे मुड़कर देखा
रातों को ठण्डी-ठण्डी आहें मैं भरूँ
रातों को ठण्डी-ठण्डी आहें मैं भरूँ
कहाँ न तुझको ढूँढ़ा~करूँ तेरे बुत की पूजा
सिवा तेरे कोई~नहीं मेरे दिल में दूजा
मिली तू न जानम~करूँ तेरे बुत की पूजा

ज़माने में यारों~नहीं कभी ऐसा देखा
किया तूने घायल~दुआएं कैसे देता
तुझसे ज़ुदा हो पागल मैं हुआ
तुझसे ज़ुदा हो पागल मैं हुआ
प्यार कर मुझको लूटा~करूँ तेरे बुत की पूजा
सिवा तेरे कोई~नहीं मेरे दिल में दूजा
मिली तू न जानम~करूँ तेरे बुत की पूजा

सूनी है कलाई मेरी चूड़ी पहना दे!
Based on Telugu Song Konda Kona Gundello

F- सूनी है कलाई मेरी चूड़ी पहना दे
सलमा और सितारों की चोली सिलवा दे
M- नख़रे तू दिखाती है ए-गजरेवाली
F- ठण्डा-ठण्डा मटकेवाला पानी पिलवा दे
नैन मेरे कज़रारे दो काजल दिलवा दे-2
M- गाल तेरे मक्खन हैं चेहरे पर तिल काला
F- मुझे तड़पाता तू कैसा है दिलवाला
M- मजनूँ मैं तेरा हूँ तू मेरी है लैला
F- सूनी है कलाई मेरी चूड़ी पहना दे सलमा और~~
M- नख़रे तू दिखाती है ए-गजरेवाली F- नैन मेरे कज़रारे...

M- बिन तेरे मन न लागे (कैसी है ख़ुमारी)-3
F- सामने तू है फिर भी (कैसी बेक़रारी)-3
M- तितली तू चंचल है बहकी सी धड़कन
F- फूलों की खुशबू भरा जानेजां यौवन
M- निशाना चूके न ऐसा मैं शिकारी
F- प्यार को तू समझे न बिल्कुल अनाड़ी
M- याद आये बार-बार कैसा ये मेला
F- सूनी है कलाई मेरी चूड़ी पहना दे सलमा और~~
M- नख़रे तू दिखाती है ए-गजरेवाली F- नैन मेरे कज़रारे...

F- होले-होले तन को मेरे तूने किया बेकाबू
M- जानम तेरे गोरे-गोरे गालों का है जादू
F- कब तक हम रहेंगे जुदा रतियाँ अब कटती नहीं
M- किसके लिये मेरे सनम तू तो सँवरती रही
F- लगी है ये दिल की हो न बीमारी
M- बनायी है रब ने जोड़ी हमारी
F- बच न सका इससे कोई ऐसा ये खेला
F- सूनी है कलाई मेरी चूड़ी पहना दे सलमा और~~
M- नख़रे तू दिखाती है ए गज़रेवाली F- नैन मेरे कज़रारे...

तन्हाई में चल बैठकर
Based on Odia Song Jebe ichha dekhi Paru Mo chhati

M- तन्हाई में चल बैठकर बातें करें प्यार की
दीवाना हूँ तेरा सनम चिंता क्या अन्जाम की
[तेरे बिना अब तो रहा जाये न]-2
चैन पल भर दे मुझे दे मुझे~दे मुझे
F- तू मेरा तू मेरा तू मेरा [जीवन साथी है साथी]-2
M- तू मेरी... मेरी [जीवन साथी है साथी]-2

F- शिला पर लिखूँ~पेड़ों पर लिखूँ
[बातें दिल की तुझसे कर लूँ]-2
M- जो जी चाहे~मुझसे तू कह
[बाहों में मैं तुझे भर लूँ]-2
F- जानेजां तुझे~जानेमन लिखूँ
[आंखें मैं चार तुझसे कर लूँ]-2
M- इसी तरह कहती तू रह
[सज़दा तुझे कर भी मैं लूँ]-2
F- [आग ये कैसी जो बुझ न पाये]-2
चैन पल भर दे मुझे दे मुझे~दे मुझे
M- तू मेरी तू मेरी तू मेरी [जीवन साथी है साथी]-2
F- तू मेरा... मेरा [जीवन साथी है साथी]-2

M- चेहरा गुलाब~ज़ुल्फ़ें घटा
[दिलकश तुझसा है कोई नहीं]-2

F- हर रंग का~तुझमें हुनर
[दिलबर तुझसा है कोई नहीं]-2

M- आग़ाज़ तू~अन्जाम तू
[हर बात तेरी कोई ग़ज़ल]-2

F- कितने जनम~तड़पी हूँ मैं
[पाऊँ तुझे गर जीवन सफल]-2

M- [हाले दिल आगे कहा न जाये]-2
चैन पल भर दे मुझे दे मुझे~दे मुझे

F- तू मेरा तू मेरा तू मेरा [जीवन साथी है साथी]-2

M- तू मेरी... मेरी [जीवन साथी है साथी]-2

(M+F)~ [जीवन साथी है साथी]-2

तन गोरा-गोरा 'ओ' मन चंचल
Based on Malyalam Song Chil Chil chil

....

तन गोरा-गोरा 'ओ' मन चंचल~बढ़ने लगी मेरी धड़कन
तुझे देख के हुआ मैं दीवाना
कजरारे नैनों में डाले तू कजरा जानम... दे-दे दिल
खन-खन-खन खनके कँगना, छम-छम-छम बाजे पायल
चम-चम-चम चमके बिन्दिया
कजरारे नैनों में डाले तू कजरा जानम... दे-दे दिल
(कोरस)~~~~~~~~

लाजबाब तू बेमिसाल तू प्रेम रोग की है वज़ह तू
कचनार की है कली हमदम
(कोरस) लाजबाब तू बेमिसाल तू प्रेम रोग की है वज़ह तू
कचनार की है कली हमदम
ग़जब का तेरा मुखड़ा~अदायें है निराली
मय सी शराबी अँखियाँ~गर्दन है सुराही
(कोरस)~~~~~~~~
खन-खन-खन खनके कँगना, छम-छम-छम बाजे पायल
चम-चम-चम चमके बिन्दिया
कजरारे नैनों में डाले तू कजरा जानम... दे-दे दिल
(कोरस)~~~~~~~~

मनमोहनी खिली चाँदनीं मुझे प्यार दे~ए-नाज़नी
इन्तख़ाब तेरा कर लिया है मैंने
(कोरस) मनमोहनी-खिली चाँदनीं-मुझे प्यार दे-ए-नाज़नी
इन्तख़ाब तेरा कर लिया है मैंने
(कोरस)~~~~~~~~
महकती तुझसे गलियाँ~चहकती हजारों कलियाँ
मचलते बागों में भँवरे~छूटे मन में फुलझड़ियाँ
(कोरस)~~~~~~~~
खन-खन-खन खनके कँगना, छम-छम-छम बाजे पायल
चम-चम-चम चमके बिन्दिया
कजरारेनैनों मेंडाले तू कजरा जानम... दे-दे दिल
(कोरस)~~~~~~~~~

तड़पायें तेरी यादें~याद आयें तेरी बातें
Based on Odia Song Smruti Eka Sanjabati

तड़पायें तेरी यादें~याद आयें तेरी बातें
तड़पायें तेरी यादें~याद आयें तेरी बातें
दिल दीवाना क्या बताऊँ मैं तुझे-2
तन्हा-तन्हा रातों मैं जागूँ~तन्हा-तन्हा रातों मैं जागूँ
ये फ़साना क्या सुनाऊँ मैं तुझे-2

तू जो कहे हर नेमत तुझे मैं दे दूँ
बाहों में तुझको अपनी उठा अँग लगा लूँ
धड़कनें मेरी तुझसे जवां दिलवाली
होती है क्या उल्फ़त जानम आ सिखा दूँ
जियरा ये मेरा बस मैं नहीं-2
साँची-साँची मैं बताऊँ तुझे-2
तड़पायें तेरी यादें~याद आयें तेरी बातें-2
दिल दीवाना क्या बताऊँ मैं तुझे-2

कदमों में अपने करने दे सज़दे जानम
मंजिल मेरी तू ही तू अब हमदम
तुझसा नहीं कोई है दूसरा दुनिया में
चोरी मेरा दिल कब हो गया ए-हमदम
कर न मुहब्बत में दिल्लगी-2
दिल की लागी क्या दिखाऊँ मैं तुझे-2
तड़पायें तेरी यादें~याद आयें तेरी बातें-2
दिल दीवाना क्या बताऊँ मैं तुझे-2
तन्हा-तन्हा रातों मैं जागूँ~तन्हा-तन्हा रातों मैं जागूँ
ये फ़साना क्या सुनाऊँ मैं तुझे
ये फ़साना क्या सुनाऊँ मैं तुझे~~~

तीर चलाता है दिल पे
Based on Kannada song Jammalamadagu Chinnodu Nimmalathota...

तीर चलाता है दिल पे~प्यार करेगा क्या मुझसे
तीर चलाता है दिल पे~प्यार करेगा क्या मुझसे
झूठा है दिलदार तू-पड़ता है पीछे मेरे~ऐसे दिल न दूंगी तुझे
तीर चलाता है दिल पे~प्यार करेगा क्या मुझसे
झूठा है दिलदार तू-पड़ता है पीछे मेरे~ऐसे दिल न दूंगी तुझे

कभी हंसाये कभी सताये कभी रुलाये तू
नाम का है सिपहिया रौब जमाये तू
पागल गलियों में यूँ ही तू फिरे, तन्हा-तन्हा मैं बता क्या करूँ
बेदर्दी है तू~सौदाई है तू
मौसम आया है मस्ताना~ठण्डी-ठण्डी आहें भरता क्यों
डपली वाला तू~दिल का काला तू
दिल चुराना काम तेरा~दिल चुराना काम तेरा
सीटी बजाये तू~कैसे तेरी हो जाऊँ
तीर चलाता है दिल पे~प्यार करेगा क्या मुझसे
झूठा है दिलदार तू-पड़ता है पीछे मेरे~ऐसे दिल न दूंगी तुझे

मेहन्दी रचाये बैठी हूँ मैं तेरे ही नाम की
क़द्र न जानी तूने है अपने यार की
कजरा-गजरा मैंने सजाया~झूमे मेरे कानों की बाली
बाली उमरिया~दुश्मन हो गयी
सारी-सारी रात नींद न आये~याद तेरी बड़ा तड़पाये
आ जा मुझे तू~रानी बना ले
कुछ भी है~हूँ मैं तेरी~~कुछ भी है~हूँ मैं तेरी
दिल को भाये तू~क्यों न तेरी हो जाऊँ
तीर चलाता है दिल पे~प्यार करेगा क्या मुझसे
झूठा है दिलदार तू-पड़ता है पीछे मेरे~ऐसे दिल न दूंगी तुझे

तीर चलाया तूने ऐसा रोग लगा दिल का
Based on Odia Song Panchayats Bomma

M- तीर चलाया तूने ऐसा~रोग लगा दिल का
सीधा-सादा मैं था बंदा~चैन गया कब का
चाँद सा तेरा मुखड़ा~घटा से तेरे गेसू ए-मल्लिका
M- तन्हाई में याद तुझे करता~सारी रात मैं आहें ही भरता
तन्हाई में याद तुझे करता~सारी रात मैं आहें ही भरता

M- आ तुझे जी भर के~सारी उम्र मैं देखूँ
दुनिया करेगी ये क्या
F- याद में तेरी मैं~सारी रात जागी हूँ
और मैं करूँ अब क्या
M- पास आने में मेरे~तू क्यों शरमाती है
मुझसे कैसा है गिला
F- बाहों में भर के तू~मुझको छेड़ेगा
लड़का तू है चुलबुला
M- तन्हाई में याद तुझे करता~सारी रात मैं आहें ही भरता
तन्हाई में याद तुझे करता~सारी रात मैं आहें ही भरता

M- दिल से लगाकर~तू मुझे तड़पाती है
कर न ऐसे दिल्लगी
F- गर दिल लगाया है~कर ये वादा तू
छोड़ेगा न मुझे तू कभी
M- होंठों से होंठों की~लाली मैं चुरा लूँगा
जानेमन तू दिलरूबा
F- सौंप दिया ले तुझे~मैंने ये यौवन
मैं हूँ तेरी महबूबा
M- तन्हाई में याद तुझे करता~सारी रात मैं आहें ही भरता
तन्हाई में याद तुझे करता~सारी रात मैं आहें ही भरता

तुझको दिल दूँ कोई सुन न ले
Based on Kannada Song Sulle Sullu

(Female)
तुझको दिल दूँ कोई सुन न ले लिखकर मैं दूँ
तुझको दिल दूँ कोई सुन न ले लिखकर मैं दूँ
न इसको दूँ न उसको दूँ अब न दूँ~तब न दूँ
न इसको दूँ न उसको दूँ अब न दूँ~तब न दूँ
बेक़रार दिल तेरे लिये है~ज़िंदा मैं जब तक हूँ
तुझको दिल दूँ कोई सुन न ले लिखकर मैं दूँ

साँस-साँस में है तू~तार-तार में है तू
इम्तहान में है तू~इन्तज़ार में है तू
प्रेम-पत्रों में है तू~सारे रागों में है तू
महफ़िल-महफ़िल तू~गीत ग़ज़ल में है तू
रंगमंच जीवन का तुझसे ही है महका
मिला ख़ाक़ में वो मजनूँ कदम जरा जो बहका
मैं सदियों से बेकल~आ दिल दूँ दिल दूँ दिल दूँ दिल दूँ
तुझको दिल दूँ कोई सुन न ले लिखकर मैं दूँ
(Male)
गोरे गालों को मैं चूमँ~अधरों को मैं चूमूँ
तेरे कजरे को मैं चूमूँ~तेरे गजरे को मैं चूमूँ
ये मस्त-मस्त अदायें~तेरे शानों को मैं चूमूँ
तेरी जुल्फ़ करें बेकाबू~अँगड़ाई को मैं चूमूँ
है हुस्न तेरा ये बेमिसाल~तेरी बिन्दिया को मैं चूमूँ
तू डाल-डाल मैं पात-पात~तेरे अंग-अंग को मैं चूमूँ
मैं सदियों से बेकल~आ दिल दूँ दिल दूँ दिल दूँ दिल दूँ
तुझको दिल दूँ कोई सुन न ले लिखकर मैं दूँ

तुझको निसदिन सदाओं में
Based on Kannada song Naanu Hogoku Modlu

M- तुझको निसदिन सदाओं में~रब से माँगूँ मैं
F- तुझको कैसे ये बताऊँ~कितना चाहूँ मैं
M- नग़में प्यार के आ सुनाऊँ मैं
F- नैन मुझसे लड़ाये तू शरमाऊँ मैं
M- तू है मुझको पसन्द~तुझको पसन्द मैं
F- तू है मुझको पसन्द~तुझको पसन्द मैं

M- ज़ुल्फ़ें हैं नागिन तेरी~चाल मतवाली तेरी
फीकी है जन्नत तेरे बगैर~ऐसा जुड़ा है तुझ संग बंधन
F- लड़का है तू अलबेला~मस्त-मस्त तू छैला
माँगूँ मैं रब से तेरी ही खैर~तुझ संग सफल है मेरा जीवन
M- किस्मत है तू मेरी तकदीर है, जन्मों से लिखी तू ताबीर है
F- मुझको सदा तेरा एहसास है, दिल के सदा तू तो पास है
M- तुझको निसदिन सदाओं में~रब से माँगूँ मैं
F- तुझको कैसे ये बताऊँ~कितना चाहूँ मैं

M- बदली में चाँद तू जैसे~फूल गुलाब तू जैसे
मुश्किल से मिलती है ऐसी घड़ी
बढ़ती ही जाती है दिल की लगी
F- तेरी जब याद सताये~रातों को नींद न आये
दिल का नज़राना है तेरे लिये
लिखती अफसाना मैं तेरे लिये
M- तुझको निसदिन सदाओं में~रब से माँगूँ मैं
F- तुझको कैसे ये बताऊँ~कितना चाहूँ मैं
M- नग़में प्यार के आ सुनाऊँ मैं
F- नैन मुझसे लड़ाये तू शरमाऊँ मैं
M- तू है मुझको पसन्द~तुझको पसन्द मैं
F- तू है मुझको पसन्द~तुझको पसन्द मैं

तुझसा कोई नहीं दुनिया में
Based on Kannada Song Preethi Nee Illade

F- तुझसा कोई नहीं दुनिया में~तू ही आन बसा अँखियों में
दिलवाले-दिलवाले~आता तू ही सपनों में
M- तुझसी कोई नहीं दुनिया में~तू ही आन बसी अँखियों में
दिलवाली-दिलवाली~आती तू ही सपनों में
F- तुझसा कोई नहीं दुनिया में M- तुझसी कोई नहीं दुनिया-

F- खुद का मुझको होश नहीं
दिखे मुझको हर सू तू~है प्रीत का सागर तू
M- हृदय के कण-कण में
मचा रही हलचल तू~है प्यार का सावन तू
F- सुबह-शाम खोयी-खोयी~रातों मैं आहें भरूँ
M- जानेमन दिलरूबा~याद मैं तुझको करूँ
M+F- आ-जा तेरे अधरों पर
अधर धरूँ... अधर धरूँ... आ तुझे प्यार करूँ
F- तुझसा कोई नहीं दुनिया में M- तुझसी कोई नहीं दुनिया-

M- नैना तेरे कजरारे
यौवन तेरा मतवाला~मैं हूँ तेरा रखवाला
F- मुझे ऐतबार है तुझपे
जन्मों का जुड़ा बंधन~तू साँसों की है सरगम
M- धड़कनें तेज-तेज होने लगी जानेजां
F- पास आ बाहों में ले मुझे जानेजां
F+M- अब तो इस दुनिया से
मैं न डरूँ... मैं न डरूँ... आ तुझे प्यार करूँ
M- तुझसी कोई नहीं दुनिया में~तू ही आन बसी अँखियों में
दिलवाली-दिलवाली~आती तू ही सपनों में
F- तुझसा कोई नहीं दुनिया में~तू ही आन बसा अँखियों में
दिलवाले-दिलवाले~आता तू ही सपनों में

तुझसे क़रार कर बैठी
Based on Telugu Song Andala Talli Seetamma

F- तुझसे क़रार कर बैठी~छोड़कर ये दुनिया
तुझसे क़रार कर बैठी~छोड़कर ये दुनिया
प्रीत ही मेरी दुश्मन हुई~हमदम मेरे जानेजांना
कैसा है ये दिल का ग़म
M- तुझसे लगा मैं दिल बैठा~तोड़कर सब बन्धन
बेवज़ह अफ़साना हुआ~हमदम मेरी जानेजांना
कैसा बदला है मौसम

F- धक-धक धक-धक दिल धड़के, कर गया मुझपे तू जादू
~ जाने न तू उल्फ़त को, दिल की किताब है खाली
M- पल-पल पल-पल चिंगारी, बनती शोला दिलजानी
~ ढूँढ़े न मिले तुझको, मुझसा दीवाना दिलवाली
F- तू राही मन्जिल का, तन-मन में तू बसता
खुशियाँ दे या तू ग़म
M- तुझसे लगा मैं दिल बैठा~तोड़कर सब बन्धन
F- प्रीत ही मेरी दुश्मन हुई~हमदम मेरे जानेजांना
कैसा है ये दिल का ग़म

M- कजरारे तेरे नयना~गेसू तेरे हो सावन
~अपना मुझे बना ले ना~कर ले क़रार तू जल्दी
F- बन्जारा तू गलियों का~चलता-फिरता तू बादल
~जनमों से तेरी चाहत है~दिल से लगा बेदर्दी
M- घड़ियाँ ये... जीवन में~मुश्किल से... हैं मिलती
आ एक हों तुम और हम
तुझसे लगा मैं दिल बैठा
F- तुझसे क़रार कर बैठी
M- बेवज़ह अफ़साना हुआ~हमदम मेरी जानेजांना
कैसा बदला है मौसम.............

तू है बन्दगी~आरजू
Based on Kannada Song El Ellinda O Ondada Ee

F- तू है बन्दगी आरजू हाऊ डू यू डू
तू है बन्दगी आरजू हाऊ डू यू डू
बैठी हूँ कब से इन्तज़ार में
आ प्यार कर~डरता क्यों इक़रार से
लैला मैं तेरी लैला~लैला मैं तेरी लैला

F- बेकल मैं हूँ~तेरे प्यार में
संग ले चल~मुझे साथ में
काटूं मैं कैसे तन्हा-तन्हा ये जवानी
बेक़रार हूँ तेरे लिये
तेरी शायरी जुस्तजू हाऊ डू यू डू
तू है बन्दगी आरजू हाऊ डू यू डू
बैठी हूँ कब से इन्तज़ार में
आ प्यार कर~डरता क्यों इक़रार से
लैला मैं तेरी लैला~लैला मैं तेरी लैला

F- वादा कोई~मुझसे तू कर
रुसवा मुझे~ऐसे न कर
बाहों में अपनी आ-जा ले-ले ए-मेरे सनम
ऐसे न मुझे भुला
M- तू है ज़िंदगी जानेजिगर हाऊ डू यू डू
तू है बन्दगी आरजू हाऊ डू यू डू
बैठा हूँ कब से इन्तज़ार में
आ प्यार कर~डरती क्यों इक़रार से
लैला तू मेरी लैला~लैला तू मेरी लैला
F- लैला मैं तेरी लैला~लैला मैं तेरी लैला

तूने नैनों से जादू चला जब दिया
Based on Arabic song Daba Tzian

तूने नैनों से जादू चला जब दिया
बेक़रार दिल तूने मेरा किया
(कोरस) तूने नैनों से जादू चला जब दिया~~
दीवाना हूँ तेरा तुझे चाहूँगा, चाहत में तेरी मर जाऊँगा
(कोरस) दीवाना हूँ तेरा तुझे चाहूँगा, चाहत में तेरी मर जाऊँगा
दिलरुबा... दिलरुबा... बेकल तूने किया
तूने नैनों से जादू चला जब दिया, बेक़रार दिल तूने मेरा~
(कोरस) तूने नैनों से जादू चला जब दिया~~

ए-जानेजां मेरी पलकों में बन्द तू
हजारों फूलों की है सुगन्ध तू
तू दिन-रात मेरे सपनों में आने लगी
होती नहीं क्यों रजामन्द तू
इन्तज़ार तेरा बराबर किया
अच्छा मौक़ा तूने गंवा क्यों दिया
(कोरस) इन्तज़ार तेरा बराबर किया, अच्छा मौक़ा तूने~
दीवाना हूँ तेरा तुझे चाहूँगा, चाहत में तेरी मर जाऊँगा
(कोरस) दीवाना हूँ तेरा तुझे चाहूँगा, चाहत में तेरी मर जाऊँगा
दिलरुबा... दिलरुबा... बेकल तूने किया

ये कैसी आग है जो कि बुझती नहीं
मनमीत मेरी तू दिल की लगी
बेवज़ह तुझसे लगा बैठा दिल
कैसे कहूँ ये तू है ज़िन्दगी
ऐतबार कब तूने मेरा किया
आशिक को अपने जुदा कर दिया
(कोरस)ऐतबार कब तूने मेरा किया
आशिक को अपने जुदा कर दिया
दीवाना हूँ तेरा तुझे चाहूँगा, चाहत में तेरी मर जाऊँगा
(कोरस) दीवाना हूँ तेरा तुझे चाहूँगा, चाहत में तेरी मर जाऊँगा
दिलरुबा... दिलरुबा... बेकल तूने किया
तूने नैनों से जादू चला जब दिया, बेक़रार दिल तूने मेरा~
(कोरस) तूने नैनों से जादू चला जब दिया~~

तेरे बिना तन्हाई में
Based on Odia Song Sei Chinha Batadei Jebe chalijae

तेरे बिना तन्हाई में कैसे चैन आये
तेरे बिना तन्हाई में कैसे चैन आये
नैनों में है चेहरा तेरा कैसे नींद आये
रे जिया मेरा घबराये~रे काहे मुझे तड़पाये
रे जिया मेरा घबराये~रे काहे मुझे तड़पाये
लबों पे तेरा नाम आये~लबों पे तेरा नाम आये
तेरे बिना तन्हाई में कैसे चैन आये
नैनों में है चेहरा तेरा कैसे नींद आये

प्यासी हूँ मैं कैसे कहूँ सीने से लगा ले
जानेजिगर तेरे लिये पलकें हूँ बिछाये
तेरे लिये मैंने ये दिल रखा है संभाले
तस्वीर मैं तेरी पिया कब से हूँ छिपाये
काहे ऐसे जिगर से तू खेले~मिले जीवन में कैसे झमेले
काहे ऐसे जिगर से तू खेले~मिले जीवन में कैसे झमेले
लबों पे तेरा नाम आये~लबों पे तेरा नाम आये
तेरे बिना तन्हाई में कैसे चैन आये
नैनों में है चेहरा तेरा कैसे नींद आये

ऋतु हंसी आये-जाये सही न जाये दूरी
समझ सका न तू कभी मेरी मजबूरी
घटाओं से भेजा तुझे पैग़ाम-ए-मुहब्बत
देखूँगी राहें तेरी तमन्ना है अधूरी
तूने कभी न ये राज़ जाना~मुझे समझा तूने बेगाना
तूने कभी न ये राज़ जाना~मुझे समझा तूने बेगाना
लबों पे तेरा नाम आये~लबों पे तेरा नाम आये
तेरे बिना तन्हाई में कैसे चैन आये
नैनों में है चेहरा तेरा कैसे नींद आये
रे जिया मेरा घबराये~रे काहे मुझे तड़पाये
रे जिया मेरा घबराये~रे काहे मुझे तड़पाये
लबों पे तेरा नाम आये~लबों पे तेरा नाम आये

तेरे लिये सहे, मैंने ग़म सारे
Based on Odia Song Tame Dekha Hela.....

तेरे लिये सहे~मैंने ग़म सारे
फिर भी ज़ुदा हो~दिल तोड़ दिया... तोड़ दिया
तेरे लिये सहे~मैंने ग़म सारे
फिर भी ज़ुदा हो~दिल तोड़ दिया... तोड़ दिया
इन्तज़ार तेरा~किया क्यों मैंने
इन्तज़ार तेरा~किया क्यों मैंने
रूठे तुम ऐसे~मुँह मोड़ लिया... मोड़ लिया
तेरे लिये सहे~मैंने ग़म सारे
फिर भी ज़ुदा हो~दिल तोड़ दिया... तोड़ दिया

ग़म मुझे ऐसा~पहले नहीं था
चलता था मैं पर~थका नहीं था
हंसता था तुझको~मैं देखकर के
चाहा था रोना पर~रोया नहीं था
मैंने सपनों में सावन देखे थे न ऐसे
......जुल्फ़ों के बादल~छाये थे न ऐसे
गैरों से रिश्ता~तूने जोड़ लिया... जोड़ लिया
तेरे लिये सहे~मैंने ग़म सारे
फिर भी ज़ुदा हो~दिल तोड़ दिया... तोड़ दिया

उतरते थे जब-तब~ज़मीं पर सितारे
बदलते थे तेवर~तुम भी निराले
गुजरती थी रातें~बाहों में तुम्हारी
पिघलता था तन-मन~पास आ तुम्हारे
तेरी... आँखों का कज़रा~करता था घायल
........पैरों की पायल~बजती थी छम-छम
बातों पर नहीं~तूने गौर किया... गौर किया
तेरे लिये सहे~मैंने ग़म सारे
फिर भी ज़ुदा हो~दिल तोड़ दिया... तोड़ दिया

तेरे लिये सजनी बेक़रार मैं
Based on Tamil song Valli Valli Ena...

M- तेरे लिये सजनी... बेक़रार मैं
शब गुजर गयी... इन्तज़ार में
देख हमें अब हँसती कलियाँ~महके कोना-कोना
F- होना यही होना~तेरे लिये साजन...बेक़रार मैं

M- नैना कारे-कारे कजरारे~है गजब तू
बोले राग जैसे~बाहों में तुझको भर लूँ
F- धड़कन में तू ही तू~कैसे ज़ुदा मैं कर दूँ
जग से निराला तू~जग से निराला तू
M- देख हमें अब हँसती कलियाँ~महके कोना-कोना
F- होना यही होना~तेरे लिये साजन... बेक़रार मैं
M- शब गुजर गयी... इन्तज़ार में

F- सारी ज़िंदगानी~नाम तेरे मैंने लिख दी है
अपनी ये जवानी~मैंने पास तेरे रख दी है
M- नज़दीक आ मेरे~जी भर निहार लूँ
जन्मों का मैं प्यार दूँ~जन्मों का मैं प्यार दूँ
F- देख हमें अब हँसती कलियाँ~महके कोना-कोना
M- होना यही होना~तेरे लिये सजनी... बेक़रार मैं
F- शब गुजर गयी इन्तज़ार में
M- देख हमें अब हँसती कलियाँ~महके कोना-कोना
F- होना यही होना

तुझपे आ गया दिल मेरा
Based on Kannada song Nanna Manadalli Aathura

(F) तुझपे आ गया दिल मेरा शुरू हो गया~सिलसिला
(M) तुझपे आ गया दिल मेरा शुरू हो गया~सिलसिला
(F) बेक़रार हूँ तेरे वास्ते मन हो रहा मनचला-मनचला
(M) तुझपे आ गया (F) दिल मेरा
(M) शुरू हो गया (F) सिलसिला

(F) उड़ता बादल तू~लड़का बुद्धू तू
समझे न दिल की मेरे
(M) बहती नदिया तू लड़की चंचल तू करती बैचेन है
(F) गोरा मुखड़ा कजरारे नैना गेसू हैं बिखरे मेरे
(M) नज़दीक़ आ मेरे~जानेजां मैं करूं
कदमों में सज़दा तेरे
(F) ऐतबार क्या है भी तेरा
तोड़ जायेगा दिल मेरा~दिल मेरा
(M) तुझपे आ गया (F) दिल मेरा
(M) शुरू हो गया (F) सिलसिला

(F) कब से राह में तेरे लिये बैठी शिकवा ऐसा है क्या
(M) ऐसी क्या जल्दी~मिलने की जानम
मचला दिल है क्या
(F) ले चल मुझे तू मैं तेरी दुल्हन तक़दीर तू है मेरी
(M) तुझसे ही खुशियाँ आंगन में मेरे दुनिया तू है मेरी
(F) दे जबाब तू हर सवाल का
-आ के कोई गुल खिला गुल खिला
(M) तुझपे आ गया (F) दिल मेरा
(M) शुरू हो गया (F) सिलसिला
(M) बेक़रार हूँ तेरे वास्ते (F) मन हो रहा मनचला

तुझसे बँधी कैसी डोर
Based on Asamia song Koi Nidiya Kiyaw

M- तुझसे बंधी कैसी डोर F- जानेजिगर जानेजिगर
M- कलियाँ मचाये हैं शोर F- जानेजिगर जानेजिगर
M- तुझसे बँधी कैसी डोर जागा मैं हूँ रात भर तेरी याद में
F- प्रीत को तू न जाने~बात को तू न माने
घूमता मेरे चारों ओर~तू है दीवाना चितचोर

M- बन्दगी में तुझको देखूँ~शायरी में तुझको लिखूँ
तुझसे यह कैसा रिश्ता है
F- तुझको मैं कितना चाहूँ~हर दुआ में रब से माँगूँ
जाने भी यह कैसा किस्सा है
लगी कैसी मुझे लागी~रातों को मैं जागी
लिखी मैंने तेरे नाम~कितनी ही पाती
न जाना कि...... तुझसे क़रार क्यों हुआ
M- जानेजिगर जानेजिगर F- खिंची आयी तेरी ओर
M- जानेजिगर जानेजिगर
F- कलियाँ मचाये हैं शोर जागी मैं हूँ रात भर तेरी याद में
M- प्रीत को तू न जाने~बात को तू न माने
घूमती मेरे चारों ओर~तू है दीवानी चितचोर

M- बेक़रार दिल है मेरा~इन्तज़ार तेरा करता
उल्फ़त की कैसी जंग है
F- ऐतबार मुझ पर कर ले~इख़्तियार मुझपे कर ले
मुझ पर तेरा रंग है
F- तुझसे बंधी कैसी डोर M- जानेजिगर जानेजिगर
F- कलियाँ मचाये हैं शोर M- जानेजिगर जानेजिगर
F- तुझसे बँधी कैसी डोर जागी मैं हूँ रात भर तेरी याद में
M- प्रीत को तू न जाने~बात को तू न माने
घूमती मेरे चारों ओर~तू है दीवानी चितचोर
F- तू है दीवाना चितचोर M- तू है दीवानी चितचोर

तुझसे मुहब्बत मैं करता हूँ
Based on Odia Song...Aji Punei ki Rana Janha

तुझसे मुहब्बत मैं करता हूँ, दुनिया को एक दिन दिखा दूँगा
अफ़साने दिल के मैं लिखता हूँ, उल्फ़त तुझको सिखा दूँगा
नयनों के तीर तू हरदम चलाये
आधी-आधी रातों में जिया घबराये
ए-जानम... बाहों में तुझको मैं भर लूँगा
ए-जानम... बाहों में तुझको मैं भर लूँगा
तुझसे मुहब्बत मैं करता हूँ, दुनिया को एक दिन दिखा दूँगा
अफ़साने दिल के मैं लिखता हूँ, उल्फ़त तुझको सिखा दूँगा

लबों की इस लाली को लबों से अपने चुरा लूँ
नज़दीक तू आ भी जा आ तेरी जुल्फ़ें सवारूँ
मिलने दे~तन-मन को, आया है रंगीन मौसम
फुरसत के~लम्हों में, बजने दे प्यार की सरगम
डोर ये प्रीत की टूट न जाये, साथ कहीं भी ये छूट न जाये
ए-जानम... जाने न तुझको दूँगा
तुझसे मुहब्बत मैं करता हूँ, दुनिया को एक दिन दिखा दूँगा
अफ़साने दिल के मैं लिखता हूँ, उल्फ़त तुझको सिखा दूँगा

मनवा ये~मेरा मनवा ये~काहे को रे तू न माने
ऐसे क्यों~रे देखे तू~पल भर के हैं ये फ़साने
जीना अब~मुश्किल है~बुरी ये दिल की लगी है
चैन मुझे~अब आये न~कैसी मुश्किल घड़ी है
जादू तूने मुझपे चलाया~रस्ता तूने मुझको भुलाया
ए-जानम... पलकों में बन्द कर लूँगा
तुझसे मुहब्बत मैं करता हूँ, दुनिया को एक दिन दिखा दूँगा
अफ़साने दिल के मैं लिखता हूँ, उल्फ़त तुझको सिखा दूँगा

तुझ बिन मुझे चैन आये न
Based on Kannada Song Malenadina Minchina Balli...

M- तुझ बिन मुझे चैन आये न~दूजा कोई और भाये न
है बेक़रार जिया~है बेक़रार जिया
है बेक़रार जिया~है बेक़रार जिया
F- तुझ बिन मुझे चैन आये न~दूजा कोई और भाये न
है बेक़रार जिया~है बेक़रार जिया
है बेक़रार जिया~है बेक़रार जिया

F- भरती मैं आहें~तन्हा रातों में
रहती खोयी-खोयी~तेरी यादों में
M- ओ.. ओ.. ओ मनचली.. फुलझड़ी बिंदास तू
ओ.. ओ.. ओ जलपरी.. खिली कली कुछ ख़ास तू
F- साजन तू मेरा~मिल कहीं फुरसत में
तेरे लिये जानम~लायी ज़न्नत मैं
M- तुझ बिन मुझे चैन आये न~दूजा कोई और भाये न
है बेक़रार जिया~है बेक़रार जिया
है बेक़रार जिया~है बेक़रार जिया

M- सह लूँगा हर ग़म~तेरी चाहत में
हाजिर है यह जां~तेरी उल्फ़त में
F- ओ.. ओ.. ओ सुन जरा.. मेरे पिया मैं तेरी
ले... ले... ले... बाहों में... आ गयी मैं तेरी
M- चोरी-चोरी दिल तूने ले लिया
कैसा दर्द-ए-दिल मुझे दे दिया
तुझ बिन मुझे चैन आये न~दूजा कोई और भाये न
है बेक़रार जिया~है बेक़रार जिया
है बेक़रार जिया~है बेक़रार जिया

तुझको मैं रब से दुआ में मागूँगा
Based on Telugu song Yedho oru pattu

तुझको मैं रब से दुआ में मागूँगा
तुझको कसम से इतना मैं चाहूँगा
तुझको मैं रब से दुआ में मागूँगा
तुझको कसम से इतना मैं चाहूँगा
आँखों का तेरी मैं कजरा बन जाऊँगा
बालों का तेरे मैं गजरा बन जाऊँगा
याद तुझे करता हूँ~प्यार तुझे करता हूँ-2
तुझको मैं रब से दुआ में मागूँगा, तुझको कसम से...

ये सब नज़ारे हैं तेरे कदमों में
सिर ये झुकाया है मैंने सज़दों में
अम्बर झूमे धरती गाये लहरें सागर में
राज़ दिल का मैं कहने से डरता हूँ
राज़ दिल का मैं कहने से डरता हूँ
तुझको मैं रब से दुआ में मागूँगा, तुझको कसम से...

भंवरों ने खोला है घूँघट कलियों का
मुझ पर है जादू जानम तेरी अँखियों का
झुमका झूले पायल छम-छम यौवन मतवाला
हाल दिल का मैं तुझे पल-पल लिखता हूँ
हाल दिल का मैं तुझे पल-पल लिखता हूँ
तुझको मैं रब से दुआ में मागूँगा
तुझको कसम से इतना मैं चाहूँगा
आँखों का तेरी मैं कजरा बन जाऊँगा
बालों का तेरे मैं गजरा बन जाऊँगा
याद तुझे करता हूँ~प्यार तुझे करता हूँ-2
तुझको मैं रब से दुआ में मागूँगा, तुझको कसम से...

तुझको तुझ ही से मैं
Based on Kannada song Kannirale Huttida Thavare...

तुझको तुझ ही से मैं~आ-जा चुरा लूँ
तुझको तुझ ही से मैं~आ-जा चुरा लूँ
ज़िंदगी को अपनी मैं सँवार लूँ~सोच में मैं हूँ
तुझको तुझ ही से मैं~आ-जा चुरा लूँ

गोरा-गोरा मेरा बदन~कमरिया लचके
भागी जाये कैसे सँभालूँ~चुनरिया सरके
नैना कारे कजरारे~पीछे-पीछे मतवाले
बजा-बजा प्रेम बंशी~जादू मुझपे डाले तू
रास्ते में बैठी मैं हूँ~आ-जा मना लूँ
ज़िंदगी को अपनी मैं सँवार लूँ~सोच में मैं हूँ
तुझको तुझ ही से मैं~आ-जा चुरा लूँ

ठण्डी-ठण्डी आहें भरूँ~तन्हा रातों में
तेरे सिवा दूजा नहीं~कोई आँखों में
आयी ऋतु मस्तानी~अब मैं हुई सयानी
सैंया तू है बेदर्दी~मुझे तड़पाये तू
जन्मों की आस तू है~दिल से लगा तू
ज़िंदगी को अपनी मैं सँवार लूँ~सोच में मैं हूँ
तुझको तुझ ही से मैं~आ-जा चुरा लूँ

तुझसे मुहब्बत करता हूँ
Based on Telugu song Neralanu Kanada Latheyanthe

तुझसे मुहब्बत करता हूँ~तुझही पर तो मरता हूँ
मुझपे इनायत कर दे
(दे-दे दिल तू मुझे जानेमन प्यार से)-2
तुझसे मुहब्बत करता हूँ~तुझ ही पर तो मरता हूँ
मुझपे इनायत कर दे
दे-दे दिल तू मुझे जानेमन प्यार से...........

किया है तूने नैनों का जादू~करें ये तेरे गाल बेकाबू
नज़दीक आ जरा~ज़ुल्फ़ें संवार दूँ
रंगीली तेरी मस्त अदायें~कि मीठे-मीठे बोल तेरे
यौवन सोना ख़रा~अधरों को चूम लूँ
मस्त घटायें छायीं आये दिन बहार के
तुझसे मुहब्बत करता हूँ~तुझही पर तो मरता हूँ
मुझपे इनायत कर दे
दे-दे दिल तू मुझे जानेमन प्यार से...........

दीवाना तुझे देख हुआ मैं~राह तेरी देख रहा मैं
लिखता तुझे मैं~अफ़साना प्यार का
रातों तेरी याद सताये~कैसी ये अगन लगाये
देती नहीं क्यों~नज़राना प्यार का
तू है मेरी दीवानी~खुलने दे राज़ ये
तुझसे मुहब्बत करता हूँ~तुझही पर तो मरता हूँ
मुझपे इनायत कर दे
दे-दे दिल तू मुझे जानेमन प्यार से...........

तुझसे नादान का~है ऐतबार क्या
Based on Tamil Song Ragulutondi Mogali...

(F) तुझसे नादान का~है ऐतबार क्या
तुझसे नादान का~है ऐतबार क्या
छेड़ेगा राह में~दिल मेरा ले लेगा
बदलेगा रंग~बदलेगा रंग~
(M) दिल मुझे देती जा~ऐसी जल्दी है क्या
दिल मुझे देती जा~ऐसी जल्दी है क्या
पलकों पे रखूँगा~ग़म सारे सह लूँगा
काहे का ग़म~काहे का ग़म~
(F) तुझसे नादान का... (M) दिल मुझे देती जा...

(F) करूँ इक़रार कैसे~दीवाना है तू बुद्धू
हुई बेक़रार मैं~क्यों करता ये जिद तू
झूठा है~फ़साना तू~
मेरे इस हुस्न पर~तेरा अधिकार क्या
(M) है मग़रूर तू~मस्ती में चूर तू
है मुझसे दूर तू~बड़ी है चालाक तू
आती है क्यों~सपनों में तू
(M) दिल मुझे देती जा~ऐसी जल्दी है क्या
(F) तुझसे नादान का~है ऐतबार क्या
(M) दिल मुझे देती जा... (F) तुझ से नादान का...

(M) तलबगार मैं तेरा~तू जान है मेरी
सदियों से दिल में मेरे~मेहमान तू मेरी
समझे न~ इशारे तू~
जिधर मैं देखता~उधर तू ही तू
(F) न क़दर जाने तू~न प्यार जाने तू
न इकरार जाने तू~बेदर्दी है तू
फिर भी प्यार मैंने किया
(F) तुझसे नादान का~है ऐतबार क्या
(M) दिल मुझे देती जा~ऐसी जल्दी है क्या
(M) दिल मुझे देती जा... (F) तुझ से नादान का...

तुझसे वादा करती सनम
Based on Asamia Song Aa Moda Baanalli........

तुझसे वादा करती सनम~अफ़साना दिल लिखती मैं
बिछुड़ें न जनम-जनम~आ खायें मिल के कसम
तुझसे वादा करती सनम~अफ़साना दिल लिखती मैं
बिछुड़ें न जनम-जनम~आ खायें मिल के कसम

कैसे हैं मोड़ जीवन के~साथी हम तेरे बचपन के
दिल से लगा बेदर्दी~आये दिन यौवन के
होंगे अरमां कैसे पूरे~होंगे अरमां कैसे पूरे
टूटेगा क्या भरम
तुझसे वादा करती सनम~अफ़साना दिल लिखती मैं
बिछुड़ें न जनम-जनम~आ खायें मिल के कसम

तन्हाई में ले चल तू~देता रोज़ दस्तक तू
खिल गई बाग की कलियां~जाने न मेरी चाहत तू
दिल ये तेरा जाँ तेरी~दिल ये तेरा जाँ तेरी
कर न ऐसे सितम
तुझसे वादा करती सनम~अफ़साना दिल लिखती मैं
बिछुड़ें न जनम-जनम~आ खायें मिल के कसम

खुशियाँ तेरी मेरे गम~थामा मैंने ले दामन
लबों की प्यास बढ़ गई~भीगा-भीगा है सावन
ले-ले मुझको बाहों में~ले-ले मुझको बाहों में
होने दे संगम
तुझसे वादा करती सनम~अफ़साना दिल लिखती मैं
बिछुड़ें न जनम-जनम~आ खायें मिल के कसम

तू जानेजां तू आरजू
Based on Odia Song Tu Dakilu Mun Dakiti

M- तू जानेजां तू आरजू तू दिलरूबा, तू~तू ही तू
साथी रे! साथी रे! साथी रे! साथी रे!
साथी रे! साथी रे! साथी रे! साथी रे!

F- तू जानेजां तू आरजू तू दिलरूबा, तू~तू ही तू
साथी रे! साथी रे! साथी रे! साथी रे!
साथी रे! साथी रे! साथी रे! साथी रे!

M- कारे-कारे कजरारे नयनों का है जादू
दीखे तू परी जैसे हुआ मैं बेकाबू

F- दिलवाला मतवाला छोरा है छबीला
हर किसी का प्यारा तू बड़ा है जोशीला

M- तू आशिकी तू शायरी तू महबूबा, तू~तू ही तू
साथी रे! साथी रे! साथी रे! साथी रे!
साथी रे! साथी रे! साथी रे! साथी रे!

F- देख देख अदा तेरी हुई तेरी दीवानी
छेड़े तू मुझे ऐसे रुसवा हो न जवानी

M- छोड़ी मैंने दुनिया सारी तुझसे प्रीत लगायी
खिली तू फूल जैसे ज़ालिम है अँगड़ाई

F- तू बन्दगी तू ज़िंदगी तू हर खुशी, तू~तू ही तू
साथी रे! साथी रे! साथी रे! साथी रे!
साथी रे! साथी रे! साथी रे! साथी रे!

तू सनम मेरी जुस्तजू
Based on Telugu Song Kunidaaduva Vayasidu

तू सनम मेरी जुस्तजू~क्यों न करूँ तेरी आरजू
तू सनम मेरी जुस्तजू~क्यों न करूँ तेरी आरजू
आते-जाते मुझे सताये~क्यों नहीं देती दिल तू
अहा.. अहा.. अहा~ओ.. हो ओ.. हो ओ.. हो

जो कुछ मैंने रब से चाहा~वो सब ही है तुझमें
गोरे गाल अदा मचलती~और घटा सी जुल्फ़ें
काजल से कजरारी आँखें~कस्तूरी अंग-अंग में
जी करता जानम तुझको~रंग दूँ अपने रंग में
बिन बादल की है तू बिजुरी~मनचाहा मौसम तू
और जरा नज़दीक आ~हाल अपना मैं कह दूँ
ओ हो... बड़ी मस्त तू दिलरूबा
तू सनम मेरी जुस्तजू~क्यों न करूँ तेरी आरजू
आते-जाते मुझे सताये~क्यों नहीं देती दिल तू
अहा.. अहा.. अहा~ओ.. हो ओ.. हो ओ.. हो

बेक़रार दिल तुझको माँगे~मिल कभी फुरसत से
तुझमें ही वो हीरा है~कम नहीं जन्नत से
इन्तज़ार मैं तेरा करता~ए-हुस्न की रानी
बीत न जाये यूँही कहीं~चढ़ती तेरी जवानी
देखा जब से तुझको~आग लगी इस दिल में
छम-छम करती आजा तू~आज भरी महफिल में
ओ हो... आ-जा मेरी महबूबा
तू सनम मेरी जुस्तजू~क्यों न करूँ तेरी आरजू
आते-जाते मुझे सताये~क्यों नहीं देती दिल तू
अहा.. अहा.. अहा~ओ.. हो ओ.. हो ओ.. हो

तेरी याद तड़पाये मुझे
Based on Odia Song Jadi Nida Nihati Adha.....

तेरी याद तड़पाये, मुझे स्याह रातों में
तेरी याद तड़पाये, मुझे स्याह रातों में
जाने कैसी चली रे हवा
हुई मैं जाती जानम... क्यों बेक़रार
तेरी याद तड़पाये, मुझे स्याह रातों में
तेरी याद तड़पाये, मुझे स्याह रातों में
जाने कैसी चली रे हवा
हुई मैं जाती जानम... क्यों बेक़रार

जाने क्या ये प्रेम रोग लागा, जाने है ये कैसा नसीबा
मीठा सपना था देखा मैंने, खुली नींद और ये टूटा
होने लगी मैं दीवानी, हुई शुरू कैसी कहानी
जनम-जनम को फ़साना हुआ, साथिया मुझसे रूठा
तेरी याद तड़पाये मुझे, स्याह रातों में
तेरी याद तड़पाये मुझे, स्याह रातों में
जाने कैसी चली रे हवा
हुई मैं जाती जानम... क्यों बेक़रार

मिलती थी अँखियों से अँखियाँ, हुई भी थी बिंदास बतियाँ
तन्हाई में दो दिल मिले, रंगी थी रंग में गलियाँ
अन्जाने में क्या ये हुआ, रंग से बे-रंग हुई दुनिया
तेरी याद तड़पाये मुझे, स्याह रातों में
तेरी याद तड़पाये मुझे, स्याह रातों में
जाने कैसी चली रे हवा
हुई मैं जाती जानम... क्यों बेक़रार

तेरी यादों का सफर
Based on Odia Song Nila Nayana.....

तेरी यादों का सफर ख़त्म होता नहीं, ए-मेरे सनम
तेरी यादों का सफर ख़त्म होता नहीं, ए-मेरे सनम
दिल कहता है मुझसे बराबर
गले लग जाओ न~कहीं मिल जाओ न
तेरी यादों का सफर ख़त्म होता नहीं, ए-मेरे सनम
दिल कहता है मुझसे बराबर
गले लग जाओ न~कहीं मिल जाओ न

यूँ ही आँखों-आँखों में~इशारे वो हुए
ये पता न चला~कब सांझ ढली
कि अंधेरा हुआ~हवाऐं वो चली
अन्जाने में ही~खिल गयी कली
तेरी सांसों की महक ख़त्म होती नहीं, ऐ-मेरे सनम
दिल कहता है मुझसे बराबर
गले लग जाओ न~कहीं मिल जाओ न

फुरसत से बड़ी~सजाया हुस्न को
क़ुदरत ने दिये~तुझे होंठ कमल
गोरा-गोरा मुखड़ा~कजरारे दो नैन
दिन-रात क्यों कोई~लिखे न ग़ज़ल
जाने कैसा ये सबक ख़त्म होता नहीं, ए-मेरे सनम
दिल कहता है मुझसे बराबर
गले लग जाओ न~कहीं मिल जाओ न
तेरी यादों का सफर ख़त्म होता नहीं, ए-मेरे सनम
दिल कहता है मुझसे बराबर
गले लग जाओ न~कहीं मिल जाओ न

तेरे दिल में रहती मैं, मेरे दिल में
Based on Kannada Song Ammammammo Needakanta...

तेरे दिल में रहती मैं~मेरे दिल में रहता तू-2
हूँ तन्हा-तन्हा मैं~है तन्हा-तन्हा तू-2
तू है प्रेम पुजारी~मैं हूँ तेरी पुजारन-2
तेरे दिल में रहती मैं~मेरे दिल में रहता तू-2

क़द्र मेरी तू जाने न~कब तक दिल तड़पायेगा
~जानेजां ए-मेरे जानेजां
मचल रहा है दिल मेरा~कब तक यूँ शरमायेगा
~जानेजां ए-मेरे जानेजां
साल सोलहवां लग गया है बेक़रार मैं हूँ
बड़े शौक से तेरे वास्ते इम्तहान मैं दूँ
तेरी राह में खड़ी हूँ कब से धड़कन में रहता तू
तेरे दिल में रहती मैं~मेरे दिल में रहता तू-2
हूँ तन्हा-तन्हा मैं~है तन्हा-तन्हा तू-2

मैं तेरी हूँ दिलरूबा~गले से लग जाने दे
~माहिया ए-मेरे माहिया
कजरा ही समझ के मुझको आँखों में बस जाने दे
~माहिया ए-मेरे माहिया
खोया-खोया क्यों रहता है मुझे याद करके
रंगीन-रंगीन हैं नज़ारे देख जी भर के
दबा-दबा यह राज़ दिल का क्यों नहीं कहता तू
तेरे दिल में रहती मैं~मेरे दिल में रहता तू-2
हूँ तन्हा-तन्हा मैं~है तन्हा-तन्हा तू-2

तेरे लिए गाऊँ प्रेम तराना
Based on Malyalam Song Kunnimani Koottil..........

कोरस

(M)	तेरे लिए गाऊँ~प्रेम तराना~मेरी जाने जां ना रे
(F)	बहक रहा है~तन-मन मेरा~तुझे मैं चाहूँ रे
(M)	सज़दा करूँ मैं~दिल से लगाऊँ~लिखूँ अफ़साना रे
(F)	नाज़ों पल-पल~हुई सयानी~मैं मनचली रे
(M)	तेरे लिए गाऊँ~प्रेम तराना~मेरी जाने जां ना रे
(F)	बहक रहा है~तन-मन~मेरा तुझे मैं चाहूँ रे
	(कोरस) जाने जां ना रे... जाने जां ना रे... जाने जां ना रे...
(M)	झाँकूँ तेरी आँखों में~छू लूँ गोरे गालों को
	लड़की तू है पटाखा अंग-अंग मयख़ाना
(F)	बिजुरी मैं हूँ बादल तू~नदिया मैं सागर तू
	लड़का तू है दीवाना अलबेला-मस्ताना
(M)	लुक-छिप जाये तू दिल तड़पाये
(F)	कैसे दिल दूँ तुझे जिया घबराये
(M+F)	तन्हा-तन्हा रहें कब तक एक हो जायें रे
	(कोरस) जाने जां ना रे... जाने जां ना रे... जाने जां ना रे...
(M)	तेरे लिए गाऊँ प्रेम तराना मेरी जाने जां ना रे
(F)	बहक रहा है तन-मन मेरा तुझे मैं चाहूँ रे

(F) पागल तूने कर डाला~दो मुलाक़ातों में
बन्द तुझे मैंने किया~कज़रारी आँखों में
(M) हुस्न का मुझपे जादू~करती है तू बेकाबू
खोया-खोया रहता मैं~तेरे ही ख़्यालों में
(F) याद जब आये तेरी लूँ अँगड़ाई
(M) बाहों में आ होने दे रुसबाई
(M+F) देख रहा है हमें ज़माना कहीं छिप जायें रे
(कोरस) जाने जां ना रे... जाने जां ना रे... जाने जां ना रे...
(M) तेरे लिए गाऊँ प्रेम तराना मेरी जाने जां ना रे
(F) बहक रहा है तन-मन मेरा तुझे मैं चाहूँ रे
(M) तेरे लिए गाऊँ प्रेम तराना मेरी जाने जां ना रे
(F) बहक रहा है तन-मन मेरा तुझे मैं चाहूँ रे
(कोरस) जाने जां ना रे... जाने जां ना रे... जाने जां ना रे...

तोड़ के दिल न जा रे!
Based on Odia Song Saware Saware

M- तोड़ के दिल न जा रे !~चाह न कम ये होगी
मोड़ के मुँह न जा रे~हो गया प्रेम रोगी
F- तोड़ के दिल न जा रे !~चाह न कम ये होगी
मोड़ के मुँह न जा रे~बन गया क्यों जोगी
M- क्यों चुराया दिल मेरा ज़िंदगानी तू मेरी
जाने कब होगी मेहरबानी तेरी
अच्छा या बुरा जैसा भी मैं हूँ पर दे न यूँ दगा
(हो गया प्यार तो~न तू नजरें चुरा)-2
F- (हो गया प्यार तो~न तू नजरें चुरा)-2

M- कैसे समझाऊँ~दीवाना मैं तेरा
समझेगी कब~इशारा ये मेरा
F- रातों में तन्हा~तुझे ढूँढ़ती मैं
बीते न यूँ ही~जवानी ये मेरी
M- अन्जानों की तरह~दूर क्यों तू खड़ी
मिलने की सनम~कब आयेगी घड़ी
जिऊँ या मरूँ जो भी मैं करूं अब तू ही है वजह
(हो गया प्यार तो~न तू नजरें चुरा)-2
F- (हो गया प्यार तो~न तू नजरें चुरा)-2

F- न भी कर पिया तू~बहकी-बहकी बातें
तुझसे ही हैं मेरी~महकी महकी सांसें
M- बहारों के सपने~तेरे नाम लिख दूँ
जहाँ तू कहे~तेरे साथ चल दूँ
F- कोरे कागज पे लिखा ले~गले मुझको लगा ले
प्यासी जन्मों से मैं हूँ~प्यास मेरी बुझा दे
अच्छी या बुरी जैसी भी मैं हूँ पर दे न यूँ दगा
(हो गया प्यार तो~न तू नजरें चुरा)-2
M- (हो गया प्यार तो~न तू नजरें चुरा)-2

तोड़ के दुनिया की दीवारें
Based on Kannada song Bere Enu Beda Endigu....

(M)	तोड़ के दुनिया की दीवारें~तुझको अंग लगा लूँ
	आग़ाज़ तू अन्जाम तू जानम... अन्जाम तू
	तोड़ के दुनिया की दीवारें~तुझको अंग लगा लूँ
	आग़ाज़ तू~अन्जाम तू~जानम... अन्जाम तू
(M)	हर सांस तेरे दम से है जानम
	हर रंग तेरे रंग से है जानम
(F)	अरमान तेरा है मेरे हमदम~जनम-जनम टूटे न बंधन
(M)	तेरे-मेरे एक रास्ते (F) ~~~~
(M)	जीना-मरना तेरे वास्ते (F) ~~~~~
(M)	ले-ले कोई इम्तहान तू
(F)	तोड़ के दुनिया की दीवारें~तुझको अंग लगा लूँ
	आग़ाज़ तू~अन्जाम तू~जानम... अन्जाम तू
(F)	जलवों की तेरे हुई मैं दीवानी
	लिख दी है तेरे नाम जवानी
(M)	करेंगे हम-तुम रब से दुआ~मिलके न होंगे अब जुदा
(F)	लम्हा-लम्हा बेक़रार मैं (M)~~~~~
(F)	करती तेरा इन्तज़ार मैं (M)~~~~~
(F)	कर मेरा ऐतबार तू
(M)	तोड़ के दुनिया की दीवारें~तुझको अंग लगा लूँ
	आग़ाज़ तू~अन्जाम तू~जानम... अन्जाम तू
(F)	तोड़ के दुनिया की दीवारें~तुझको अंग लगा लूँ
	आग़ाज़ तू~अन्जाम तू~जानम... अन्जाम तू
(M)	तोड़ के दुनिया की दीवारें~तुझको अंग लगा लूँ
(F)	तोड़ के दुनिया की दीवारें~तुझको अंग लगा लूँ
(M&F)	आग़ाज़ तू~अन्जाम तू~जानम... अन्जाम तू
	आग़ाज़ तू~अन्जाम तू~जानम... अन्जाम तू

टुकर-टुकर ऐसे क्या देखे
Based on Odia Songl Chinha Eka Sahara Re

टुकर-टुकर ऐसे क्या देखे~इधर-उधर ऐसे क्या झाँके
टुकर-टुकर ऐसे क्या देखे~इधर-उधर ऐसे क्या झाँके
ओ दिलवाले करीब आ... ना...
माँगूँ तुझसे मैं प्यार साजना~माँगूँ तुझसे मैं प्यार साजना
कैसी आग तूने लगा दी~दिल की लगी तूने बढ़ा दी
क्या तेरे दिल में है बता
करूं तुझको मैं याद सजना~करूं तुझको मैं याद सजना

तेरे ख़्यालों में दिन-रात हूँ खोयी~तन्हा-तन्हा है जवानी
देखूँ तुझे चैन आये पिया~कर दे थोड़ी मेहरबानी
जानूँ न मुझको क्या हो गया~लम्हा-लम्हा है खुमारी
दर्दे जिगर है ऐसा~कैसी लगी है बीमारी
सुख दुःख मिल बाटें~खुशियों की शमा जला दें
सुख दुःख मिल बाटें~खुशियों की शमा जला दें
क्या तेरे दिल में है बता
करूं तुझको मैं याद सजना~करूं तुझको मैं याद सजना
टुकर-टुकर ऐसे क्या देखे~इधर-उधर ऐसे क्या झाँके
ओ दिलवाले करीब आ... ना...
माँगूँ तुझसे मैं प्यार साजना~माँगूँ तुझसे मैं प्यार साजना

बाली उमरिया कटती नहीं~रातों सी लम्बी तन्हाई
जिधर जाऊँ क्या मैं करूँ ऐसा~जब-जब लूँ अँगड़ाई
राहों में तेरी पलकें बिछाये ~बैठी रहूँ कब तलक यूँ
नज़र चुरा चला है कहाँ~अपना बनायेगा कब तू
कारे-कारे मेघा आये~जियरा ये घबराये
क्या तेरे दिल में है बता
करूं तुझको मैं याद सजना~करूं तुझको मैं याद सजना
टुकर-टुकर ऐसे क्या देखे~इधर-उधर ऐसे क्या झाँके
ओ दिलवाले करीब आ... ना...
माँगूँ तुझसे मैं प्यार साजना~माँगूँ तुझसे मैं प्यार साजना

ठण्डी हवा में उड़-उड़ जाये
Based on Telugu song Kunnimani Koottil........

(M) ठण्डी हवा में उड़-उड़ जाये लाल दुपट्टा रे
(F) मचल रहा है दिल दीवाना समझ न आये रे
(M) प्रेम तराने दोनों मिल के क्यों न गायें रे
(F) पास तेरे आने से मेरा दिल घबराये रे
(M) ठण्डी हवा में उड़-उड़ जाये~लाल दुपट्टा रे
(F) मचल रहा है दिल दीवाना समझ न आये रे
(कोरस) लाल दुपट्टा रे... लाल दुपट्टा रे... लाल दुपट्टा रे

(M) चूमूँ गोरे गालों को~मस्त-मस्त इन होंठो को
सज़दे मैं तुझे करूं~सुबह और शाम
(F) तन-मन तुझपे वार दिया~दिलबर तुझको मान लिया
हो गयी ले मैं तेरी~जो भी हो अन्जाम
(M) कितनी मुद्दत के बाद~तू मिली मेहरबां
(F) दे दिया दिल ये तुझको~है तुझसे ये ज़हां
(M+F) छूटे न अब साथ ये साथिया रे
(कोरस) लाल दुपट्टा रे... लाल दुपट्टा रे... लाल दुपट्टा रे

(F) रातों को तन्हाई में~जब-जब लूँ अंगड़ाई मैं
ख़्वाबो में आकर तूने~किया बेक़रार
(M) नींद नहीं मुझे आती है~जब-जब तेरी आये याद
करूँ इन्तहा तक तेरा~मैं इन्तज़ार
(F) दिल से लगा ले मुझे~जलता बदन
(M) बाहों में तुझको भर~बुझाऊँ अगन
(F+M) बनायें दोनों मिल नया एक आशियाँ रे
(कोरस) लाल दुपट्टा रे... लाल दुपट्टा रे... लाल दुपट्टा रे

याद ने बैचेन तेरी मुझे किया
Based on Asamia song Aasin Aayang

M- याद ने बैचेन तेरी किया मुझे है
#F- प्यार ने बैचेन तेरे किया मुझे है
तूने जब-जब मुझे छुआ मोर सा नाची#-2
M- याद ने बैचेन तेरी किया मुझे है
#F- हरदम पैग़ाम तूने दिया मुझे है
चूम लिये जब-जब तूने मेरे गोरे गाल#-2

#M- मनवा में उठी है हिलोर~जानेजां
बात इस दिल की मैं कहूँगा
बनी तू मेरी चितचोर~जानेमन
राज़ इस दिल के कहूँगा#-2
#F- मिटा दे मेरे यार अब ये फ़ासला
करूँगी इंतज़ार तेरा साजना#-2
M- याद ने बैचेन तेरी किया मुझे है
#F- प्यार ने बैचेन तेरे किया मुझे है
तूने जब-जब मुझे छुआ मोर सा नाची#-2

#M- सज़दा मैं तुझको करूँ~सौ बार
हो गयी तुझसे गर है उल्फ़त
पैग़ाम तुझको लिखूँ~मेरे यार
दिखा दूँगा कैसी मेरी चाहत#-2
#F- दीवानी मैं नहीं बस नाम की
हवाले तेरे की यह जान भी#-2
M- याद ने बैचेन तेरी किया मुझे है
F- प्यार ने बैचेन तेरे किया मुझे है
तूने जब-जब मुझे छुआ मोर सा नाची
प्यार ने बैचेन तेरे किया मुझे है
तूने जब-जब मुझे छुआ मोर सा नाची

याद तुझे करता रहूँ
Based on Odia Song Jaubana Sagararu Samukate ....

याद तुझे करता रहूँ बस यही एक~तमन्ना मेरी
यादों में दिन गुजरता रहे यादों में ही~रातें मेरी
भूला नहीं जानेमन अभी भी~बातें तेरी
याद तुझे करता रहूँ बस यही एक~तमन्ना मेरी
यादों में दिन गुजरता रहे यादों में ही~रातें मेरी

कोरे-कोरे कागज पे~सौ-सौ दफ़ा तेरा नाम लिखूँ
तुझ तक भी पहुंचे जो~क्या ऐसा पैग़ाम लिखूँ
एक इशारा करे अगर~सब अपना तेरे नाम लिखूँ
ढूंढा तुझे करती आँखें मेरी
याद तुझे करता रहूँ बस यही एक~तमन्ना मेरी
यादों में दिन गुजरता रहे यादों में ही~रातें मेरी

तुझसे जुदा होकर के~सोया न कभी चैन से मैं
प्यार भरा नज़राना~लाया नहीं तेरे वास्ते मैं
जिसके लिये किया मना~चल बैठा उसी रास्ते मैं
मेरी ही दुश्मन अब है जान मेरी
याद तुझे करता रहूँ बस यही एक~तमन्ना मेरी
यादों में दिन गुजरता रहे यादों में ही~रातें मेरी
भूला नहीं जानेमन अभी भी~बातें तेरी
याद तुझे करता रहूँ बस यही एक~तमन्ना मेरी
यादों में दिन गुजरता रहे यादों में ही~रातें मेरी

यादों में तेरी मैं खोया
Based on Odia Song Kemiti Achhu Lo Priya....

M- यादों में तेरी मैं खोया~दीवाना नहीं
ख़त्म हो जाये ऐसा~फ़साना नहीं
यादों में तेरी मैं खोया~दीवाना नहीं
ख़त्म हो जाये ऐसा~फ़साना नहीं
F- सन-सन चले ठंडी हवा~मदहोश ये मौसम हुआ
सन-सन चले ठंडी हवा~मदहोश ये मौसम हुआ
तेरे सिवा अब कोई~तमन्ना नहीं
M- यादों में तेरी मैं खोया~दीवाना नहीं
ख़त्म हो जाये ऐसा~फ़साना नहीं

M- बांधा है तुझ संग प्रीत का धागा
रोकेगी हमें अब क्या कोई बाधा
F- टूटेगा न अब प्रेम का बन्धन
निभायेंगे मिलकर किया हर वादा
M- है भी सदा में तू ही तू~कैसी भला ये जुस्तजू
है भी सदा में तू ही तू~कैसी भला ये जुस्तजू
M- दूजा कोई अँखियों को जंचता नहीं
M- यादों में तेरी मैं खोया~दीवाना नहीं
ख़त्म हो जाये ऐसा~फ़साना नहीं

F- जाना कहाँ है अब तुझे छोड़कर
मनाऊँगी तुझको मैं यूँ ही रोक कर
M- लगी है ये दिल की छूटेगी न अब
मर ही न जाऊँ कहीं तुझे भूलकर
F- तुझ बिन क्या ये ज़िंदगी~तू ही मेरी है हर खुशी
तुझ बिन क्या ये ज़िंदगी~तू ही मेरी है हर खुशी
F- तेरे बिना दिल कहीं लगता नहीं
M- यादों में तेरी मैं खोया~दीवाना नहीं
ख़त्म हो जाये ऐसा~फ़साना नहीं

ये कसम तोड़ डालो
Based on Telugu Song Jivvumani Kondagali...

(M) ये कसम तोड़ डालो~फासले को मिटा दो
प्यार का है समां मिल के रहें
बिछड़ें न फिर कभी
जनमों से एक ही हैं हम

(F) फ़लसफ़ा प्यार का ये~प्यार से ही जवां है
मैं हंसी~तू जवां
साजन मेरे दोनों की ही खुशियाँ
दोनों के एक से ही हैं ग़म

(M) अब न टूटें ये धागे
(F) मनवा पागल तुझे चाहे
(M) बस गयी दिल में मेरे तू
(F) तुझ बिन जिया नहीं लागे
(M) दिल का मेरे है अरमान तू ए-जाने जां ना
(F) मंजिल का मेरी अंजाम तू ए-जाने जां ना
(M) तेरे साथ-साथ ही बढ़ेगा हर कदम
(F) फ़लसफ़ा प्यार का ये~प्यार से ही जवां है

(F) लम्हा-लम्हा है मुश्किल
(M) मचला-मचला जाये दिल
(F) तन्हा-तन्हा आहें भरूँ
(M) तन्हाई में आकर मिल
(F) नाज़ुक बदन संभले न अब ए-जानेजिगर
(M) जल्वों का तेरे दीवाना मैं ए-जानेजिगर
(F) दीवानगी समझ जरा कर दे करम
(M) ये कसम तोड़ डालो~फासले को मिटा दो
(F) फ़लसफ़ा प्यार का ये~प्यार से ही जवां है

ये शराबी नैन नशीले
Based on Kannada Song Ee Gulabiyu Ninagagi ....

ये शराबी नैन नशीले~ये गुलाबी होंठ रसीले
ये शराबी नैन नशीले~ये गुलाबी होंठ रसीले
जी चाहता है चूम लूँ~जी चाहता है चूम लूँ
जी चाहता है चूम लूँ~~~~~~

लब पे हरदम नाम तेरा~धक-धक दिल करने लगा है
लब पे हरदम नाम तेरा~धक-धक दिल करने लगा है
जब-जब तू मेरे पास आये~जब-जब तू मेरे पास आये
जादू तेरा चलने लगा है
ये चमकता चांद सा चेहरा~ये बिखरते घटा से गेसू
जी चाहता है चूम लूँ~जी चाहता है चूम लूँ
जी चाहता है चूम लूँ~~~~~~

सदियों पुराना नाता तुझसे~बन्धन ये न टूटेगा
सदियों पुराना नाता तुझसे~बन्धन ये न टूटेगा
बना मैं तेरे प्यार में पागल~बना मैं तेरे प्यार में पागल
हो गया मैं हूँ तेरा क़ायल
उजला-उजला तेरा यौवन~चिकने-चिकने तेरे शाने
जी चाहता है चूम लूँ~जी चाहता है चूम लूँ
जी चाहता है चूम लूँ~~~~~~

चन्द लफ़्जों का ये अफ़साना,कब तक तुझको मैं समझाऊँ
चन्द लफ़्जों का ये अफ़साना,कब तक तुझको मैं समझाऊँ
समझे न तू मन की भाषा~समझे न तू मन की भाषा
गीत प्रीत के हरदम गाऊँ
जल्वों के रंगीन नज़ारे~शोलों सी मदहोश जवानी
जी चाहता है चूम लूँ~जी चाहता है चूम लूँ
जी चाहता है चूम लूँ~~~~~~

www.ingramcontent.com/pod-product-compliance
Ingram Content Group UK Ltd.
Pitfield, Milton Keynes, MK11 3LW, UK
UKHW042142021026
15589UKWH00003B/1010